新知识经济学

XINZHISHI JINGJIXUE

余青山◎著

企业管理出版社
EMPH
ENTERPRISE MANAGEMENT PUBLISHING HOUSE

图书在版编目（CIP）数据

新知识经济学 / 余青山著 . —北京：企业管理出版社，2023.6
ISBN 978-7-5164-2844-3

Ⅰ. ①新… Ⅱ. ①余… Ⅲ. ①知识经济学 Ⅳ. ① F062.3

中国国家版本馆 CIP 数据核字（2023）第 099555 号

书　　名：新知识经济学
书　　号：ISBN 978-7-5164-2844-3
作　　者：余青山
策划编辑：蒋舒娟
责任编辑：刘玉双
出版发行：企业管理出版社
经　　销：新华书店
地　　址：北京市海淀区紫竹院南路 17 号　　邮　　编：100048
网　　址：http://www.emph.cn　　电子信箱：metcl @126.com
电　　话：编辑部（010）68701661　　发行部（010）68701816
印　　刷：北京虎彩文化传播有限公司
版　　次：2023 年 6 月第 1 版
印　　次：2023 年 6 月第 1 次印刷
开　　本：700mm × 1000mm　　1/16
印　　张：22.25 印张
字　　数：434 千字
定　　价：88.00 元

本书尝试将哲学与经济学的“价值”概念和理论结合起来阐述知识经济，是很有新意的积极探索。

——中国政法大学　李德顺

前　言

新知识经济学以哲学为切入口，立足“实践—认识—提高”的社会发展逻辑，融合哲学认识论和价值论、西方经济学、政治经济学等理论，深入分析知识价值的本质和理论逻辑，找到了知识价值转化成经济价值的生成机制，揭示了劳动能力、生产力、财富增长的规律，提出了一些新的基本概念、基本理论，包括知识价值本质、特点、运动规律等，是关于个人、社会、国家和人类发展的学问，属于交叉学科。

本书所阐述的主要观点如下。

① 知识是劳动产品，既有劳动价值，又有使用价值。知识的使用价值是可以复制的，知识价值的关键是使用价值。

② 满足人的需要是价值成立的根本，生产者和需求者追求的是对人有用的使用价值，对人有使用价值是价值的本质，获得商品的使用价值是交换的主要目的。需求的多样性，决定了价值的多元性，且不同价值之间存在相互转化的情况。

③ 产品使用价值差异主要是生产者知识技术差异造成的，没有知识技术差异，就没有产品使用价值差异。

④ 劳动力扩大的生产和再生产是劳动力通过掌握更多的知识技术，提高了劳动能力，创造了更多的价值。劳动能力差异主要源于所掌握和运用的知识的差异，而创造财富差异主要源于劳动能力差异。对知识的不均衡拥有和使用，造成财富的不均衡创造和拥有。

⑤ 劳动力在使用过程中，不但创造了劳动产品，也提高了人的劳动能力和认识水平，促进了人的发展和进化，实现了一举多得。

⑥ 人类社会及市场中，存在商品和非商品、商品价值和非商品价值。商品和非商品可以相互转化，商品价值和非商品价值也可以相互转化。非商品价值转

化成商品价值，是利润的重要来源。

⑦ 交换不是价值（包括劳动价值、使用价值等）实现的唯一方式，认同、接受、学习、借鉴、使用和吸收等也是劳动价值及其他价值的实现方式。

⑧ 交换价值的大小不单由劳动量决定，而是由商品的劳动量和使用价值、效用价值、稀缺性价值、外部性价值等的大小共同决定。

余青山

二〇二三年六月六日

目　录

第一章

实践出真知

毛泽东曾说："我是靠总结经验吃饭的。"他还指出："人的正确思想，只能从社会实践中来，只能从社会的生产斗争、阶级斗争和科学实验这三项实践中来。"

物质决定意识，意识是人脑对客观物质世界的反映，意识对物质又有能动的反作用。人既是物质的，又是意识的。物质的运动规律常常是不变的，但是，人的意识运动并非简单地循环往复，而是不断地揭示新的物质运动规律。物质的无限性、人的实践的无限性，引导人的意识不断向前、向深、向上发展，永无止境。

实践是知识之源。人类的实践，既能生产出物质产品，又能生产出知识产品。知识生产中凝结着一般人类劳动，所以知识是有价值的；知识可供人使用，就说明知识有使用价值。从实践的角度来说，实践出真知，知识需要在实践中检验，也需要在实践中应用。知识总是随着人类的实践而产生和发展，它并不是先验存在的。知识是人类发展的关键力量，它是人类劳动实践的产物，又反过来促进人类劳动实践的发展。

我们不能把经济活动中的人仅仅视为经济学主体。经济活动中的人，不仅是经济学主体，还是哲学认识论中的主体，经济实践同样使人的认识得以发展。不能只看到人的经济活动，而看不到人在经济活动中，同时存在认识活动。

第一节　实践的概念

一、实践的基本内涵

实践是人的生命的基本形式，是人类一切财富的来源。离开实践，人的生命就无法呈现，人类的一切财富也无法创造和使用。

实践是人们为了生存和发展而进行的一切活动。人的生命的一切具有或能够转化成外部表现的运动形式，都是实践。通过实践，人获得了生存和发展。

这个概念至少包含以下几个方面的信息。

① 实践的主体是人。实践是指人的生命运动形式，而不是别的动物的生命运动形式。

② 实践是人为了生存和发展的需要而进行的，是生命的社会存在形式，是生命运动的全部形式。人的生命结束了，离开社会之后，构成肉体的自然物质所产生的物理的或化学的运动变化，不属于人的实践。

③ 实践必须是运动的，而不是静止的；是外化的，而不仅是内化的。实践的存在，表示生命的存在，而不是生命的终结。

④ 实践是指人的生命的具有或能够转化成外部表现的运动形式，而不是指人的生命物质内在运动或大脑的思维活动。生命物质内在运动或大脑的思维活动必须转化为外部表现，才属于实践；不能转化为外部表现，则不属于实践。做梦是人的一种生理心理活动，如果梦不能够被人感知、记忆，直到做梦人的生命终结都不被表达、表现出来，就不属于人的实践。人们思考问题，通常会有思考结果，这个结果如果有外部表现，比如，改变了人的语言内容、行为方式等，就属于实践；如果没有任何的外部表现，就不属于实践。

小时候的一天晚上，我做了一个梦，梦见我得到了几个红苹果。我手里拿着红苹果，感觉沉甸甸的；苹果红红的笑脸，似乎在对我笑；闻着苹果的甜香，我心里美滋滋的。苹果是那样的真实，我把它们藏在枕头下，想等会儿再吃。可是，一觉醒来，一摸枕头底下，什么都没有。我问我母亲："我的苹果哪里去了？"母亲反问："什么苹果？"我把我的梦境讲了一遍，母亲说："这个伢儿做梦了。"我对母亲讲述了这个梦，这就是梦的外在化，也就是思维的外在化。至今，我依然清晰地记得这个梦，虽然无法具体分析它带给我的其他使用价值，但它让我知道了什么是梦，这一点是非常清楚的。

⑤ 实践是人们为了生存和发展而进行的一切活动，而不特指某类活动。

⑥ 实践是人在意识指导下进行的活动。人是智慧动物，人的一切行动都是受大脑支配的；正常人没有不受大脑支配的活动。

二、实践的分类

实践的内容、形式是极其丰富的。人的一切生活和生产活动，人的思想活动、行为活动，有目的的活动、无目的的活动，都是人的实践。

实践的内涵并不取决于人们对实践的分类，但是，不同的分类会使实践显示出丰富的内涵。不同的分类，往往表示不同的分析角度和分析需要。比如，从行业的角度，实践可分为粮食生产实践、科学研究实践、外交实践、教学实践、医疗实践、驾驶实践，等等，不胜枚举。

需要说明的是，实践并不仅指人们的生产实践、科学实践，还包括生活实践，是人为了生存和发展而进行的一切活动。

实践的分类不怕细，从某种程度上看，是越细越好。飞人刘翔、苏炳添需要研究如何跑才能跑得更快，有些医生需要研究如何跑才更有利于健康，模特需要思考如何穿衣、走路才能把人与衣服的美展示出来。许多细小的实践中蕴含着大道理，即使是“看”和“听”，也可以被看作两种实践活动，比如，“眼观六路，耳听八方”就是提醒人们要增强看与听的能力。

阿基米德在洗澡时，发现身体在水里似乎变轻了许多，并且，人进入浴缸时，浴缸中的水面会升高，甚至水会溢出。他经过仔细观察和思考，发现了浮力定律。牛顿在苹果树下乘凉时，一个苹果从树上掉下来，他因此产生了疑问：为什么树上的苹果总是往地上掉，而不是往天上飞呢？他经过深入观察和思考，发现了万有引力定律。机械修理工瓦特经常在家里烧水，他发现水开时，水壶盖会不停地跳动，经过深入细致的观察和思考，他发现了其中的规律，进而改良了蒸汽机，使得蒸汽机的效能大大提高。

这些事例都说明，许多科学道理蕴藏在细小的实践当中，只要我们仔细观察和思考，就能发现其中的大道理。

不同类别的实践，有时可能交叉、重叠、融合，甚至会相互转化、辩证统一。如阿基米德洗澡、牛顿乘凉、瓦特烧水，既是生活实践，又是科学实践，是生活实践与科学实践的辩证统一。过去，电影制片厂需要生产大量的胶片，电影制片厂既是精神产品生产工厂，又是物质产品生产工厂。商品生产实践可转化为非商品生产实践，比如，一个卖菜的人，遇到自己的亲戚来买菜，就送两把菜给亲戚。工人在工厂里打工，不但得到了工资报酬，还学到了一门技能，掌握了许多信息，建立了自己新的人际关系，这些都是他在商品性劳动中获得的非商品性收获。

三、实践的外延

实践的外延是指实践所指对象的范围。实践包罗万象，人的生命的一切外在形式都是实践。这里所说的实践，其主体是人，是指人的实践。

四、实践的功能

实践是人们为了生存和发展而从事的一切活动。因此，实现人的生存和发展，是实践的目的、功能。概括地讲，实践的功能有三种。

1. 改造物质世界

人自身是物质的，是物质世界的一部分。人生产人，本身就是人自身的生产和再生产实践，人也是人的实践结出的物质果实。同时，人能够生产出粮食、服装、高楼大厦等物质产品，满足人的物质需要。人利用自然的物质生产出新的物质产品，建构了新的物质世界，构成新的物质世界的一部分。人既生产了人，又生产出了许多满足人的需要的物质产品，这就是改变旧物质世界，同时创造了新物质世界。物质产品不断丰富，人的生活条件越来越好，就是发展的一种表现。

2. 改造主观世界

人在从事实践、改造物质世界的同时，也会在大脑中产生对物质世界、对劳动实践的某种感知、印象等，并形成丰富的知识和经验。这些知识、经验，又能被人记忆、传播，使人类的知识、经验不断地增加，人们不再迷茫，不再野蛮，并能利用这些知识、经验指导新的实践。人会不断地纠正错误的认识，形成正确的认识，这就是改造主观世界。精神产品不断丰富，主观世界得到了满足和改造，也是发展。对自己主观世界的改造，是伴随人的一生的。有时，人的主观世界能在实践中得到很快的改造；有时改造则是一个漫长的过程，需要长时间的实践积累。实践对人的主观世界的改造，是不分主体的，任何人的主观世界都能在实践中得到改造。

3. 改造人类社会

人类社会是由个体的人组成的，每个个体得到了改造，社会群体、整体就得到了改造。人与人之间是紧密相连的，个体的人在实践中获得的知识、信息，会在人类社会中传播，会被更多的人学习借鉴，会影响更多的人，并形成社会新的共同的认识和实践，进而影响整个社会、整个人类的实践。这就是实践改造了社会。社会思想得到了很好的改造，文明不断增进，知识、科技不断进步，生产力不断提高，整个社会和谐、文明、幸福，就是社会发展进步。

第二节　实践的特性

一、自然性

人首先是一种自然之物，是由自然的物质构成的，是有自然生命的，是需要新陈代谢、需要运动的。实践是人的自然生命的形式，这决定了人所具有的自然特性。比如，人需要吃喝、繁衍等，这与地球上的其他自然生命相同，这就是人所具有的一定的自然性。人既然是自然之物，人的实践自然会体现自然性。

二、劳动性

人体新陈代谢需要的物质、能量，并不是天然产生的，而是需要人付出体力和脑力，进行劳动，生产产品并使用产品，这就是人的劳动、人的实践。人只有进行劳动实践，才能获得生命需要的物质、能量，才能维持生命。也就是说，实践往往是很辛苦的，但是，人为了获得产品，满足自己的需要，也必须付出劳动。人在劳动实践中体会自力更生、丰衣足食，认识到劳动才光荣，劳动者才是幸福的人。

三、社会性

人是社会的人，而不是孤立的人，是生活在社会之中的，是会与他人建立关系的。人的一切实践，都关乎他人、影响他人。你走在路的左边，别人就只好走在路的右边；很多时候，你的外在表现是想向他人展示、传递某种信息，希望引起他人的关注，得到他人的肯定，他人也会被你的外在表现所影响；一个人走在无人的旷野里，会感到孤独、寂寞，希望有他人同行。这都说明人希望成为社会的人，而不是单纯的自然人。

四、外部性

人是物质的，会占据一定的物理空间，会有外部形象，人与人之间是可以相互观察、感知的，这就是人的物质的外部性。某人在走路时，发现前面有一棵树，他的大脑会进行思考，会自觉地避让这棵树，而不会去撞树。尽管我们看不到他的大脑思考活动，但是，我们可以看到他的思考结果，这就是他大脑思考的外部性。

古人说“腹有诗书气自华”，一个人如果饱读诗书，满腹经纶，那么，他的内在必然会通过外在形象、言谈举止呈现出来。

外部性还是作为主体的人的一种表达方式、形式。人是需要表达的，这也是人的外部性的重要来源。有的人用语言表达，有的人用肢体动作表达，有的人用面部表情表达；有的人用文字表达，有的人用图像表达，有的人用某种产品表达，比如，建筑学家通常用建筑设计产品来表达他的技术、审美、价值观等。

人的思想需要表达。表达就是要表明自己的存在，就是希望引起他人注意，甚至希望影响他人，这是外部性的重要特性。人们考虑该穿什么样的衣服，不仅是生理的需要，同样是心理的需要，是一种对社会表达的需要。一旦人的外部性对他人产生影响，就形成了外部效应。比如，建筑师设计并指导建造了某座建筑物，这座建筑物会影响周围的光环境、风环境、声环境、水环境、视觉环境，甚至会影响区域交通环境、经济发展等。这座建筑物的外形、结构、功能等都蕴含着建筑师的技术水平、世界观、人生观、价值观、审美观等，并会引起能够看到它、接触它的人的思考。这种思考又会使人的思想或行为产生短期或长期、显性或隐性的变化，进而影响他人的世界观、人生观、价值观、审美观及行为等。

发表自己的观点和看法，就是希望表达自己的思想，希望与他人进行思想的交流，希望他人能认同、接受自己的思想。

五、目的性

人为什么要认识世界、改造世界？就是为了获得物质资料和精神资料，以满足人自己的需要。而能够满足人的需要的是人在认识世界、改造世界的过程中所获得的各种使用价值。只有对人具有使用价值的东西才能满足人的需要。所以说，使用价值是人的追求。这不是功利主义，而是源于人的天性。人的实践通常是有目的的，是为了人的生存和发展，为了展示人的存在。为了一定的目的而进行实践，能够使人的实践更有效，能降低劳动消耗，使劳动更经济。比如，我们去上班，需要从家里到单位去，到达单位是目的，自驾、步行、乘坐公交车、打的，等等，都是实践的方式。

但是，实践的复杂性就在于，目的与行动、结果并不完全一致。比如：我们有时是“语言的巨人、行动的矮子”；农民有时种瓜得豆，有时会颗粒无收；投资者可能血本无归，只得到了经验和教训。

有时，实践没有取得预想的成果，而是收获了其他成果，也就是非目的性的成果。比如，研究如何治疗心脏病的科学家，经过多年的潜心研究，都没有得到能有效治疗心脏病的药物，反倒得到了治疗男性性功能障碍的药物，这就是种瓜得豆的事例。因此，我们既要注重实践的目的性，又不能过分强调实践的目的性。特别是对于科学研究，过分强调目的性，强调研究的方式与目的的统一性，可能会使许多科学家无法有效开展科学研究。上述阿基米德、牛顿、瓦特的研究，无一不是在非目的性的实践中得到成果的。当然，机遇总是青睐有准备的头脑，他们时刻在钻研科学和发明，正是他们不懈追求着、实践着、日思夜想着、时刻准备着的头脑，才使得他们在非目的性的实践中获得了灵感，攻克了一道道科学难题。

六、局限性

一般人的实践是有局限性的。人所处的客观环境是有时空局限性的，人的精力是有局限性的，这导致人的实践活动的空间和时间范围、能力等都是有局限性的。比如：人不可能两次踏进同一条河流；人只有一双手，很难一次从河中抓到两条大鱼，更不可能一次就把河里的鱼都抓起来；人需要休息，不可能长期24小时地工作。一个人具有这种局限性，就是给另一个人让出了机会和资源，从而形成分工、合作的社会关系和格局，使人类成为更为紧密的利益共同体、价值共同体、命运共同体。

七、丰富性

社会实践是多种多样、丰富多彩的，没有统一、固定的模式，所有人的所有行为，都属于社会实践。社会实践的数量、种类等，是无法精准、静止地进行统计的。

丰富性还在于，我们不能试图用单一性、统一性等来抑制多样性、多元性，不能借着单一性、统一性来否定多样性、多元性的合理性。

八、发展性

社会实践是运动、变化的，是发展、创新的，而不是静止、固定的。发展性意味着新事物、新情况、新问题层出不穷，我们不能用静止的、僵化的思维、观念、方式方法看待新事物、新情况、新问题，不能否定新事物、新情况、新问题出现的合理性、必然性。发展性也意味着，人们无法准确预测、判断社会实践的发展路径、发展结果，也无法准确地规划社会实践的发展路径、发展结果。比如，谁也无法精准判断明天会有什么科学重大发现、发明，无法确定实践中的创新生长点在哪里，由谁来创新，朝哪个方向创新。如果能够明确创新的生长点在哪里，知道了实践会朝哪个方向发展，那就不叫创新。我们必须对创新的事物保持包容的心态，给其留有发展、被检验的时间和空间，让实践来检验创新。

发展性还意味着实践总是向前、向上、向更高的层次迈进，总是由低级向高级，由混沌向清晰不断发展的。

人的重要特点是总想看到新的事物，接收新的知识和信息，进行新的思考，获得新的产品、新的体验，如果人的大脑长期接收不到新知识新信息，看不到新事物，感受不到新变化，那么，人就会感到生命僵化、静止了。因此，人一般不会独居，而会与其他人一起生活、一起活动，如到街头与他人聊天、听故事，到外面去看新风景、闯新世界、开辟新事业。人们会在实践中发现知识、发展知识、积累经验方法，并将它们应用到新的实践中，从而改善新实践，提高新实践的效率，使新实践相对旧实践而言有所创新，有所发展。人并不想走老路，走回头路，总想探索新的道路，这是实践发展的动力。

九、受大脑思维支配

正常人的实践，都是由大脑思维支配的，人一般不存在不受大脑支配的实践。行为受大脑思维支配，是所有有脑动物的共同特征。人饿了，并不是由大脑思维支配的，而是生命的本能反应，但是，饿了之后想吃什么，不想吃什么，则是由大脑思维支配的。人有很强的记忆能力，一旦吃了不好吃的食物，就会在大脑中留下记忆，并尽量在以后的觅食行动中避免吃此种食物，这是生物学上的条件反射。经历多了，就会形成简单的意识，并逐步形成高级意识。人总想吃得更好，吃自然界没有的食物，吃自己创造出来的食物。人的创造行为，必然受到大脑思维的支配；没有大脑思维支配，就没有人的创造行为，就不会有新食物产品出现。人的行为甚至受到人的价值观、人的感情等的影响。美国东北大学的研究人员发现，味道并不是我们选择食物的决定性因素，有时情绪会影响我们对食物的评价和选择。

第三节　人的需要——社会发展的原动力

人的需要是实践的重要组成部分，与实践是辩证统一的，不能把人的需要与实践割裂开来。

人的需要很大程度上是人的主动需要，是人的生理和心理需要，是以人为本的。对于人的需要也可以进行不同的分类：从需要对象的形态看，既有人的物质需要，也有人的精神文化需要；从需要对象的功能看，既有人的生产性需要，又有人的消费性需要；从需要的社会性看，既有人的自然性需要，也有人的社会性需要；从满足需要的方式看，有通过交换方式满足的需要，也有通过非交换方式满足的需要。

一、人的需要是对产品使用价值的需要

只有产品的使用价值才能满足人的需要，没有使用价值，产品就满足不了人的需要，人就不需要。产品的使用价值就是能够满足人的某种需要的属性。当人的需要得到满足后，即使某种产品客观上仍然有使用价值，其对人也就不具有使用价值了，人也就不需要了。

使用价值不一定是物质方面的，也有精神方面的，如能使我们心情舒畅、精神愉快，能增长我们的知识，启迪我们的智慧，增强我们的意志，鼓舞我们的斗志，激发我们的奋斗力量等。

二、物质性需要

人的身体、生命是由物质构成的，人要维持生命，首先需要满足生命体新陈代谢的需要。

人类对物质的需要，还有别于其他生命体对物质的需要，因为，人类对物质的需要，通常不仅是对自然物质的需要，还有对自己创造的产品的需要，而且，满足人对更多更好的物质的需要的不是自然物质产品，而是人通过自己能动性的智慧劳动创造的人工产品，是自然界没有的产品。

三、精神性需要

人不仅有物质性需要，还有精神性需要，这是人区别于其他生命体的重要方面。当人的物质性需要得到满足后，人的精神性需要就出场了。不同的生产力和实践水平下，人类有不同的物质生产和物质性需要，也有不同的精神产品生产和精神性需要。人可以从大自然中获得满足自己物质性需要的产品，如，采摘野生的水果；也可以从大自然中获得满足自己精神性需要的产品，如，享受大自然的美。随着人类的发展，人的精神性需要与精神产品生产、创造高度融合，人自己创造的产品既能满足人的物质性需要，也能符合和满足人的精神性需要。

四、自然性需要

人的生命首先是有自然属性的，人首先要满足自然属性的需要，如物质性代谢、生理性需要等。

自然性还表现为规律对人需要的约束上，人要顺应自然、顺应规律，而不能违逆自然、违背规律。

五、社会性需要

漫长的进化过程使人不再只表现出自然属性，而是使人的自然属性得到一定的改变，并发展出了社会性，使得人的需要更多地表现出社会性，人的某些自然性需要被人的社会属性约束和规范，比如，人的性和繁衍需要就被人的社会性需要约束和规范。

社会是由很多成员和族群共同组成的，不同的成员和族群有不同的实践，不同的实践组成丰富多彩的社会实践。丰富多彩的社会实践创造了人丰富多彩的需要，满足了人丰富多彩的需要，这种由社会不同成员共同创造的需要，就可称为社会性需要。

人是社会性的人，而不仅是自然性的人。人既要满足自然性需要，也要满足社会性需要，比如，获得关爱、友谊、公平等。社会性需要同社会性生产一样，使得社会成员更加紧密地联系起来，例如，举办中国国际进口博览会使中国与世界其他国家更加紧密地联系起来。

社会性需要既为人的需要指明了方向，也对人的需要做出了约束和规范，它使得人在一定程度上不能离开人的社会性而需要，或者人的需要在一定程度上不能违背人的社会性，而要符合人的社会性。

六、通过交换才能满足的需要

交换即用自己拥有的产品与别人交换，换回自己没有、但别人拥有且是自己需要的产品。这样的产品通常称为商品。所换回的产品，通常是自己无法生产，或自己生产成本过高，不合算、不经济的产品。

满足人的需要不能靠抢劫，不能靠偷盗，而只能靠自己的劳动创造。靠自己的劳动创造才是道德的，才是光荣和幸福的，才不会受到社会的惩罚。

七、不通过交换就能满足的需要

这通常有两种情况：一种是自给自足，即自己生产仅用于自己的需要，既不赠送给他人，也不与他人交换；另一种是，自己不生产，但是别人生产，由于别人无法占有，或别人不愿意占有，自己可以不通过交换就可以无偿获得产品，这涉及别人劳动实践的外部性，产品的外部性，别人赠送的产品，别人无偿提供的知识、经验、信息等。

八、需要是发展变化的

不同的人有不同的劳动实践，也会创造不同的劳动产品。不同的劳动产品造就了丰富的社会生产和生活状况。见好思有，见美思享，见贤思齐，这就是人的追求，是“人往高处走”的动力。对于社会产品的生产、占有和消费，人总是期望“人无我有，人有我优”，人的需要、追求及实践总是发展变化、永无止境的。

人的实践是发展变化的，人的需要与实践相随，也是发展变化的，一般来说，当物质性需要得到满足后，精神性需要就出现了；低级的需要被满足后，就出现高级的需要，这种发展变化的需要呈现出一定的层次性。人的需要不断发展变化的特性，反映了自然性与社会性的辩证统一。

马斯洛把人的需要由低到高分为生理需要、安全需要、爱和归属感需要、尊重需要、自我实现需要五个层次，但这样的次序并不是完全固定的，有时是变化的，甚至是跳跃的。不同的人，不同的实践层次，会有不同层次的需要。

人的不断发展的需要，是人类社会不断发展进步的原动力。满足人类不断增长的对美好生活的追求，节约人的劳动，提高人的劳动生产力和劳动效率，使人类摆脱自然的束缚，是人类的关键需要，这种需要是推动生产力发展的关键动力。

众多的需要中，人的好奇心和求知需要相当重要，它是人类脱离最初状态、不断发展科学技术的主要动力，是人类区别于其他动物的关键。人类不断发展进步的显著标志就是人类所掌握的科学知识的不断发展。科学知识正是在这种需要的推动下发展的。正是这种需要，推动了人类的发展进步。因此，人的求新、求知需要应当受到高度重视。

人是有思想的高等动物，人在实践中会形成自己的思想。同时，人的思想需要表达，表达是人的天性。有思想而不能表达是很痛苦的，所谓“一吐为快”“不吐不快”，反映的就是这种情况。表达是人的一种本能需要，是人的价值实现的重要方式和途径。表达的内容是实践的经历、经验、感受等。人的劳动产品如果总是得不到他人承认，人就会缺乏价值感，这也说明人是社会的人。表达，就意味着相互交流、相互包容、相互融合、相互关怀、相互促进。

人有思想表达的需要，也有获得新知识新信息的需要。人如果长期接触不到新知识新信息，就会感到空虚；如果长期没有他人陪伴，没有感情滋养，就会感到孤独寂寞；如果长期没有劳动创造创新，就会感到生活很无聊。

九、需要驱动人的生产

人的生产是受需要支配的，是靠需要驱动的。如果没有需要，人就不会进行生产劳动。人与其他动物不同，一般通过自己的劳动创造来满足自己的需要，而其他动物一般通过从大自然中无偿获得实物来满足自己的需要。通过劳动创造显然比从大自然中无偿获取更高级，更需要智慧。

十、需要驱动人的探索和创新

人的需要是多种多样、丰富多彩、发展变化的，当人已熟悉和习惯了身边已有的一切时，就会产生审美疲劳感，就会求新求变，就要去探索和创新。人想要获得新的丰富多彩的产品，以满足自己新的丰富多彩的需要，这驱使人去探索，去创新。

个人的需要如涓涓细流，社会的需要则如大江大河，气势磅礴，奔流不息，并汇聚成汪洋大海。

第四节　实践的目的

人的实践是为了人的生存和发展，人的实践成果必然能够满足人的生存和发展需要，必然具有能够满足人的生存和发展需要的使用价值。

一、生产的目的性——获得产品的使用价值

生产的目的是满足人们的需要。只有产品的使用价值才能够满足人们的需要，因此，生产的目的是获得产品的使用价值。

本书所讲的使用价值，不是指产品对其他物的使用价值，而是指产品对人的使用价值，是指劳动产品对人具有的有用性或可使用性，是产品本身的属性。产品对人的使用价值有大有小，即满足人的需要的程度有高有低。

有些时候，人们所说的使用价值是指物对物的使用价值。比如一辆汽车，有

发动机，也有后视镜，还有坐垫，它们在汽车整车中的使用价值是不同的。物对物的使用价值也有大有小，一般需要专业人士才能准确评价，通常是以其在某件产品中所发挥的作用、制造的难易程度、可替代性、可缺性等来评分的。

物对物的使用价值通常要转化为物对人的使用价值，否则，物对人就是没有使用价值的。比如，汽车发动机对汽车来说，有很大的使用价值，但是单独的汽车发动机对人来说，就没有使用价值；只有成为汽车的一部分，能供人使用，发动机对人才有使用价值。

二、实践的目的性

实践的目的是人的生存和发展，凡是有利于人的生存和发展的行为，都是实践。但是，“生存和发展”是个大目的，我们还需要对这个大目的进行具体分析。

1. 实践本身不是实践的目的

人不是为了实践而实践的，实践本身不是实践的目的。如果实践本身是为了实践，那么，这就是个没有任何变化、没有任何意义的循环，这显然与人类不断发展进步的客观实际不相符。

2. 实践导致物质、能量、信息的变化

现代生物学告诉我们，如果没有与外界进行物质、能量的交换，获得物质、能量的补充，物质生命就会终结。实践是需要消耗劳动、消耗能量、消耗物质的，并因此改变了外界物质的形态、结构、功能和运动状态等，使物质等烙上人的实践和意识的烙印。

不仅人的生命需要物质、能量的新陈代谢，人大脑中的知识信息也需要新陈代谢，需要不断地更新、变化、发展，以保持思维的活动。新知识新信息可以促使人脑持续进行思维活动。生命不息，学习不止，人生才充实、幸福；如果人脑中的知识信息长期没有更新，而是保持原有的状态，那么，人就会感到生活索然无味。如果人只是为了与外界进行物质和能量的交换，这与其他动物及植物又有何不同呢?

3. 实践是在变化中发展进步的

实践是在变化中促进人类发展进步、促进新实践发生的。作为受到大脑思维支配的人，在实践中还需要进行信息的生产和交换。人的每一次实践与上一次实

践相比，都会有变化，都是在新认识的基础之上进行的新的实践，这才是人的发展和进步。

三、实践的目的是获得能够满足人的需要的产品

人为了生存，需要获得物质、能量、信息，这是人的生存和发展所需要的东西。很多东西不是天然就有的，需要人的劳动不断去创造。人是善于通过自己的劳动创造产品的智慧动物，人也是能不断摆脱自然约束，不完全、不直接依赖大自然的馈赠而生存，而是靠自己的劳动创造来生存的动物。只有劳动创造出不同于大自然馈赠的东西，人才能获得满足人的需要的产品。人创造的产品必定是大自然中没有的。只有通过劳动创造，人才能比自己的过去，比其他生物生存得更好、更精彩。

实践的目的，其实是获得自己需要的劳动产品。只有人类的劳动生产出的产品，才符合人类的需要。这既是道德的，也是让人生存和发展得更好、更精彩、更有主动权的需要。

四、实践的目的是获得能够满足人的需要的产品的使用价值

进一步看，实践的目的是获得产品的使用价值。产品的使用价值，就是其所具有的能够满足人的某种需要的、可供人使用的属性。产品的可使用性又称为产品的使用价值或效用，一般是自然界没有的，要靠人的劳动实践和智慧创造出来。劳动产品可以满足人的吃、穿、住、用、娱乐、学习、交际的需要，满足人的眼、耳、鼻、舌等感觉器官的需要，可以使人生活、工作更舒服，获得尊严，获得发展的感觉。

发展意味着不同，意味着创新。求新、创新，是人类发展进步的内生动力。新产品具有新的使用价值，比如，被人煮熟的食物与天然食物的使用价值肯定是不同的，太空辣椒与普通辣椒也有不同的使用价值。

不同的使用价值，意味着劳动实践的不同，主要是技能、知识上的不同。不同的知识、技能，决定了产品及其使用价值的不同。

第五节　主体与客体的互动共生关系

主体与客体通常被视为哲学认识论中的一对范畴，很少被看成政治经济学中的范畴。由于认识活动既属于哲学范畴，又属于劳动范畴，而劳动又属于政治经济学范畴，因此，很有必要把主体与客体这对哲学范畴引入政治经济学。

一、什么是主体、客体

主体，就是从事实践和认识活动的人，就是实践者、观察者、探索者。本书所指的主体是人，而不是事或物。就劳动来说，主体就是劳动者；就认识论来说，主体就是观察者、思考者。

客体，就是被实践、被观察、被探索的人或事物。客体可能是人，也有可能是事或物。就物质生产劳动来说，客体通常是土地、技术、原材料、工具及劳动产品等；就认识论来说，客体通常是被观察、被思考、被认识的人或事物，及由此产生的认知结果等。

工人进行劳动，工人就是主体，劳动对象、劳动材料、劳动产品等，就是客体。如果工人在劳动中，既加工产品，又钻研加工技术，那么，技术及劳动者加工的材料、工艺、操作流程、产成品等都是客体。企业管理者进行人事管理，主体就是管理者自己，被管理的员工们就是客体；科学家观察、探索宇宙，科学家就是主体，宇宙就是客体；市场调研人员研究进出商场的顾客情况，市场调研人员就是主体，顾客就是客体。

二、主体与客体的关系

主体与客体是一对“纠缠的量子”，即使人与星星相距遥远，二者也能发生关系。有主体就有客体，有客体就有主体；不可能只有主体而没有客体，也不可能只有客体而没有主体。

主体与客体的角色并不是固定不变的。从不同的角度观察，主体与客体的角色可能会不同，甚至出现互换的情况。比如，观众看魔术表演，观众就是主体，表演者就是客体；但是，从表演者的角度看，表演者是主体，观众是客体。

主体和客体可以统一于一体。总结自己的经验教训，反思自己的错误，思考自己的过去、现在、未来，照镜子，给自己照相、画像，把自己作为独立的事物进行观察、分析，那么，自己既是主体，又是客体。

三、主体、客体相互作用

主体与客体是矛盾统一体，它们相互影响、相互作用。

1. 主体影响、改变客体

医生救治病人，使病人获得生命健康，医生这个主体改变了病人这个客体。工人做馒头，工人作为主体，改变了作为面粉、面团的客体。

2. 客体影响、改变主体

医生在医治病人的过程中，积累的经验知识越来越多，他的专业水平就会越来越高。人类在大自然、宇宙面前相当渺小，大自然、宇宙有其自身的运动规律，不受人类的控制。大自然给人类“制造”了许多灾难，这些灾难教育了人类，使人类认识了大自然的规律，拥有了适应自然、规避灾难等方面的能力。这是客体对主体的影响。

3. 主体、客体相互影响、相互改变

主体对客体的影响或客体对主体的影响，往往不是简单的、单向的、单纯的，而是复杂的、互动的、综合的。许多情况下，主体与客体存在相互影响、相互改变的情形，只不过存在一方改变另一方更多、更显著的情况。比如，资本家为工人提供就业机会，使工人对资本家产生依赖的同时也对工人进行剥削，在这个过程中，工人也在改变资本家，使得资本家也要依赖某些技术熟练工人，并不得不满足某些技术熟练工人的要求。因为，无论是资本家，还是工人，都是智慧动物，都知道如何认识对方、适应对方、利用对方和改变对方。

主体与客体的这种相互作用会在“实践—认识—再实践—再认识”中不断加强，产生强大的力量，推动双方共同进步。

4. 人的主观能动性

人能够主动认识规律、掌握规律，并运用规律为人类造福。天文学家探索宇宙规律，生物学家探索自然生物活动规律和生命奥秘，这些实践使得科学家获得了对

大自然、宇宙规律的认识，从而使人类变得更聪明，能更好地适应规律、运用规律进行新的实践。比如，人类掌握了二十四节气的规律之后，用其指导农业生产；人类揭开了某些疾病的奥秘之后，就可以研制出相应的药物来治疗疾病，为人类造福。

四、主体实践与客体实践

1. 主体实践

主体实践，就是主体作用于客体，按照主体的意志改造客体，从对客体的实践上获得某种成果。

主体实践包括三种情形。

（1）作为主体的人加工物质产品

主体对物质的客体进行加工、改造，比如，农民插秧，工人冶炼钢铁。这类劳动通常会使客体在实践的现场发生运动状态、形态、成分、结构、品质、性能等方面的改变，也就是发生物理或化学方面的变化。这种改变，就是物质生产劳动成果。

（2）作为主体的人管理、影响客体的人

管理者开展管理工作，使作为被管理者的人按照管理者的意志进行劳动，这种管理工作，既属于物质实践，又属于知识实践、思想实践，通常被当成知识实践、思想实践。从管理者这个实践主体的角度看，管理者主要是运用知识、思想，从事管理劳动实践；从客体角度看，被管理者主要是在知识、思想等方面受到主体的影响，接受管理者对自己发出的指令，从而改变自己的行为。由此来看，管理、教育实践，也是脑力劳动实践、知识劳动实践。

教师教育学生，榜样影响他人，都是作为主体的人管理、影响作为客体的人的具体例证。

（3）作为主体的人观察研究客体的人或事物，而不直接改变作为客体的人或事物的运动状态或形态

主体对客体进行观察研究，探索、认识并掌握客体的运动规律，生产出新的信息、新的知识产品。比如，天文学家观察天象，了解宇宙运动信息，探索宇宙运动规律；社会科学家观察人类的社会行为、思想活动等，探索人类社会运动规律，生产出新的信息、知识等。主体的这种实践，一般不直接、在现场改变客体，而是掌握了客体的运动信息、规律等，为今后改变客体或者为适应和运用客观规律创造条件。

主体对客体的作用、认识，属于劳动；主体对客体的作用、认识过程，属于劳动过程。主体作用于客体，通常会使主体有一定的收获，这个收获，既有物质性的，也有认识上的、精神上的，包括信息、意识、经验、知识、愉悦感等。

主体通常是按照自己的主观意识作用于客体的，也就是按照自己的主观意识运动的，但是，主体的这种意识和作用，又常常受到客观条件和规律的限制，并且一定程度上受到客体的引导、影响。比如，种植水稻，就会受到水稻生长规律的影响，农民只能遵从而不能违背水稻生长规律进行种植。

主体作用于客体、认识客体时，会在自己的大脑中产生对客体的某种印象，这种印象会在主体的大脑里产生记忆，从而使主体本身发生某种认识上的变化。比如，看到别人的船因触礁翻沉，自己行船经过时，就会主动避让礁石和沉船，这就是客体对主体的影响，也是主体进行的认识劳动的表现，是主体主观能动性的体现。

2. 客体实践

客体有两种，一种是作为客体的人，另一种是作为主体的人所认识、改造的客观物质对象，即客观的物质世界。无论是作为客体的人，还是作为客体的客观物质对象，都有自己的运动规律，在受到主体的影响前，会按照自己的规律运动。

自然界有其自身相对独立、客观的运动规律。比如，宇宙会按照自己的规律运动，通常不受人的意志的影响；各种生物都会按照自己的自然规律生长、繁衍。水稻在受到人的影响之前，会有自己的生长方式和规律，但是，一旦受到人的影响，它的生长方式和规律就可能发生变化。

作为客体的人也有其相对独立的实践运动。工人、农民在被组织之前，都在从事着自己的相对独立的实践；在被组织之后，虽然在实践上会有一定的变化，但是，他们仍然有自己相对独立的实践。

有些主体作用于客体时，客体会产生某种反应，这种反应又会作用于主体，使主体也产生某种反应，这就是物理学上的作用力与反作用力。比如，作为主体的管理者对作为客体的人进行管理，这种实践，既会产生作用力，又会产生反作用力，因为被管理的人既是客体，又在一定程度上是主体，与管理者形成矛盾运动的统一体，管理者不能只考虑自己的主体性，而忽视了被管理者的主体性。人与人之间会双向影响，而非单向影响。作为客体的人影响作为主体的人，会使作为主体的人调整实践思路、路线、策略等。

3. 主体与客体共同的实践

就人类社会而言，如果主体和客体都是人，并且是相对的人，比如，学生与老师、员工与领导，那么，主体与客体有着共同的实践和认识。从矛盾论角度看，他们是矛盾着的统一体，双方是辩证统一的，他们有着共同的实践，通常会产生共同的认识。这种实践和认识的矛盾统一体，也必须是开放式的，必须从外界吸收知识、信息、能量、物质等，用开放、相融的思维对待自己与外界，这样的统一体才能形成符合双方要求的正确合理的实践和认识。

领导与员工，他们的工作岗位虽然有差异，但是，他们既有不同的实践，又有共同的实践；既有不同的利益，又有共同的利益，是实践和利益的共同体。他们既会产生不同的认识，也会产生某种共同的认识。是扩大共同利益、扩大共识，还是扩大差异，取决于他们在各自实践和共同实践中所积累、掌握、创造的知识、信息的差异。长期地看，宏观地看，增进共识、求同存异，寻找最大利益公约数，扩大共同利益和共识从而扩大彼此利益，应是他们共同的选项；就全社会而言，这甚至是他们和平共处的必然选项。这样的实践才能发展他们各自的利益，才符合他们共同的利益，才是有生命力的，才可能长久。利益共同体、实践共同体只有在这样的条件下才能维持，否则就会解体。

五、劳动的主体与客体

1. 体力劳动的主体与客体

体力劳动的主体，就是有目的地从事体力劳动的人。体力劳动通常会改变事物的形态或运动状态，比如：把一个面团揉成馒头形状，就是改变事物的形态；用力摇扇子并产生风，能改变扇子和空气的运动状态。

被体力劳动施加作用的事物，就是体力劳动的客体。

体力劳动的主体只有一种，就是人。

体力劳动的客体有三种。第一种是自然或人工的物质，比如农作物、矿产资源、建筑物、工具等。第二种是他人，比如，甲把乙从 A 地背到 B 地，从甲的角度看，甲是主体，乙是客体；从乙的角度看，乙是主体，甲是客体。第三种是自己，比如自己进行体育锻炼，强健自己的体魄，自己既是主体，又是客体。

2. 脑力劳动的主体与客体

人的大脑进行有目的的思考活动，就是脑力劳动。人的大脑思考的对象和内容，就是客体，思考者就是主体。

脑力劳动的主体与体力劳动的主体相同，都是人。

脑力劳动的客体也有三种：第一种是客观的事或物，第二种是他人，第三种是主体自己。

体力劳动者经常在体力劳动中思考如何节省体力，如何改进自己劳动时的动作、技能，提高劳动的效率。比如，农民在插秧劳动中会思考如何提高插秧的速度和质量；采矿工人在挖矿时会思考如何提高挖矿的效率。这种思考有的针对自身的动作、技能，有的针对劳动对象。针对劳动对象的，主体就是人，客体就是劳动对象；针对自身的动作、技能的，主体是自己，客体也是自己。

3. 体力劳动与脑力劳动的关系

人是受大脑思维支配的动物，人的体力的使用是受大脑思维支配的，是脑力劳动的结果和表现。体力劳动者并非单纯地从事体力劳动，而是需要运用一定的脑力，需要在自己大脑思维的支配下，运用一定的信息、知识、技能，只是体力劳动者所运用的知识一般不是很复杂。当然，即使是摇扇子这样简单的动作，人也并不是一开始就会的，而是需要观察、学习。比如，小孩摇扇子就有些困难；有些人，之前没有看过、使用过扇子，年龄大了之后才看到扇子，并开始使用扇子，也许他一开始就会使用，但是，这并非天生的，同样是后天学习的结果，因为摇扇子的动作并不复杂，生产、生活中有类似的动作，这些动作完全可以被应用到摇扇子上来。

有些体力劳动有一定的技术性，比如木工、泥工，一般的体力劳动者甚至技术人员都无法胜任。

4. 实践的主体与客体

人的生命过程就是实践的过程。人的所有体力劳动实践及脑力劳动实践，都是人的实践的具体表现，都归于人的实践集合。因此，体力劳动实践的主体与客体、脑力劳动实践的主体与客体，就是实践的主体与客体，都归于实践的主体与客体的集合。

第六节　实践产生知识

一、知识来自实践

知识是人类在实践中获得的认识和经验的总和，包含感性认识和理性认识。人类的知识、思想不是头脑里固有的，只能来自人类的实践。如，OpenAI 公司的 ChatGPT 不能在主动的实践中获得认识或经验，所以无法成为原始知识创造者。

1. 知识首先是人对客体的感觉、知觉

知识首先来自人在实践中的感觉，感觉是知识的初始状态，是初始知识、原始知识。

人是灵长类动物，有发达的大脑、灵巧的四肢，有眼、耳、鼻、舌等灵敏的感觉器官，对外界和自身的刺激有灵敏的感觉。人能观察分辨周围环境的细微变化，能分辨多种颜色、气味、声音等。美国新泽西州拉特格斯大学神经科学家约翰·麦根领导的团队进行的一项研究表明，人类的嗅觉能力并不逊于其他哺乳动物。人有丰富的表情，人能够用表情细腻地表达思想，也能够细致地识别他人表情所表达的含义。人的一切感觉、知觉，都属于人的实践范畴，是实践的一部分。人类从实践中得到知识，首先是在实践中接触到客体，获得客体的信息，像照相底片那样把客体的信息印到自己的大脑里，这些信息成为人脑认识、思考客体的基本元素。人脑能够借助于思维、语言、肢体、图像等描述客体。这就是认识论中所说的感觉、知觉、表象。客体是运动的，当这种运动与人的连续观察实践结合时，人的大脑里就会在实践中获得客体一连串的动态信息。

2. 知识对实践的描述

人的实践是在大脑思维支配下进行的，大脑思维首先会对人在实践中的感受、感知形成记忆、描述。实践的一举一动，既是大脑思维支配的结果，又会在大脑思维中形成印象，形成记忆。人能重复自己感觉很好的实践，又能改进或避免

自己感觉不好的实践。正是有了记忆，有了描述，人才能传播和应用实践中形成的知识，借助于记忆的知识重复或改进自己的实践。

3. 知识在实践中积累

知识、信息需要积累。人的最大特点是能够积累点点滴滴的知识、信息。科学研究表明，人的大脑能记忆大量的知识、信息。随着人所记忆的知识、信息增多，量变转化为质变，人对记忆、积累的知识、信息进行组合、分析，从而得到新的知识、信息。没有知识的积累，就没有知识的发展、创新、进化。人类总是在实践中不断地发现知识、积累知识和发展知识。人的记忆力超过其他任何动物，能够记忆和积累知识。

积累知识，就是积累知识的力量，积累人付出的劳动。不同的知识反映不同的规律，有不同的使用价值、不同的力量。层级高的知识，有层级高的使用价值、层级高的力量。知识越丰富，所凝结的劳动量越大，知识的力量就越大。大科学家掌握的知识所具有的力量，不知道相当于多少普通人的力量；大工程师的力量，不知道相当于多少普通工人的力量。

4. 知识来自实践中的观察

观察是获得知识的第一方式和途径。观察实践，就是从现象上掌握实践的信息，把握实践的动向，吸收实践的能量。观察社会实践，就是从宏观、中观、微观等层次吸收社会实践的能量。实践的视角、视野有多广阔，吸收的能量就有多广阔，在观察者的大脑中形成的知识、信息就有多大的能量。宏观世界是由微观世界构成的，我们既要注重观察宏观、中观世界，又要注重观察、探索微观世界，奥秘可能藏在细微处，见微可知著。

5. 知识来自实践中的探索和突破

客观事物在被人类改造之前，总是以自己的自然状态呈现出来，而不是以主体期望的状态呈现出来。树并不知道自己叫树，是人称它为树；地球并不知道自己叫地球，是人称它为地球。如果人不对客观事物进行观察、感知、认识、分析，那么，客观事物永远保持它自己的运动状态。只有主体的人去认识客体，揭示客体的规律，赋予客体内涵，客体才会在主体面前呈现出其“文化”“知识”的一面。

理论上我们的眼睛可以看得无限远，能看见太阳、月亮、星星，但是，并不是每个人都知道它们的运动规律，只有那些天天观察、研究它们的天文学家才知道它们的运动规律。天文学家不仅自己探索，还要吸收前人的探索成果，还要共享观察、思考、探索、研究的成果，从而使人类能更全面、更持续、更科学地掌握宇宙运动规律。

人类的知识是在实践中不断积累、发展、进化的。现代医学中的器官移植技术，是经过科学家无数次的动物试验、临床试验，克服了配型、排异和神经缝合等难题之后，才逐渐走向成熟的。

热爱生活、热爱探索知识的人，每一次出行都是有意义的活动，可以欣赏美景、搜集信息、了解情况、增长见闻、探索知识、传播知识和正能量、树立形象、扩大自己的影响，等等。

随着劳动实践的持续，知识、信息不断在人脑中积累，最初的感觉、知觉、表象，又在实践中反复地被融合、验证等，知识与知识、知识与实践又不断地发生着复杂的物理式的和化学式的碰撞，并在人脑中发展成为概念、判断，最后，又上升到推理阶段。人类的知识、思想全部来自人在实践中对事物的感知，这是人的意识最基础的元素。不经过实践，人类就接触不到事物，就无法得到对事物的感知；不产生感知，人类就无法在自己的大脑中形成信息。正是发达的大脑，才使人类能够把自己在实践中所感知的内容转化成信息，并加工成知识。人类的知识、认识没有不反映人在实践中对事物的感知、认识的。在实践中对事物的感知、认识是人类一切精神、思想、知识的来源。

如果我们在地球的某个位置架设一台摄像机，在这个固定的位置，用固定的视角长期记录这个世界，就会发现，即使我们自己不变，这个世界也是分分秒秒在变化的。斗转星移、日出日落、阴晴圆缺、风霜雨雪、春花秋月、万物荣枯、人来人往、车水马龙……镜头里的世界是不断发展变化的。即使目不转睛、脚不挪移，我们也能“坐地日行八万里，巡天遥看一千河”。“人不能两次踏进同一条河流”这句富有哲理的话是最恰当的旁白，这些信息时刻在雕刻着我们的大脑。如果我们能够把这些信息都记录在大脑中，并有序地将其用语言或行为表达出来，那么，这些信息就成了我们大脑中的知识，成了人类的知识。

在实践中，人类产生了好奇心和求知的渴望。在好奇心和求知渴望的驱动下，人类又开始了新的实践，并在新的实践中产生了新的知识。比如，有美国科学家对睡眠与工资的关系进行了研究，研究发现，睡眠充足者的工资通常比睡眠不充足者的高。

人类求知的欲望是无限的，这种无限的欲望会转化成人类不懈地探索、求证、创造新知识的强大动力，使得人类能够打破思维定式、思想惯性、旧知识的限制，使知识得到不断的创新和发展。比如，今天的科学技术，就是人类在漫长的历史探索中历经一点一滴的突破而得来的。

6. 规律性

知识是人对客观物质及其运动特点、规律的揭示和描述，体现的是客观性和规律性，是可以重复和复制的。只要某种物质或物质现象存在，那么，它的规律就会存在，就会重现。物质和物质现象如果不是一次性的存在，它的规律就不会是一次性的存在。只能一次性出现的，就不是规律。知识可以复制，是因为规律可以重复。

7. 普遍性

物质现象是普遍存在的现象，规律伴随物质及物质现象而存在。物质在何时何地呈现，其规律也就会在相应的时间和地方呈现，人类发现的相应的规律就会相应地适用。物质及其运动普遍地存在，那么，反映其运动的规律也会相伴相随地存在，人类发现、揭示的相应的规律也就普遍适用。规律的普遍性是物质及其运动普遍性的体现，是知识可以被复制、可以普遍适用的客观基础。

8. 认识的局限性

（1）片面的实践产生片面的认识

人的实践是有局限性的，有什么样的客观实践条件，就会形成什么样的实践与认识，比如盲人摸象、井底之蛙。过去，人们认识宇宙，没有强大的望远镜，对宇宙的认识有当时的局限性，现在的望远镜十分先进，人们对宇宙就产生了新的认识；过去，人们进行微观物质研究，只有一般的光学显微镜，现在有了超级先进的电子显微镜，产生的认识也就进步多了；过去人们预测天气，只能依据肉眼进行地面观察和经验判断，现在有了气象卫星，以及许多地面观测设备，人们可以从地面和天上两个角度预测天气。有什么样的实践，就产生什么样的认识。从事农业生产的农民无法在农业生产实践中产生对冶炼钢铁的基本认识；从事钢铁冶炼的工人也无法在炼钢实践中产生对种植庄稼的基本认识。实践在什么样的水平上，认识就在什么样的水平上。开始人们并不知道给病人输血会导致排异反应，经过长期的科学实践及知识的传播，现在一般的医生都知道输血排异反应的现象，即使没有经历过相关实践的医生，也能掌握这样的基本知识。人类需要在反思中不断修正、完善、提升认识，比如，对战争的反思，就是人类走向和平的必要条件。

（2）系统的全面的实践产生系统的全面的认识

正常人能够看到大象的全貌，就知道大象长什么样子，不会像盲人摸象的故事中的盲人那样描述大象。要形成系统的全面的知识，往往要经过较长时间、较广范围的实践。一个新思想是不是真理，不能只看一时一地一事的应用，而要看其能否在更长的时间、更广阔的领域中得到应用。一时一地一事的成功应用，可能有特殊性，比如有的科学实验在实验室内是成功的，而在实际应用中却不成功。计划经济可以在小范围内获得成功，大范围应用时就难以成功，这是由于客观条件不同了，情况复杂了。实践范围越广、时间越长、整体性越强，知识的系统性、全面性、适用性就越强。没有经过大范围、持续实践的制度，我们不知道它到底好不好。

系统的全面的知识，通常不是由一个人在一时一地创造的，而是由人民群众在长期、广泛、系统的实践中共同创造的，是经过反复实践和检验才形成的。

9. 失败是成功之母

失败或失误，可以转化为经验、教训类知识，可以积累信息，可以排除某种不确定性，可以激发人类进行再实践、再探索、再创新，从而有利于人类的知识与实践的进步。正如夏新民所言，失败之后的反思，能提升预见力、管控力、应变力、判断力。许多知识需要人们经过失败和挫折才能获得。“失败是成功之母”“吃一堑，长一智”，都是这个道理。爱迪生在寻找电灯泡发光的合适材料时，做了上千次的材料发光实验，大量的材料在实验中被否定了，最后才发现，只有钨丝才是最合适的材料，正是经过前面上千次的失败，排除了许多不合适的材料，积累了材料发光方面的信息和知识，最终才找到了钨丝。之前的否定和失败，其劳动和知识都融入最后成功的结果之中。

10. 知识在实践中得到检验、修正

很早以前，人们只见过白色的天鹅，直到有一天，人们发现了黑色的天鹅，从此改变了“天鹅都是白色的”的片面认识。

古时候，人们认为天圆地方，还以为地球是宇宙的中心，随着人类实践的不断发展、积累，航海技术、数学、物理学、天文学等也不断发展，特别是中国人发明的指南针得到了广泛应用，人类越来越清晰地认识到，地球其实是圆的，宇宙是广阔无垠的，太阳系是巨大的，地球只不过是太阳系八大行星中的一颗，是地球围绕太阳转，而不是太阳围绕地球转。

11. 集体智慧

人们在实践中会相互交流、相互学习、取长补短、共同提高。没有哪个人可

以创造人类拥有的全部知识和智慧，只有每个个体的知识和智慧汇集起来，才形成了人类社会共有的强大的知识和智慧。

由于实践具有共同性、反复性、长期性，知识也就具有共同性、普适性、长期性。知识通常是集体实践和集体智慧的结晶。个人孤立、短期的实践可能产生不出某种知识，解决不了某种问题，但是，集体共同、长期的实践就可能产生某种知识，就可能解决某种问题，这就是集体智慧。社会面对的问题，会促使社会成员共同实践和认识，并产生集体的智慧。社会是由个人组成的，因此，集体智慧通常由个人智慧汇聚而成，个人也会从集体中获得智慧和力量。由于集体实践的广度、深度等一般大于个人实践，因此，集体智慧通常大于个人智慧。

12. 知识在实践中发展

发展中的知识需要在实践中不断被求证、钻研，人总是边实践，边钻研其中蕴藏的知识。不在实践中钻研，知识就不会在大脑中产生，只会在实践中白白流失。例如，周群飞只有小学文化水平，为了生计，她到深圳一家手表玻璃印字厂打工，并把自学到的丝网印刷技术创造性地应用到手表玻璃印字上，效果特别好。之后，她又干上了切割手机玻璃的工作。切割手机玻璃是个精细活儿，由于手机玻璃相当薄，易碎，过去，切割手机玻璃的正品率和效率都不高，成本一直难以降下来。周群飞在切割手机玻璃的实践中积极钻研技术，总结经验，博采众长，并把之前在手表厂掌握的技术利用起来，很快就使切割手机玻璃的正品率大大提高。这一切，正是得益于她在实践中刻苦钻研。后来，她又发明了新的手机玻璃切割设备，使得手机玻璃的切割正品率、质量、速度等达到了行业新高度，并且使成本大大降低。正是这项技术，为她赢得了巨额财富。

在劳动中，没有钻研出新技术、悟出新知识的人，并非没有用脑力，而是脑力使用的对象、方式不恰当、不科学，结构不合理，没有用在提高自己的工作技能、增加自己的劳动知识等方面。每个人的大脑都时刻在运转着，时刻在消耗着能量，一刻也没有停止。那些没有像周群飞那样在劳动中学到新技能、获得新知识的工人，从某个角度来说，其在劳动中所运用、花费的脑力与周群飞基本上是相同的。

13. 知识发展的线性与非线性

总体上看，知识发展遵循“实践—认识—再实践—再认识”的线性发展规律和路径。但是，由于实践的发展性、丰富性，资源的丰富性、变化性，以及知识的无形性和认识的有限性、发展性等，有些知识的发展呈现出不确定性，存在非线性、离散性。对于同一主体、同一知识，线性特征较为明显；而对于不同主体，非线性特征较为显著，“士别三日，当刮目相看”就反映了这个道理。不同的人，学习的方式方法不同：有的人学习行为外部性较为显著，其获得的知识也呈现出较为显著的线性特征；而有的人学习行为外部性并不显著，其获得的知识也就呈现出非线性特征。

二、实践的一举两得、一劳两收

实践产生知识，这是就总体情况、普遍情况而言的，具体情况则需要具体分析。有些具体情况下的实践是产生知识的，而有些具体情况下的实践并不产生知识。

1. 个体实践的一举两得、一劳两收

个体实践可组合、汇聚而成社会实践，因此，个体实践相当重要。

周群飞在劳动中注意观察，总结经验，从而不断提高技能，而其他人则只是机械地完成老板交代的工作任务，不去总结实践中感知到的新情况、新信息、新问题、新经验，不去思考如何更好地完成任务，如何提高自己的技能。同样的实践，同样的劳动付出，周群飞不但生产出了符合老板要求的产品，获得了劳动的工资报酬，还从劳动中积累了大量的知识经验，获得了独特的技能，这使她一举两得、一劳两收。周群飞并没有为此付出太多的体力劳动，只是付出了一定的脑力劳动。有时候，脑力劳动与体力劳动有机结合，还会使人从中获得更多的快乐。周群飞的技能，是在工作中获得的，不是在实验室里获得的。她利用了老板提供的劳动机会和资源，老板也乐见每位员工在劳动中获得技能上的提高。那些没有在劳动中获得技能、提高技能的员工，好比是收获打了五折，因为，他们付出了同样的劳动，却只得到工资这一种收获，并没有收获新知识、新技能。

2. 社会实践的一举两得、一劳两收

由社会成员、社会群体共同进行的实践，称为社会实践。社会实践离不开个体实践。社会实践产生社会认识。社会物质生产实践，既能生产出物质产品，也能生产出社会知识、思想等精神产品。社会实践既改造客观物质世界，也能改造人的主观精神世界。社会实践就是大数法则下的个体实践，个体实践的偶然性、特殊性汇聚成社会实践的必然性、普遍性。在个体实践中表现为偶然性的，在社

会实践中则表现为必然性。尽管个体实践本身有完整的阶段，但是，社会实践仍然由相互关联的个体实践组成、汇聚。当社会群众进行共同的实践的时候，无论是个体，还是群体，都会外溢出许多信息。这些信息，不是天然的，而是社会共同实践的结果，是劳动产品。从这些信息，可以判断社会群体乃至个体的实践情况。比如，改革开放以来，大量农民进城务工，这方面的信息就是社会群体实践信息。分析这方面的信息，可以从中了解到推动农民工流动的因素、农民工分布等许多新的信息，得出某种调查研究和分析判断的结果，这个结果是知识性的。准确、及时、全面掌握这方面的知识、信息，又有利于政府在社会、经济、政治、文化、教育等方面做出科学决策。

3. 一举两得、一劳两收的特性

一举两得、一劳两收，是在一次劳动过程中既获得了物质产品，又获得了精神产品。对普遍劳动者来说，是指在一次劳动过程中，既获得了劳动报酬，又获得了知识、信息、技能等。这种劳动，与只获得劳动报酬的劳动相比，并没有额外增加多少劳动量，增加多少资源的消耗。这种劳动，其物质产品所凝聚的劳动量，与同时获得的知识产品所凝聚的劳动量几乎是相同的。

一举两得、一劳两收是符合人类发展需要的，可以节约人的劳动，提高人的劳动效率，是有利于人类发展的，因此是高效和正义的。

也许有人认为，体力劳动与脑力劳动是两种不同的劳动方式，为什么把劳动中消耗的体力劳动和脑力劳动看成“一举”劳动，而不是“两举”劳动呢？实际上，前述的“一举”劳动，是体力劳动与脑力劳动的融合，不是完全独立的两种劳动方式，而且，体力劳动本身就不能脱离脑力劳动而存在。钢琴家可以蒙着眼睛弹钢琴，打字员能够蒙着眼睛打字，他们完全凭大脑记忆和思维支配动作。眼睛只是一个视觉器官，它有利于大脑思维，却不是大脑思维器官本身，也不是支配肢体的器官；它受大脑思维支配，能表达大脑思维结果，但不具有大脑的思维能力，不能代替大脑这个思维器官。肢体的行动是受大脑支配的，而不是受眼睛支配的，眼睛为大脑思维提供了信息原料，使大脑思维和支配更有效。

劳动实践的一举两得、一劳两收说明，人既是经济主体，又是认识主体，是两个主体的辩证统一体，决不能把两种角色割裂。

4. 复合型劳动

一般情况下，生产线上的打工者在从事体力劳动时基本上只附带消耗低层次的脑力，而周群飞却付出了高层次的脑力劳动，这种高层次的脑力劳动完全是额外付出的，并不是其本职工作所必需的。同时，周群飞在下班之后，还积极自学、钻研技术，丝网印刷技术就是她通过自学掌握的。因此，她的劳动其实是由体力劳动与脑力劳动这两种方式组合而成的，可以分解成两种独立的劳动。周群飞的脑力劳动具有很强的专业性、创造性，完全可以媲美那些专业的脑力劳动者。因此，周群飞的劳动其实是一举两劳，也就是一次劳动付出的过程中，既有体力劳动，又有专业性、创造性很强的脑力劳动，其体力劳动与其他人的体力劳动相当，其脑力劳动与其他专业脑力劳动者的脑力劳动相当。

与周群飞类似的人还有很多，比如，青岛港的桥吊工许振超，工作之余刻苦钻研，掌握了进口设备翻译和维修的全套技术；中铁一局电务公司电力高级技师窦铁成，从一名只有初中文化的普通工人成长为掌握现代电力施工技术的专家型员工，为企业培养出几十名工人技师、高级技师，被大家尊称为“工人教授”。这些人的劳动，不能称为简单的劳动，而是复合型劳动。这些劳动者，不是简单的劳动者，而是复合型劳动者。

三、人的主观能动性

人的认识与人的实践是互馈的。人在实践中产生认识，认识又在一定程度上指导人的实践。人能够主动地认识规律、探索规律，并主动地运用规律改造世界，为人类造福。比如：一个人在行走时，能识别物体，知道路中间的物体会挡住自己的去路，就是在实践中产生的认识；人又能主动避让物体，绕开物体前行，这就是人的主观能动性的体现。

人类应用一切科学技术，无一不是人类发挥主观能动性的体现，是人类主动应用的结果。科学技术发展是一码事，而应用好科学技术是另外一码事。创造的技术不去应用，就是劳动及劳动成果的白白浪费；只有把创造出来的技术应用好，才能更好地造福人类。

四、实践在知识应用中发展

实践产生知识，知识又被应用到新的实践中，使得新的实践有很大的发展进步。2017 年中央电视台曾报道一位叫郭磊的青年人，辞去了中国驻以色列外交官的职务，回乡创业。他创办了潍坊市华以农业科技有限公司，把以色列的设施农业引入中国潍坊。一开始，他是完完整整地把以色列的设施引进来，但是，他在使用中发现，推拉泡沫床时，推的一边与拉的一边容易发生错位和碰撞，不但会导致泡沫床的破损，还影响劳动效率。于是，他在第二期工程中对该设施进行改造，在中间加一道隔板，解决了问题。并且，他结合当地的地形和气候特点，把以色列的高架式结构，改为下挖式的通道结构，这也大大降低了投资成本。他在之后的几项工程建设中，都把在之前的实践中得到的经验、知识等应用起来，使得新的实践比之前的实践更完善、更高效。

五、实践与认识的层次性

认识是有层次的，一般是由表面的认识到深入的认识、由感性认识到理性认识、由简单的认识到复杂的认识，由低层次认识到高层次认识不断地发展、进化。由于人的实践是受大脑支配的，人的认识又对人的实践有能动的指导作用，这导致实践也具有层次性，也是从表面向深入、从简单向复杂、从低级向高级不断发展、进化的。每一次实践，会产生新的认识；新的认识又能指导人类进行新的实践，从而使人的新实践在更高层次上进行。在新实践的基础上，人类又不断探索，产生新知识，新知识又能指导更新的实践，使更新的实践较之前的实践又有新的发展、进步。人类的实践，就是在“实践—认识—提高—再实践—再认识—再提高”的路径上无限发展、螺旋上升的。

以移动通信技术为例。移动通信，一开始是模拟信号，之后出来了第一、第二、第三、第四、第五代数字技术，2022 年吹响了向第六代数字通信技术进军的号角。现在的技术与移动通信初期的技术相比，数据处理能力更强大，传输速度更快，这得益于科学家在实践中对科学技术发展的不断推动。技术升级换代了，我们的应用实践也就随之升级换代了，这就是技术升级带动了实践的升级。

社会实践也是如此。从迷信封建皇权、上天，进化到崇尚民主、追求科学，是人类认识和实践上的巨大飞跃，是社会认识和社会实践的升级换代。

第七节　知识生产有哪些特殊性

一、知识生产的伴生性

1. 知识生产具有伴生性

知识生产是人类的特殊功能，它伴随着人的一切实践活动而存在。哪里有人的活动，哪里就有知识的生产。劳动实践可以无限扩展、延伸，知识生产也就可以无限扩展、延伸。这就是知识的伴生性。

物质需要是人类的第一需要，物质生产是人类的第一生产，但是，知识总是伴随着人类物质生产的。人们在从事物质生产活动的全过程中都会产生、发现、积累劳动经验、信息、知识、技能等（可统称为知识或信息），这些知识对下一次的生产劳动是相当有益的，是可以应用到下一次的生产劳动中去的。同时，物质生产实践一般也有外部性，这也是其产生、提供的知识、信息。

人们在从事知识生产活动、生产知识产品的同时，也会向外部传播信息，生产出外部性信息。

知识生产活动本身会生产知识，但是知识生产活动通常并不是把所有劳动都转化成了目标产品，还会产生一些非目标、非目的的知识、信息，比如，研究人员在研究治疗心脏病的药物的过程中，却得到了治疗男性疾病的药物，后者就不是目标产品，而是非目标产品，但同样是人的劳动产品，同样有使用价值。还有许多劳动产品、劳动的外部性等可以被人观察、感知。

人们在从事生活活动的同时，会生产出知识。生活活动也是一种实践活动，也需要大脑支配，也会产生某些信息、知识。这些信息、知识也有使用价值，也可以被应用到其他的劳动实践中。

生产劳动产生的知识与生活活动产生的知识有时是互通的，比如，在生活活动中学到的结绳技术就可以应用到生产劳动中；在生产劳动中掌握的电工技术，可以应用到家庭生活用电需要中。

一句话，人的一切活动，都会产生知识、信息，人们会记忆实践活动中感知、观察到的知识、信息。

2. 伴生的特点

伴生是知识生产的最直接、最普遍、最显著，也最有生命力的一种生产方式和特点。

知识产生于一切实践，伴生于一切实践，而不只存在于少数相同的实践之中，还可以产生于、存在于、适用于、应用于不同的实践中。知识具有广泛来源性和适用性，可来源于并应用于不同的实践。

伴生于物质产品生产活动的知识，同物质产品一样凝结了劳动。通常情况下，获得知识产品还需要生产者付出比生产物质产品更多的脑力，比如，有的物质产品生产者不喜欢做生产记录，不搜集整理生产过程中产生的知识、信息资料，而有的生产者则做了这些工作，这就需要付出更多的劳动。因此，有时伴生的知识所凝结的脑力劳动比共同劳动过程中生产出的物质产品所凝结的脑力劳动还要更多些，甚至可以说，这种劳动存在于劳动实践的普遍性、必然性之中，而不只是存在于特殊性、偶然性之中。

二、知识生产的独立性、专业性

知识生产不仅有伴生性，也存在独立性、专业性。在人群中，总有些人爱探究知识、积累知识，总爱对事物、实践等问个究竟。在长期的社会实践及分工合作中，会出现一部分人专门从事积累、探索、研究、创造知识的劳动，从而形成独立的、专业的知识生产者。

1. 知识越来越博大精深

物质产品生产和知识产品生产越来越精细，越来越专业化、独立化。专业化的物质产品生产伴生着专业化的知识产品生产，发展出了知识的专业化生产。专业化的知识能高效解决专业化的问题。无论是自然科学，还是社会科学、应用工程技术科学，专业化生产正成为知识生产的重要方式，成为新知识的重要来源。

2. 知识生产人员越来越多

随着知识积累得越来越多，知识越来越丰富，越来越复杂，许多对既有知识进行再生产、再加工的知识生产实践活动产生了。

3. 专业化知识可以市场化生存

当实践确实需要相应的专业知识来解决专业性问题时，当人们认识到知识对人类生产经营活动有作用时，当知识可以进入市场进行交换时，知识的专业化、专职化生产就出现了。这是实践与市场自然形成的社会分工，是按照市场需求发展起来的分工。市场需要就是经济发展的动力，也是专业化知识发展的动力。市场可为社会分工、专业化生产提供动力，促进物质生产和知识生产的专业化。

4. 知识专业化生产的特点

专业知识具有科学、准确、高效、规范等特点，科学性强，精准性高，在实践中发挥的作用越来越重要，越来越成为知识创新、应用，实践发展，利润增长和竞争力增强的重要依靠。

三、知识生产的社会性

知识生产的社会性包括两个方面。一方面，知识由社会实践产生，为社会实践服务，相同的社会实践既产生相同的知识，也需要相同的知识。相同的知识，可以应用到相同的实践上。另一方面，知识需要经过社会大众共同参与、应用、检验，才能成为正确的知识。没有社会大众的参与，是很难形成正确知识的。只有大家共同实践、共同检验，才能形成广泛有效的共识，才能形成科学知识。

四、知识生产的广泛实践性

科学知识是大众长期的、大量的共同实践的产物。许多知识生产实践并没有固定的模式，似乎具有广泛性、不确定性、不可预见性，例如，谁会想到阿基米德在洗澡时发现了浮力定律？谁会想到牛顿因看到苹果掉到地上而发现了万有引力？谁会想到机修工瓦特在家烧水时产生了改良蒸汽机的灵感？但是，知识生产需要热爱知识的人时刻保持着学习、探索的状态，“机遇总是青睐有准备的头脑”这个规律似乎是不变的。知识需要在实践中不断地被发现、被检验，这中间会有曲折。知识生产实践没有系统边界，没有固定模式，所有的实践都能产生知识。知识生产实践过程，就是一个劳动创造，加上吸收、汇聚其他各种知识、信息、能量，产生出新知识的过程，这样生产出来的知识，才有着巨大的使用价值。正因如此，科学知识才凝结了大量的一般人类劳动，才具有广泛的适用性、极高的使用价值和极强的生命力。

第八节　知识丢失与失真

知识失传、失真是普遍现象，而非特殊现象。

一、某些人的实践可能产生不出知识

如果劳动者不注意收集和积累劳动实践中发现的知识、信息，只是收获物质产品，而忽视、抛弃、丢失了劳动实践中产生的知识信息产品，就是自己抛弃了自己的劳动产品、劳动成果。这样的实践很难产生知识。例如，每一位做父母的都很爱自己的孩子，精心养育自己的孩子，时时刻刻关心孩子的成长，可是，又有多少父母记录了孩子的成长情况呢？什么时候开始会说话、会走路，什么时候能独立思考问题，如何表达或解决这些问题，等等，这些是在养育孩子的实践中所呈现出来的知识、信息，恐怕绝大多数父母把这些实践信息、知识产品都丢弃了。

二、某些人的实践可能产生不出真知识

知识的初始状态就是客体在人脑中的印象、写真的信息。人脑如同照相底片，可以照下客观事物，可以记录实践中的所见所闻所思。如果底片变形了或者质量不合格，如果镜头的焦距没有对准，物象就不清晰。平静的水面，可以清晰地照见蓝天白云；如果水面起了波浪，蓝天白云在水中的倒影也会被扭曲。

人的大脑在反映客观现实时，也会产生类似的失真情况。一是实践不全面，导致知识不全面，如盲人摸象。二是实践不深入，导致知识本身发展的不成熟，从而产生错误、扭曲的知识。如很早之前，人类以为地球是宇宙的中心，太阳绕着地球转。三是生命和实践的短暂性而非持久性，导致知识的片段性、不科学性。只有持久的实践，才能产生科学的知识。四是一种知识掩盖、遮蔽、淹没另一种知识，导致真知难现。如邪教组织经常对其成员灌输邪教世界观、人生观、

价值观，而掩盖、遮蔽正确的世界观、人生观、价值观。

全面的实践能得出全面的知识，片面的实践得出片面的知识。世界是矛盾的，矛盾有着既对立、又统一的两方面。我们不能只站在矛盾的一方面、从一个角度了解情况、看待问题，而应当站在矛盾的两方面、从两个甚至多个角度了解情况、看待问题，所谓“兼听则明，偏信则暗”。

矛盾是普遍存在的。我们不但要学会站在某一矛盾领域看问题，还要学会跳出某一矛盾领域，从更广阔的矛盾领域，从广泛联系的领域，了解其他矛盾情况，学会从外界吸收解决矛盾的办法和智慧。

我们分析企业家与工人之间的矛盾关系，应该明确两者是辩证统一体、利益共同体，不能仅仅站在工人的立场上，还要站在企业家的立场上，站在全社会的立场上，从大市场的角度出发，从发展的角度出发，才能得出较为客观、公正、科学的观点。不仅要看到企业家与工人，还要从全社会的角度，看科技劳动者、政治劳动者，以及其他社会劳动者与企业、与工人之间的内在联系。要把矛盾放到更广阔的领域去分析，才能得出科学的观点，才不至于让知识失真。

三、知识失传

知识或被人掌握，或被物质产品记载。当掌握知识的人遗忘了知识或离世了，那么，知识也会随之失传；如果知识只被单件物质产品如某一本书所记载，如果该书因为某种原因被毁灭，那么，其所记载的知识也会因此被毁灭。比如，今天的人们没有搞清楚几千年前的人们是如何修建中国长城、埃及金字塔的，修建技术失传了。

四、旧知识被淘汰

知识失传还有一种情况，就是因为知识的进步，旧的知识不断被新的知识所替代，落后技术不断被先进技术淘汰。比如，过去人们应用的活字印刷术，被现代激光照排技术所替代。人类在不断创造新技术，淘汰旧技术。人类的发展过程，就是不断创造新技术、新知识，淘汰旧技术、旧知识的过程。50年前，中国人基本上都会使用珠算，现在，由于计算器的普及，算盘都少见了，大部分人自然不会珠算了。

五、知识与实践的回溯、时空穿越

人类总是不断由低层次向更高层次发展进步，在这个过程中，总会淘汰落后的技术和落后的生产、生活方式。今天的人，回过头去看历史，总觉得历史是那样神奇、不可思议，或者是那样落后、充满苦难。但是，人类都是从历史中走过来的，无论历史是什么，都是人类所经历的，人类没有跳过自己的历史，而是经历了自己的历史。历史就是人类所走过的道路。我们今天看来落后的古代技术，都曾经是人类的先进技术，都是人类曾经为之而自豪的技术。经历三千多年的三星堆文物，让今天的人感叹其做工是那样的精巧，结构是那样的复杂，以至于今天的人想复制都是相当困难的。为什么今天的人不懂得古代人的技术？因为，人类已发展进步了，时间和实践已久远了，昨天的技术已不再使用，失传了。对于失传了的技术，人类想再现它是非常困难的，因为整个社会的条件都不同了。

第九节　什么是游离无主状态的知识

一、基本含义

所谓游离无主状态的知识，是指公开的，无法被人占有的，没有明确的权利人，大家都可以无偿学习、掌握、使用的知识。

二、基本表现

人的实践的外部性所表现出的知识、信息，通常属于游离无主状态的知识、信息。

网络、报刊、书籍、电视、电台等大众媒体传播的知识、信息，是公开的知识、信息。虽然这些知识、信息有创造者，但是，创造者创造了这些知识、信息，就是希望能够得到大家的广泛接收、传播。知识、信息一经广泛传播，就处于游离无主状态。

游离无主状态的知识，包括社会达成的共识，社会合成的知识，由生产者放弃产权的知识，产权保护期过期、产权失效的知识。

人类社会存在大量游离无主状态的知识、信息。我们日常生产生活活动中耳濡目染的许多知识、信息，都可以被视为游离无主状态的知识、信息。

三、基本特性

① 游离无主状态的知识不是商品，没有产权所有人，属于非商品。

② 在游离无主状态的知识、信息的海洋中，每个人都可以畅游，都可以学习、使用，不需要考虑知识产权限制，不需要付出产权使用费。

③ 游离无主状态的知识、信息，被谁接收、使用，以及使用在哪些方面，都是不确定的。

④ 游离无主状态的知识，如果不被人接收、学习、使用，就会自然消失，这对人类来说，是损失。

⑤ 游离无主状态的知识，同样是人类社会的劳动产品，同样凝结了、物化了一般人类劳动，同样有使用价值。使用这些游离无主状态的知识，就是使用了它们凝结的劳动，利用了它们的使用价值。

第二章

外部性

人是客观物质世界的重要组成部分。外部性是人的客观性的重要表现。人来到这个世界，不是为了隐形，而是为了展现自己的存在，展现自己的精彩。人在不停地与外部进行着物质、能量、信息的交换，不断地向外界表现自己的存在。外部性越强，社会影响力越大。

第一节　外部性的基本概念和表现

一、外部性的基本概念

本书所讲的外部性，是指人的实践的外部表现，也就是指人的思想、行为的外部表现。外部性是人的社会性的重要体现。从某种角度说，外部性就是人的社会性。所有的人，最终都不会，也无法隐藏自己，而会显示自己。即使不在此地显示，也会在彼地显示；即使不在此时显示，也会在彼时显示；即使不以此方式显示，也会以彼方式显示。

二、外部性的表现

1. 外部性的基本表现

外部性最典型、最显著的表现是对外部的展现，以及对外部产生直接或间接的影响、作用，包括观察与被观察、感知与被感知、作用与被作用等。

从经济角度可以归纳如下外部性情形：一是周围环境对主体的影响；二是供应者的价值观等所呈现出的外部表现对商品价值和价格的影响；三是商品本身所呈现出的外部性；四是生产者或商品对外部环境产生的影响。

从道德角度看，任何影响他人的言行，都涉及是有利还是有损于他人利益的问题，这就涉及道德问题。因此，外部性在一定程度上与道德高度关联。

随着企业生产经营活动对外部环境的破坏越来越严重，人们越来越重视企业的外部性。

2. 外部性的两种基本情形

一种是“我”的行为对他人的影响、作用，另一种是我观察、感知到他人的行为、产品。

第一种情形是“我”影响他人、刺激他人。我们可以把“我影响他人、刺激他人”的情况看成主体的外部性。

第二种情形是他人影响“我”、刺激“我”。我们可以把“他人影响我、刺激我”看成客体的外部性。

这两种情形中，“我”都是主体。就社会而言，人与人是平等的，人与人相互影响时，人与人就互为主体。

3. 外部影响的物质性和精神性

行为对外部产生的影响，有物质和精神两个方面（物质与能量可以相互转化，因此，这里把能量归为物质）。物质的影响就是会产生改变客观物质形态或运动状态的情况。比如，新建一座高大的建筑物，会对周围的通风、采光等物质方面产生影响。精神方面的影响是指对人们的思想认识和行为产生的影响。中国健儿在奥运会上获得金牌，中国人及热爱中国的人，都会感到光荣、自豪。

一个人的内心到底是怎样的，可以通过对其言行进行观察、分析、研究来判断，因为，内心世界会通过言行表现出来，这就是思想的外部性。

三、人的外部性信息

人的本质需要借助于人的外部行为、形式表现出来。没有外部表现，他人就无法观察、判断这个人的本质。向他人表达内心、影响他人、服务他人、为他人提供产品等，都是人的表现方式。

人的外部性信息依附于人的外在实践。外部性在很多时候表现的是外部信息，比如，一个人很美或很帅，就是一种向外部展示的信息。我感觉某人很美或很帅，是我从某人身上感觉到的信息，是作为主体的我对他人的印象、感觉。

人的外部性信息是受人的思想、认识支配的。人有什么样的思想、认识，就会展现什么样的外部性。一个品德高尚的人，自然会向外界展现高尚的言行。

人总是在表达自己的思想和心理，而表达有很多方式，展示自己、社交等，也属于表达。一个人外表很有气质，其实是其思想的表达和展示。从实践的角度看，真正的美一定是由内而外的，内在的美是由思想文化熏陶的，是劳动实践创造的，这就是思想与外表、内容与形式的辩证统一。美的实践产生美的心灵，美的心灵产生美的相貌，因此，美的相貌是美的实践的产物。爱美属于人的天性，也自然成为人的需求，对美的追求，反映了精神与物质的辩证统一，成为人们重要的日常生活实践活动。

人的真善美都会在人的实践中展现出来。一切关于他人的印象，都不是凭空产生的，都是主体人和客体人的劳动实践的信息、知识产品，甚至是主体人和客体人在长期的劳动实践中积累的信息、知识产品。这些信息、知识产品在某种情况下也能够进行相应的交换，换来其他产品，比如个人信用贷款。

人们喜欢赶热闹，哪儿人多就往哪儿去，这是因为，人越多，人们所“释放”的外部信息就越多。去那里可以看到多种多样的人，感知多种多样的外部信息，吸收多种多样的精神食粮。多种多样的物质和精神，就是多种多样的风景和资源，就是多种多样的生存和发展机会，这就是城市人口越来越多的内在动力。

四、外部性无法占有

外部性是人在实践中向外界“释放”的物质、信息、能量。这些物质、信息、能量虽然是人的劳动的产物，却是劳动者向人类社会无偿贡献的劳动产品。创造者可以使用自己或者他人向外部“释放”的物质、信息、能量，却无法占有。基本上，每个社会成员都在无偿贡献自己的外部性，又都无法占有外部性。

无法占有和无偿贡献是外部性的两个重要特性。正是这种谁都无偿贡献和谁都无法占有的特性，造就了人类丰富且巨大的社会物质、信息、能量资源库。

五、此外部性与彼外部性的异同

本书所讲的外部性，与经济学所讲的外部性都涉及人的行为对外部所产生的影响，但两者又有所不同。经济学所指的外部性主要是指人的经济行为的外部性，或行为的外部经济性，侧重于人的经济行为对外部所产生的经济性影响。而本书所讲的外部性不仅指人的经济行为对他人经济利益所产生的影响，还指非经济方面的影响，如心理、精神等方面，包括人们为什么要旁观，对外部物质、能量、信息的影响，对他人思想认识、感情等方面的影响，还包括产生影响之后人们的反应行为的外部性。因此，要对行为外部性产生的全方位链式外部性反应进行考察。人的行为对旁观者福利的影响属于外部效应，同样，对于该项影响所采取的一切办法、行为，又会产生新的外部效应。因此，本书讨论的外部性是人的全部行为的外部性及所产生的链式外部性影响。全部行为包括经济行为和非经济行为，包括生产行为和生活行为，包括刺激行为和反应行为，如，污染行为对外部的（经济）损害，损害发生后各方的反应行为，以及这种反应行为所产生的新的外部性，包括双方达成补偿协议的行为、各方对良好环境价值认识的提升等，这些都是本书所讲的外部性所要考察的对象。链式外部性影响包括物质上的影响和认识上的影响，比如，生产行为造成污染后，人们就会对良好环境的公共福利性产生深刻的认识，就会形成要保护环境的新认识。本书考察的外部性，在某种程度上侧重人的全部行为（包括经济行为和非经济行为）对外部“释放”的全面信息，以及经济行为外部性与非经济行为外部性之间的相互转化。

六、正外部性是交换的重要条件

劳动产品要实现交换，就必须有外部性，让他人知晓；就必须有正外部性，能给需求者带去价值和福利，满足需求者的需要，成为潜在交换者的价值追求。如果产品对于需求者来说没有正外部性，交换就难以发生。

第二节 思想的外部性

正常人基本上没有不受大脑思维支配的行为。人的行为受大脑思维的支配，是客观性与精神性的统一体。人的思维又反映客观物质世界，反映人在实践中的感知。人的思想状态决定人的语言行为状态、生活状态和工作状态；反过来说，人的语言行为状态、生活状态和工作状态又反映着人的思想状态。

有人认为，潜意识不受大脑思维控制，这显然不符合事实。潜意识本身就是大脑思维活动，只不过它变成了大脑的习惯性思维。

潜意识同样与人的实践有关。正如我小时候睡觉时梦见了苹果，那是因为，我曾尝到了苹果的美味，想吃苹果，才做了这个关于苹果的梦。

就人类而言，客观性与精神性是统一的，并统一于人的实践。实践决定意识，意识是人在实践中的感知，是实践中的感知在人的头脑中的反映；人的意识又能指导人的实践，对实践有能动的反作用，这是人的意识天然的功能、职能。

一、思想的表达方式

人的思想需要表达。如果作家只有思想活动、心理活动，而没有把自己的思想、心理写成文字、发表出来，还叫作家吗？如果科学家研究的成果只是其大脑中的一些想法、思维活动，而没有变成图纸、语言、产品，没有人知道，还叫科研成果吗？人的思想有其表达的方式，如讲话、写作、制造产品、表演等，可以直接表达，也可以委婉表达、间接表达；可通过物质产品表达，也可通过行为、表情等表达；可向人表达，也可向大自然表达，比如，可以对山谷大吼几声，甚至可对溪水倾诉，以抒发自己的内心感受；可用结果表达，也可用过程表达。

① 行为。行为是人表达思想的重要方式。“思想有多远，人就能走多远”，是说人的行为反映着、表达着、承载着人的思想。身教重于言教，家长的言谈举止直接成为孩子模仿的对象，直接影响孩子的心灵和言谈举止。

表演、仪式、仪轨等都属于行为范畴，行为者要借此表达某种思想。

② 语言。言为心声，语言包括口头语言和书面语言，是人表达思想的重要工具。人有复杂的语言，可以表达人的复杂思想。语言是人类智慧的体现，是一门深奥的学问。有些人很善于用语言表达自己的思想，深入浅出，委婉动听，让听的人如沐春风；有的人不善于用准确的语言表达自己的思想，词不达意，好话都说得让人听起来不舒服，即使是对听者有利的话也无法让其接受。

③ 产品。这里所说的产品，是指由人的劳动生产出的物质产品，比如，一幅画、一件衣服、一件雕塑等，都表达着一定的含义。人类的每一件劳动产品，都是生产者自己及其所处社会的思想、文化、生产方式、生活方式的体现，从中可以窥见生产者及其所处社会的某些思想、文化等。

二、思想表达存在的问题

一是表达有可能不全面。人的思想是丰富的，一种行为、一段文字、一件产品，也许难以全面表达人的思想，可能存在片面性。

二是表达有可能不准确，比如言不达意、行不达意。

三是表达有可能不真实，内心的思想与外在的表现并不完全一致，口是心非、表里不一。比如，有的人口头说要大公无私、清正廉洁、全心全意为人民服务，做的却是另一套。

四是思想的表达可能存在习惯和语言方面的障碍——不同的社群（如民族），不同的语言环境，语言表达上会有一定的差异，这可能导致表达、接收、理解上的差异，甚至导致误解、矛盾。

第三节　行为的外部性

人的实践的外部性直接体现在人的行为的外部性上。我们常说“若要人不知，除非己莫为”，因为，行为的外部性通常难以掩盖，能够被外部感知、察觉。

人的行为是重要的信息源（信源），信息会通过行为本身光反射（信道）进行传播，并可能被某些事物（信宿）接收。过去，我们相信“人在做，天在看”，在移动互联网、智能化、大数据、云计算时代，我们相信“人在做，云在看”，现在，到处都有监控设备，到处都可无线上网，到处都有云数据库，我们的许多行为，会被记录成大数据的一部分。

一、行为对物质的作用

行为通常直接表现为对物质的作用。比如，人的表演行为，通常是直接由人体做出的，它影响着空气、光线，影响着行为的物质对象；做馒头的行为，直接作用于面粉这种物质，直接影响着馒头的形态、大小，甚至品质等。

二、行为对精神的作用

行为也常常直接表现为对自己或他人的精神的作用。行为者，自己的行为受自己的思想支配，同时，自己的行为还会影响自己的思想，《论语》中有“吾日三省吾身”，这样做的人会在今后行为表现更好。我们常常后悔自己做错了某件事，这种错误及后悔的行为，会影响我们的精神状态，影响我们今后的思想和行为。

更重要的是，行为会被他人观察，影响观察者的世界观、人生观、价值观，影响他人对你的判断，影响他人对事物、对社会的判断。良好的行为，会让观察者见贤思齐。官员个人行为不检点，影响人们对他道德水平的评价，甚至影响人们对官员群体品德的看法。一个人通过勤劳的双手发家致富了，周围的人看在眼里，记在心里，今后会以此人为榜样，也想通过勤劳发家致富。

三、不同的行为产生的外部性通常不同

通常，大众化、简单化的劳动过程及其劳动成果，难以引起大众的关注，甚至容易被大众忽视、无视；而创新、高难度、知识性、复杂的劳动过程及其劳动成果，通常较容易引起他人的关注，成为他人追求、享受、学习的榜样。因此，大众化、简单化的劳动创造、贡献的正外部性，通常相对较少；而创新劳动、知识性劳动、复杂劳动，创造和贡献的正外部性通常相对较多。

四、对同一个行为的不同解读

不同的人，或同一个人在不同的时候，对同一本书，甚至同一句话会有不同的解读。这些不同的解读，通常是读者根据自己的实践经验、所掌握的知识，从不同的角度做出的，具有个人色彩。

由于人的实践及掌握的知识不同，人的认识水平千差万别，再加上人的行为是人的思想意识、实践经验、知识水平等的体现，是生产力和生产方式的体现，是人的世界观、人生观、价值观的体现，因此，对人的外部性的识别，有赖于人的识别能力和识别角度等。对河边一块石头，不同的人会有不同的识别，有的人认为它仅仅是一块普通的石头，有的人认为它是一块宝石。之所以会有不同的解读，是因为人的实践和认识不同，人实践的需要不同，不同的解读者站在自己的实践立场上，根据自己的需要来解读，都有其正确性。但是，这并不是说我们没有一个共同的标准，具体的事件必须放到一个具体的时间、具体的场合来看，不在具体的时空下具体问题具体分析，是很难得出相同的结论的。但是，最终，一切还是由实践来检验和决定的，因为，实践是检验真理的唯一标准。

第四节　物质产品的外部性

物质产品是指由人的劳动生产出来的、由客观物质构成的实体产品。

一、一般物质产品的外部性

1. 什么是一般物质产品的外部性

物质产品都有一定的物理空间形态，都有空间上的天然的独占性、排他性，都有其天然、客观的外部表现即外部性。这种外部性相对于非物质产品而言，属于强外部性。一件物质产品，不但可以被占有和使用，具有使用价值，能够满足人的某种物质的需要，还有着生产者的劳动知识印迹，包含并传递着生产者的知识、文化等相当多的信息，人的意识通过物质产品的外部性呈现，购买和使用该产品的人，也会从中获得这方面的信息，从而帮助自己更多地了解生产者，或者帮助自己进行相应的生产改进，为自己的生产提供某种借鉴。

2. 物质产品的外部性对意识的影响

物质产品是人的意识活动和体力劳动共同的产物，但是，物质产品一经产出，就脱离了人的意识，而成为客观的实物。物质产品与生产者意识的关系，有时就像镜像与人的关系，物质产品是客观的，是客体，是人像、意识之像；意识是主体，可以把自己对象化到物质产品上，使物质产品变成自己的镜像。

物质产品（或物质文明）有显著的外部性。优质的物质产品会吸引人们亲近、学习、模仿，劣质的物质产品会引导人们避免。将自己生产的优质产品卖给他人，也是向他人展示、传播自己的优秀知识，以表示自己的友好。

有些物质产品是人及人的财富的象征、符号。有时购买、使用他人生产的物质产品是对他人的尊重，是对他人友好的表示；赠予他人物质产品，也是借此对他人表达友好；拥有某种优质的物质产品，可以得到他人的尊重、羡慕，可以使人更自信，可以带来许多精神、意识方面的享受。

意识也要反映物质产品，体现物质产品的实践，物质产品因此也影响人的意识。农业社会有农业社会的文化，工业社会有工业社会的文化；主粮为大米的族群有自己的大米文化，主粮为小麦的族群有自己的小麦文化，这些文化产生于物质产品的生产生活实践，又深深地扎根于实践者的思想中。

物质产品能刺激人的好奇心和欲望，刺激意识的产生。人看到新、奇、特、优的物质产品，就想看一看、摸一摸，了解一下情况。

3. 对同一件物质产品的不同解读

从心理学、社会学角度看，产品可能还带有生产者的某种感情色彩，是生产者的感情表露和体现。有的产品可以用钱买到，有的产品用钱都买不到，因为卖的人对买的人，或者买的人对卖的人可能有文化、感情方面的排斥。

从考古学的角度看，某些文物似乎有全息性，考古学家、历史学家、美学家、经济学家、政治学家、军事学家、地质学家、材料学家都会从中解读出不同的内容。

二、建筑产品的外部性

建筑产品的外部性很好理解，就是建筑的外形、颜色、结构、功能等对外部的影响。

1. 物质性的影响

建筑产品需要使用大量的建筑材料，开采、制造、使用这些材料，会对环境产生某些影响，会对产业链、劳动就业等产生某种影响。

建筑物体量庞大，空间上排他性强，必然会对其所处位置的通风、采光、交通等产生物质性的影响。

2. 意识性的影响

建筑产品是由人设计建造的，是人的思想的体现，它同时又影响着看到它、使用它的人的思想认识。由于建筑产品通常能够长久存在，其影响不是一时的，而是长久的，会在人们的思想中长久地形成某种烙印，甚至会影响、建构人们的世界观、人生观、价值观、审美观，影响人们对当地社会、经济、文化等的看法。比如，当人们看到纽约和上海林立的高楼大厦时，就会产生这两个城市是如此繁华、先进、发达、富有的思想认识，甚至因此形成较为固定的观念。

第五节　知识产品的外部性

一、世界上本没有知识

知识是人们在认识世界、改造世界的长期实践中探索获得、积累的对客观事物的客观性、规律性、系统性的认识的总称，是人脑对客观世界的感知、认识，是客观世界在人脑中的反映。世界上本没有知识，只有人去感知世界、认识世界、揭示世界，形成认识，形成语言、文字，形成体系，才有了知识。

客观事物通常以其本来的状态存在着、运动着，知识反映的是客观事物的结构、表现、运动状态、规律等，人类不去探索、发现、揭示、钻研，不去把它们转化成人类可以识别的信息符号，就没有知识。

就目前的情况看，科学知识属于人类，人类是科学知识的唯一发现者、创造者、传播者、拥有者、应用者。没有人类，就没有科学知识。科学知识不是其他动物的劳动产品，只是人类的劳动产品。人类发明的科学知识，目前还没有其他动物能够理解、运用。

二、知识是无形的，本没有外部性

有形的东西才有外部性，无形的东西就不存在外部性。知识属于人的大脑在实践中产生的思维意识类产品，它没有固定的形象、形状、形态、形式，不是三维立体的事物，不具有空间性，是人的视力、触觉等无法感知的，必须用大脑思维才能理解。知识在于人的理解和运用：能够理解和运用，就能理解和肯定知识的客观反映性、劳动成果性及知识的使用价值；不能理解，就难以肯定知识的客观反映性、劳动成果性及知识的使用价值。因此，知识的外部性有赖于人的内心活动、大脑思维活动，并通过人的行为的外部性来呈现。

三、知识的外部性呈现需要借助于载体

知识只有展示出来才有外部性。要展示知识，就必须借助于载体。

知识的外部性需要通过人的行为如语言和动作展示出来，通过产品展示出来，包括通过产品的使用而展示出来。

用语言讲解、传播知识，是呈现知识外部性的有效方式。讲解可以促进知识的传播和人们对知识的理解，知识在被讲解、被传播中呈现了它的外部性。

用知识指导人的实践行为，是展示知识外部性的重要方式。知识是人的劳动产品，是非物质产品，人类之所以要生产它，关键是看中了它的可使用性，人类需要运用它的使用价值。知识最关键的还是要得到应用。知识应用可以指导人们的实践行为，让人们能生产出更多、更新、更好的产品，供人类使用。人类认识、揭示客观事物，知识就产生了。理论被群众掌握，就可以指导群众进行新的实践，从而变成巨大的物质性的力量。

用知识指导人的劳动，生产出物质产品，是知识的外部性的另一种呈现方式。物质产品都印刻了生产者掌握的知识技能，物化了生产者所运用的知识技能，使知识通过物质产品的客观性来呈现其外部性。

用图文、声像、光电等方式也可以展示知识的外部性，前提是图文、声像、光电等必须是读者、观众可以理解的，否则，这种外部性的实际意义很低。一个看不懂红绿灯的人，看了也是白看。

对物质产品的运用也能呈现物质产品具有的知识的外部性。比如，一台先进

的起重机，物化了设计者的知识，运用这台起重机，就能呈现设计者的知识，呈现这台起重机所物化的先进技术。物质产品在被使用中所呈现出的技术知识，是技术知识外部性的重要呈现方式。

第六节　外部性的全息性

外部性并不仅是主体外部形状、形态、形式、形象，有时还是主体内容的体现，存在内容与形式有机统一的情况。“多面呈现”“表里如一”“内容决定形式，形式服务内容”就是这个意思。

内容与形式的统一，是基于实践与认识的辩证统一。许多事物的外部性往往反映着其内容，从外部性可以分析其中很多方面的内容。比如，对一件文物进行分析，人们可以从中了解到文物产生时的制作技术、生产方式、生活方式、社会文明程度、发达程度等，所谓“管中窥豹，可见一斑”“落一叶可知秋”。

一个人如果饱读诗书，就会向外部展现出与没有读书的人有所不同的气质。满腹经纶之士与不学无术之徒，在言行、气质上肯定有差异。当然，人是智慧动物，会伪装，可能有表里不一的情况，但伪装只能是暂时的，无法永远如此。

有些外部性需要用人的主观意识活动来认识和解读，因此会出现不同的人认识和解读出的信息、结果不同的情况。不同的解读可能不都是唯心的，也有可能是唯物的，只是解读的人以自己的实践和认识为基础，取舍不同，角度不同，立场不同而已。只有把所有的解读综合起来，才能真正全面认识主体。

第七节　外部效应

一、外部效应的含义

外部效应是外部性对主体或旁观者产生的实际影响和效果，是主体对自己外部性或旁观者对他人外部性影响产生的某种反应，或从外部性中获得的某种福利。外部效应是物质世界具有的特性。一般情况下，外部性与外部效应的含义相同，是同一个概念，只有些许差别。如果说外部性是人的行为的外部延伸和展现的话，那么，外部效应就是行为延伸和展现的系列反应、效果。

外部效应的意义同样是对人的，而不是对物的；即使对物有影响，最终也必须考察其传递到人身上的效果。

创造外部效应，就是指人要向外部展示自己存在的信息，以达到影响他人、改变他人的效果，是吸引力、影响力、友好性、可学性的体现。人与人之间会通过外部性实现相互观察、相互影响、相互学习、相互改变，因此，外部性具有社会性、公共性。

二、外部效应产生的方式

外部效应就是对他人的影响，这种影响至少有两种方式需要重视。

1. 通过改变物质和社会环境影响他人

外部性通过改变物质和社会环境影响他人。比如，新建一栋大楼，改变了周围居民的通风、采光、交通环境，这就属于通过改变物质和社会环境影响他人。

人造物，包括建筑物、构筑物乃至城市等，就是百科全书，它们都是创造者心意、知识的表达。不仅是固定的人造物，可移动、变化的人造物如车辆、信号灯等，它们与自然环境一道构成我们的生存环境，也是我们必须阅读、理解甚至遵循的书。人要适应自然环境，更要适应人造环境、社会环境。当然，人是人造物的主人，人造物是由人造出来的，人也会控制它们，使之为人类造福。

2. 通过影响他人的思想认识影响他人的行为

有些外部性可以吸引人，从而直接影响人的行为；有些外部性可以先影响人的思想认识，再影响人的行为。比如，科普活动可以提升人们对科学的兴趣，从而促使人们进行科学探索。

新事物、新行为通常会引发人们的围观，而围观就是增加人气、增加外部性。人气旺，就会产生新的需求、新的市场，就会有新的商业机会。新的商业需求，又会促进关联产业的兴起、聚集、发展和完善，促进市场繁荣和社会发展。而关联产业的兴起、聚集、发展、完善，又有利于人员的就业、生存和发展，有利于做大做强产业，有利于丰富人们的生产和生活，有利于人的全面发展进步。

也就是说，外部性通常有两种，一是产品本身的外部性，二是生产者言行、观念等的外部性。这两种外部性有时各自独立存在，有时又融合存在。比如：有的企业追求用户价值，不仅体现在产品上，还体现在服务上，这就是两者的融合；有些企业提供的产品与其他企业提供的产品没有什么大的差异，但是，其有良好的外部形象，与需求者的观念高度一致，二者之间建立起了良好的社会关系。

三、外部效应的类型

1. 正外部效应

正外部效应一般指有利于旁观者的实际影响和效果，按照经济学的说法，就是能够增加旁观者的福利，如有利于改善他人的生活环境，有利于他人学习借鉴，有利于增强他人的幸福感、自豪感。比如，公园里花香四溢，空气清新，周围居民都到公园里享受良好的环境，幸福感、健康水平等上升了，这就是公园的正外部效应。中国女排顽强拼搏，夺得世界冠军，全中国人民都感到无比的光荣，国人的拼搏精神也得到激发，这就是女排夺冠的正外部效应。一个工厂向周围排放污水，破坏了周边居民健康的生活环境，这是污染行为的外部效应；周边居民要求工厂赔偿，经过几番谈判，双方达成了赔偿协议，这个经验被其他工厂和居民学习借鉴，这就是环境损害赔偿行为的正外部效应。一般情况下，正外部效应不仅对他人有利，也会对自己有利，会增加自己的价值，成为自己的福利。很多年前，张家港市曾大力整治城乡环境和秩序，城乡面貌焕然一新，社会和谐安定，人民幸福感得到提升，成为全国学习的榜样，这就是其正外部效应向外部扩散。良好的环境，又吸收了大量的投资涌向该市，从而促进了该市经济社会的进一步发展，这就是良性循环，也是其正外部效应产生的链式反应。

两个农民，一个使用先进的科学技术进行生产，一个还是老把式。结果，前者获得了大丰收，可能因此受到政府表彰，很风光；后者会从前者的生产活动中学到经验，这就是前者行为的正外部效应。

正外部效应还表现在行为方式对社会产生的更广泛的积极影响。比如，老板在某地投资办企业，为当地提供了就业岗位，吸纳社会劳动者来打工，打工者从劳动中获得了市场化的劳动报酬，老板获得了利润，政府获得了税收，当地百姓增长了见识，改善了当地经济、文化、社会、生态环境等状况，地方经济社会获得了一定的发展，这就是老板在该地投资办企业产生的正外部效应。

2. 负外部效应

负外部效应一般指损害旁观者的实际影响和效果，按照经济学的说法，就是损害旁观者的福利。比如，损害他人的生产、生活环境，降低他人的幸福感、自豪感，打击他人的积极性。不良官风会带坏纯朴的民风；对腐败分子宽容会挫伤人民的向心力；在路边占道经营，导致行人、车辆难以顺利通行，这些都是负外部效应的表现。其实，负外部效应也会损害制造者自身的利益，如今不讲公德、虐待动物、造成环境污染的企业，不会被社会和市场认同，其产品很难被社会和市场接受。

第八节　建构新的物质关系和社会关系

外部性产生的影响必然是要打破原有的外部环境状况，产生新的外部状况。

一、建构新的物质关系

外部性及外部效应影响了人与物质的原有关系，因此建构了人与物质之间新的关系。

一栋体量庞大的楼房，因为影响了周边的通风、采光、交通环境，使得周边居民不得不适应新的环境，这栋大楼就会与外部建构起新的物质关系。

外部效应也会建构新的物质与物质之间的关系，如，人造地球卫星与地球、月球之间的关系。

二、建构新的社会关系

建构了新的物质关系，必然会建构新的社会关系。人首先是物质的，物质需要是人的第一需要，建构起了物质关系，就建构起了人与社会的关系。外部性是人的社会性的重要表现，人的社会性是由外部性表现出来的。外部性影响他人，就是建构了人与人（主体与主体）之间新的关系。人类社会成员之间，其实是一种相互关联、相互影响的关系，没有人是孤立的，也无法孤立。人与人的关联和影响是相互的，物质、信息、能量在所有成员之间都是双向流动的。对你周围的人，你关注与不关注，都体现了你与他的关系，你影响我，我也影响你。父母抚育子女是一种物质、信息、能量、情感的流动；子女也给父母带来了欢乐，这也是一种物质、信息、能量、情感的流动。一个道德崇高的人，如果有很强的正外部性，就会让很多人产生崇敬之心，就会建构起新的社会关系。

商品广告可以提高社会对商品的认识度、共识度、共鸣度、共情度、共行度，从而使社会达到认识和价值上的一致，这也是一种外部效应。

第九节　外部性呈几何式增长

一个主导行为发生后，产生了某种外部性；这个外部性又引发一系列、一连串的链式反应，这些链式反应同样产生相应的外部性，甚至外部性与外部性之间也相互影响，这就使得外部性呈几何式增长。链式反应是社会常见的现象，比如，一件小事引发大规模的群体性事件，一种技术创新引发产业革命，一款新式服装引发新款大流行，一首歌曲引发流行风潮等，都可以看成外部性的几何式增长和爆发，这与轻轻拨动琴弦引发共鸣腔巨大的共鸣声类似。

一家工厂向外部排放污水，导致水质变坏，这是工厂生产对环境的负外部效应；周边居民有意见，就与工厂争执，争执的产生，及协商的过程，会被社会关注，被媒体报道，会产生外部性；最终在法律的框架下，双方达成了和解协议，和解协议达成的过程，又具有正外部效应；社会观察员、理论工作者、公务人员等对此进行研究，研究者的行为又会产生新的外部效应，公众会感觉官方关心民生，主持正义，追求公平，这是官方行为的正外部性。一次污染事件，至少产生了三次外部效应，一次是负的，两次是正的。事件只要发生了，就会产生外部性，就会有外部性呈现。几乎所有的实践行为都会产生外部性，至于是正外部性，还是负外部性，无法定论，但是，就全社会总体而言，还是正外部性多于负外部性，这是社会积极向上的体现。从这个角度看，任何实践以及针对某项实践而进行的新的观察实践、研究实践，都能产生外部性，那么，整个社会的外部效应是呈链式、几何式增长的。

在一条大街上，有的人是购买商品的，有的人是考察市场的，有的人是检查市场的，有的人是在街道上玩耍的，有的人是单纯走路的，还有的人是看风景的，大家的衣着不同，神态不同，状态不同。这些人，都在制造并贡献着自己的外部性，又都可能从街道这个公共场所获得外部性。这条街道是一个巨大的公共信息资源宝库，谁都可以从中无偿获得自己想要的资源，比如搜集市场信息、看风景等。要知道，这些信息都不是天上掉下来的，而是由活生生的人制造的，准确地说，是由众多的劳动者劳动创造的，是劳动产品。只不过劳动者没有占有这些信息，更没有人将之用于交换，而是无偿贡献给了这条街道，无偿贡献给了社会。

外部性的这种增长，有赖于主体品质的具备和品质的外部性呈现，因为外部性是由主体的内部性决定的，是主体内部性的外部延伸和呈现。如果主体的内部品质不具备，或者没有外部呈现，也就没有外部性。

外部性知识信息通常是游离状态的。一是社会实践行为及其产品的外部性表现出的知识、信息通常是广为扩散、广为传播的，对受众没有限制和约束。谁接收、传播、吸收、使用外部性知识、信息，是不确定的，因此，这些知识、信息一般属于游离状态的知识、信息。二是这些知识、信息同样是劳动产品，同样凝结了人的劳动，同样具有一定的使用价值，只是这些知识、信息无法被人占有，无产权，处于游离甚至是无主的状态。三是游离状态的外部性知识、信息形成一个丰富的知识、信息宝库，人们可从中自由取舍、无偿取舍，为自己使用。四是正外部性既有利于他人，也有利于自己，不仅是社会的福利，也是主体自己的福利，能转化为属于自己的价值。

外部性的本质是人的知识劳动及其产品的外部呈现和对外部产生的影响，是人的知识劳动及其产品的外部影响力。这种力，也是一种知识劳动作用力，会产生某种影响和效果。正是这种知识劳动作用力，建构了人类社会成员之间新的关系。它与物理学中的作用力不完全相同，但是，它可以影响人的行为，从而可以转化成物理学中的作用力。外部效应的本质是知识劳动作用力的外部性产品，是人的实践、人的思想行为外部性影响力所产生的次生的知识性和物质性劳动产品。外部效应的多元链式生成就是价值的多元链式生成，也是一种实践活动能生成多种关系和多元价值的表现，这些关系、价值之间有时还可以相互转化，构成了错综复杂的实践与价值关系图景。

需要说明的是，外部性有时是片面的，而不是全面的，一般不要把外部性同人的本质完全等同起来，不能完全用外部性代替人的本质。要分析人的本质，预测人的未来，还要从更多方面、更长时间上看，因为，人是复杂的，影响人的因素有很多，有些还是难以捉摸的。我们既要善于管中窥豹，又要避免盲人摸象。

第十节　外部性与收益

2022 年 9 月 19 日，BT 财经有篇署名为梦萧的文章《马斯克“上天”，贝索斯“落后”》，文中提到了以下事实和观点：和贝索斯的神秘不同，马斯克几乎是个网红，在社交平台拥有数千万的粉丝群；一个善于表达，一个不善言辞（也可能是不愿表达），马斯克在推特上与人们聊天——SpaceX、特斯拉和 TBC 发生的所有事情，让全世界都了解这些企业在做什么，进展到什么地步，华尔街有分析师指出，从这点上看马斯克旗下的 SpaceX 更受投资者信赖，最起码投资者能了解到企业的动态，而贝索斯的蓝色起源公司因为颇具神秘感在投资者心中并没有什么好印象；比较两者个人财富方面……以实时数据来看，马斯克 2903 亿美元的身价比贝索斯的 1898 亿美元的身价高出 1000 多亿美元。这几句话，把外部性与财富的关系说清楚了。

① 人人都有外部性，每个人都在实践中向社会贡献外部性。

② 外部性有正，也有负。

③ 劳动的外部性一般会附带一定的劳动，因此，外部性对于实践者来说，可能是劳动贡献或损失。

④ 外部性是价值认同和价值交换的重要条件。劳动实践者有意做出某种行为，产生某种正外部性，就是为了引起他人的关注，从而将这种关注转化成自己的商业机会和资源。

⑤ 市场经济环境下，正外部性会使主体形成良好的社会形象，拥有好的声誉，从而转化成商业价值。因此，正外部性有时并不只意味着损失，而是可以转化为主体的价值或收益。商品生产者需要有正外部性，才能吸引购买者。正外部性越强，需求者越多。为交换而进行生产的市场主体会尽量降低自己的负外部性，并尽可能提高自己的正外部性和由此带来的经济收益。

需要说明的是，人的外部性与其隐私并不矛盾，两者都有相关的法律界线，都受法律保护。

第三章

社会分工

大自然和人类社会都是丰富多彩的，人类社会的丰富多彩，既是实践性的，又是认识性的；既是生产性的，又是需求性的；既是客观物质性的，又是主观能动性的；既是自然性的，又是社会性的。在丰富多彩的社会中，人们扮演着既不相同又相互联系的角色，这就是社会分工。

第一节　社会分工的基本含义

社会分工是指人们从事着在劳动实践形态、方式、产品等方面有所不同的生产实践活动，这种不同的劳动实践，又以替代、交换、合作、外部性等方式建立起较为紧密、有效的联系，并因此形成社会价值共同体、命运共同体。

一、劳动的形式不同

各个劳动者的劳动目的、劳动工具、劳动对象、劳动材料、能源、技术、场所等有所不同。这种不同，既由具体情况决定，又是客观的、可见的、有外部性的，而不是隐形的。

有些劳动在形式上没有差别，但在劳动对象上有差别。比如，大学教师与小学教师在劳动形式上是没有多大差别的，前者教导的对象是大学生，后者教导的对象是小学生，小学生与大学生在年龄、知识水平、知识结构等方面有着巨大的差别。因此，不能把这两种劳动看成一种劳动。

二、劳动的产品不同

劳动产品是劳动的目的，是劳动的成果。社会分工的区别，关键要体现在劳动产品使用价值的不同上。劳动产品的不同，是社会分工的最终体现。

尽管有些劳动的劳动形式看上去差不多，但是，由于采用的技术不同，劳动者的劳动及劳动产品也是不同的。比如，同样是设计师，有的是建筑工程方面的设计师，有的是机械制造方面的计师。再比如，有的农业科学家进行田间试验，这种劳动实践在形式上，与农民没有什么差别，但是在本质上，二者完全不同。农业科学家进行田间试验，进行的是科学劳动，获得的是更优质的种子、生产技术和大数据，是为了生产农业技术而进行农业生产的，是为了提高农业生产效率而从事农业生产的；而农民进行的农业生产实践，获得的仅仅是一般的作物果实，是供人食用的农产品，是为了满足人们的物质消费需要而生产的。有考古专家说，考古工作者进行野外考察时，常常一手拿一把小铲子，一手提着一个蛇皮袋，远看像个捉蛇的，近看还是捉蛇的，仔细一看，才知道是个考古的。

三、劳动者之间有联系

社会有分工，劳动者与劳动者之间是紧密关联的，无论这种关联是直接的还是间接的。社会分工并不是割断劳动者之间的联系，而是使劳动者之间的联系更广泛、更开放、更灵活、更复杂、更社会化、更公开化。这种关系，通过交换、协作、外部性等方式建立起来。

1. 交换

交换是社会分工之后，劳动者之间建立相互联系的重要方式和渠道。这种交换，包括物质产品、信息产品、能量产品的交换，而不仅是物质产品的交换。这种交换，可能是直接的交换，也可能是间接的交换。

农民把自己生产的大米拿到街上去卖，与渔民进行交换，渔民把鱼给农民，农民把大米给渔民，这样，渔民就与农民建立了直接的交换关系。这是普遍的交换关系。

间接的交换有很多种。比如，工人在企业进行生产劳动，生产出手机，企业不是直接向工人发手机，将手机作为工人的劳动报酬，而是向工人发放了一定数量的纸币工资，工人拿着纸币到街上去购买农民的大米、鱼等，这样，农民与工人就建立起了交换关系，由于纸币本身是不能直接消费的，它的功能是充当交换媒介，因此，这种交换，可称为间接交换，就是借助于纸币这种交换媒介的交换。

无论是直接交换，还是间接交换，劳动者之间都建立了联系。

2. 协作

社会化的分工，需要社会化的协作。对于决策组织管理者来说，即使是一个人可以决定的事，通常也需要与有关人员进行协商，以扩大组织内部和外部社会的认同度和外部性，这也是民主的真谛。劳动组织之内的劳动者是分工合作、团结协作的；劳动组织之外的劳动者，也会有直接或间接的合作。社群、族群之间相互帮助、交流经验、传递信息。这种情况，在组织内部成员之间也客观地存在着，比如，企业内部职工切磋技术，交流经验，共同提高产品质量等。

安徽铜陵有一个村，土地肥沃，劳动力充足，农民一直以种粮食为主，增收有限，又没有其他致富门路，因此长期处于温饱状态。有一家企业想种植药用牡丹，其有资金、技术和市场，但是没有合适的土地，也没有劳动力。在政府的撮合下，企业与村结成了联合体：企业以市场价格租赁农民土地，农民得到了土地租金；企业还请农民种植药用牡丹，负责除草、除虫、浇灌、采收等，企业提供种子、技术、资金，安排专业技术人员到田间进行技术指导，并每月给农民发工资。这个村的农民因此致富了。村民与企业的关系，就是优势互补、互利共赢的分工合作关系。

劳动协作中，劳动者之间相互接受、吸收彼此的劳动，会因合作而形成某种合力，从而构成新的、更大、更有效的力量。这是合作者之间的相互帮助，也是合作者之间的相互利用，是劳动者相互利用彼此劳动的体现，从使用者、利用者的角度看，是把合作者的劳动当成了工具，当成了可以利用的力量和产品、资源。

市场（商品）经济社会，雇佣劳动（力）的出现是分工造成的，一部分劳动者拥有简单劳动能力，另一部分劳动者掌握了复杂的劳动技能和市场经济知识，两者合作，相互利用，就产生了显著的经济利益效应，这对双方都有利。

3. 外部性

人是客观物质的，又是有意识的，是物质与意识的统一体。人有外部性，外部性是无法掩盖的。人与人之间会因各自的外部性而形成一定的分工协作关系。比如，李某看到张某做某事，张某的行为对李某就有某种外部性，李某就可能进行差异化的劳动。“见贤思齐焉，见不贤而内自省也。”观察别人，学习别人，也是人与人之间自觉建立联系和社会分工合作的重要表现。

四、分工劳动的劳动量的本质相同

不同的劳动尽管存在形式、方式、产品等方面的不同，但是，其劳动量的本质是相同的，都是劳动者所消耗的人的无差别的体力和脑力劳动量，分工不是劳动量差异的决定性因素，或者说，劳动量的差异不是影响分工的决定性因素，知识、技术才是影响分工的决定性因素。不同劳动者之间存在的资料、工具、知识等方面的不同，不能作为判断所付出的劳动量有差异的依据，不能以劳动形式上的差异决定劳动量的差异，因为，劳动量是产品中所凝结的无差别的一般人类劳动量。劳动的结果不同，是指劳动产品不同，主要是产品的使用价值不同。既不能以劳动的具体形式、方式的不同来判断劳动量的不同，也不能以产品的使用价值的不同来判断劳动量的不同。只要大家都很努力、勤奋，都能为社会提供有益即有使用价值的产品，他们的劳动量基本上是相同的。分工的差异并不体现在劳动量上，而是体现在劳动形式、方式、知识上，体现在产品的使用价值上。正是劳动者的条件不同，产品的使用价值不同，才形成了社会分工与合作，才有了交换和交流。

第二节　社会分工的基本类型

一、脑力劳动与体力劳动

1. 脑力劳动与体力劳动是最基本的分工形式

体力劳动者主要从事的是需要付出较大体力的劳动，而脑力劳动通常是指在外在的形式上不需要付出多大体力，主要是付出较多脑力的劳动。

2. 体力劳动受脑力劳动支配

从生物角度看，人的体力受脑力的支配，人是在脑力思维的支配下付出体力的。脑力劳动为体力劳动找到劳动着力的方向、劳动着力的目标，找到体力劳动的着力点，控制着体力劳动的力度等。没有脑力劳动的支配，体力就不知道劲儿往哪里使，为什么要用力，怎么用力，用多大力，要达到什么效果等。

不同的人，由于实践的不同，所掌握的知识、技能等可能有所不同。因此，他们在进行脑力劳动与体力劳动时的效果可能不同。这种不同，关键取决于脑力，取决于脑力所支配的体力的劳动方式、方向、对象、速度、力度、时间等，而不是取决于体力，因为，体力是受脑力支配的。比如，思想认识受到良好道德文化、理论的熏陶，并拥有高尚道德意识的人，会形成良好、文明、自觉的言行。用正确的知识装备大脑，就会有正确的行动。

“尺有所短，寸有所长。”有的人体力较好，而脑力相对较差；有的人脑力较好，而体力相对较差。两者为了达到更好的劳动效果，可以进行合作，由脑力好的支配体力好的，为体力劳动者分担一部分脑力劳动；而体力好的自觉接受脑力好的支配，减轻自己的脑力劳动，从而使自己的体力劳动达到更好的效果。这可让脑力与体力长短互补，扬长避短，从而使双方都达到最佳的劳动效果，实现互利共赢。河北省井陉县冶里村有两个残疾人，一个叫贾海霞，双目失明，但四肢健全；另一个叫贾文其，双臂截肢，但眼睛很好。他们两人结成搭档，你当我的眼睛，我当你的手，共同在河滩上植树造林十多年，使河滩变成了绿洲。他们就是扬长避短进行合作的典范。

3. 社会关系的建立取决于脑力劳动

自然界的狮群、狼群、鲸群等内部成员之间不是社会关系。人类随着认识的进步、生产力的提高，不断地构建新的社会关系。没有脑力劳动，就无法创造新的生产力，也就无法构建新的社会关系。

就简单的社会劳动而言：劳动者既能胜任体力劳动，又能胜任脑力劳动；既是体力劳动者，又是脑力劳动者。但是，就复杂的社会劳动而言，体力劳动与脑力劳动通常会存在分工的情况。新的分工构建新的社会关系。从生理角度来说，大脑就是体力的指挥者和管理者。体力劳动只有依靠脑力劳动才能找到正确的社会劳动方向和劳动对象；没有脑力劳动的支持，体力劳动就是盲目的。脑力劳动判断和掌握着体力劳动的方向、目标、价值取向，为人与人之间建立关系，特别是建立交换关系指明了方向，寻找到了对象。

劳动是为了满足人们的需要，劳动只有用在人们需要的地方，与人们的需要契合，才是有效的劳动。而体力劳动作为机械力性的劳动，本身并不具备寻找劳动方向、劳动对象、与人们的需要契合的特质、能力，具备这种特质、能力的只有脑力劳动。只有脑力劳动才能支配体力劳动，使体力劳动发生在人们需要的地方，与人们的需要契合，才能使劳动更好地满足人们的需要，这是脑力劳动天然的功能，是体力劳动和脑力劳动的天然分工。体力和脑力的这种天然分工决定了劳动的社会分工，是体力劳动者和脑力劳动者的社会分工的天然基础。

科学研究表明，正常情况下，人体血液中60%的糖是由大脑消耗的，大脑消耗的糖远比其他器官多。糖是人体在维持生命活动及劳动中所消耗的，消耗的糖越多说明消耗的能量越大，也说明劳动量越大。脑力劳动消耗的糖比体力劳动多，也在某种程度上说明脑力劳动付出的劳动量比体力劳动付出的劳动量大。

揭示脑力劳动支配体力劳动，体力劳动受脑力劳动支配，并不是贬低或不尊重体力劳动，而是对客观事实的描述。体力劳动者也非常敬佩有智慧的脑力劳动者，愿意做有知识技能的体力劳动者，以提高自己的劳动适应范围，愿意与脑力劳动者进行分工合作，以增加自己的劳动机会，提高自己的劳动收益。承认脑力劳动支配体力劳动，对体力劳动者是有益的，这不但能提高体力劳动者的现实收益，也能引导体力劳动者向正确的方向发展，如工人窦铁成、巨晓林，在工作中不断学习知识技术，提高自己的技能，而成为不可多得的专家型技术工人。

二、物质产品生产劳动和非物质产品生产劳动

从事物质产品生产的劳动就是物质生产劳动，从事非物质产品生产的劳动就是非物质产品生产劳动。通常，从事农业和工业、建筑业的被称为物质产品生产企业，而其他的则被称为非物质产品生产企业。在技术较为静止的历史时期，物质生产与非物质生产通常有一个稳定的比例，但是，随着技术不断发展进步，这种比例也会不断发生变化，因此，不能静止地看待物质生产与非物质生产所形成的生产结构。

三、家庭内部分工

一个家庭就是一个生产单位，就是一个利益共同体、命运共同体，但是，家庭成员的劳动能力也是有差异的。为了人尽其才、物尽其用，就会形成分工与合作，不同能力的人做不同的事，但是，大家的目标是一致的，会齐心协力，团结合作，共同劳动，创造共同的幸福生活，比如，男耕女织；妻子要养育子女，丈夫就要多挣钱养家。

四、组织内部分工

由于合作优势、规模效应的存在，劳动者往往自愿联合起来、组织起来进行合作生产劳动，以提高生产力，满足自己的需要，使自己的利益最大化。如果单打独斗，自己的生产力和获得的利益反而不如联合起来更可靠、更有效、更大。单干也许什么都干不了，而联合起来，既分工又合作，劳动力会相对更高，劳动成效会相对好些。当然，与谁联合、如何联合、在多大规模上联合等，都没有固定的模式，这里既有规模报酬递增规律，也有规模报酬递减规律，因此，不能一概而论。

企业、团体等就是一个生产单位，是个系统化的组织。这个组织内部有许多不同的“部件”，各个“部件”相互衔接、相互配合，组织才能有序地运转起来；也有许多不同层次、不同环节、不同种类的工作需要做，一个人不可能完成所有的工作，大家团结协作，既有分工，又有合作，才能更好地完成全部的工作，使这个系统更好、更持续地运转起来。

为了节约成本、提高效率，企业内部的分工相当周密，上一环节为下一环节提供物质、信息、能量，成为下一环节运转的条件，下一环节又为上一环节反馈物质、信息、能量，使上一环节能够运转更顺畅，环环相扣，中间没有空隙，不能断裂。以企业内部的决策管理劳动与生产加工劳动分工为例，企业的目标是由决策者制定的，决策管理劳动与生产加工劳动好比是大脑与手的关系。手是受大脑支配的，决策管理劳动就是使被决策管理者的劳动与决策者的目标一致、与企业目标一致、与市场需求一致地开展。决策管理者为生产加工劳动者提供劳动机会，创造劳动平台，并为其与消费者之间搭建产品对接和交换的桥梁，使得生产加工劳动者的劳动能够与需求者的需求对接和交换，从而让双方建立起价值联系。在纷繁复杂的市场经济下，建立这样的联系，不但需要耗费物质和能量，更需要掌握大量的知识信息，需要知识性劳动。管理者在自己的劳动中，把自己的知识与劳动加入生产加工劳动者的劳动之中，与生产加工劳动者的劳动进行融合；而生产加工劳动者又把管理者的知识与劳动吸收过来，融合到自己的生产加工劳动中，使自己的生产加工劳动有更明确的劳动方向、更精准的劳动对象、更高的劳动效率、更准确的市场需求。企业产成品，既吸收了决策组织管理者的知识与劳动，又吸收了生产加工劳动者的劳动，才能与市场进行有效的对接，才能最终能得到市场的吸纳。这种分工、合作，不但可以减少生产加工劳动者的失业，降低其劳动的盲目性，更重要的是能够提高生产加工劳动者劳动的有效性，双方互利互惠，合作共赢。底层员工的工作质量、产品质量等，通常依赖有效的决策管理。质量通常是管理出来的，没有良好的管理，就难以生产出优质的产品，除非每个员工都有很好的技能，都知道企业标准、都能自觉以企业标准为劳动的准则，自觉地把企业利益当作自己的利益。

组织内部的分工一般是半封闭、半开放的，工种与工种之间有紧密的合作关系；组织与外部的分工、社会的分工，则是开放式的，是需要与社会进行广泛接触，广泛地从外部吸收物质、信息、能量的，需要有紧密的契合关系和良好的适应关系。

五、专业化

专业化，是指劳动者只从事单一的工作，劳动者需要有一定的专业知识和专业技能。专业化，既可以在组织内部存在，又可以在组织外部存在，在社会分工中存在。

专业化，一定存在专业的技术和技能。没有专业技术和专业技能，就不存在专业化。相比非专业化而言，专业化意味着正确、高质量、高效率，否则专业化就没有存在的价值和意义。

有专业化，就一定有合作。没有合作，就没有专业化。

专业化存在，是劳动技能在实践中不断积累、分化的结果，是劳动能力扬长避短、优胜劣汰的结果，是市场化的结果，是社会分工与合作的重要体现。

专业化有利于提高产品质量和劳动效率，有利于节约生产成本，有利于促进生产和需求。

第三节　社会合理分工产生的前提条件

一、社会分工的前提

社会形成合理分工，前提条件是社会是自由的，就业是自主的，人们能够自主地选择自己的职业，自主择业权不受他人限制。自主择业可以发挥劳动者的优势和主观能动性，实现更高的效率。劳动者干什么、不干什么、怎么干，是自主决定的，劳动者对工作的选择是自主且理性的，是在考虑自己利益最大化的基础上做出的决定，也就是说，劳动者是理性经济人。

劳动者如果没有劳动就业的自主权，或者自主权受到误导、干预、限制，那么，社会分工就可能被扭曲，而不是市场自然地、内生地形成的。相对自由市场来说，这种被扭曲的社会分工不利于社会生产整体效率的提高和结构优化。

二、社会分工的条件

社会合理的分工，既取决于社会的开放自由程度，还取决于科学技术和生产力的发展水平和状况，取决于社会合作与社会需求状况，主要是产品要能够满足社会需要。只有科学技术和生产力不断发展，专业化水平不断提高，社会开放，劳动自由，劳动者生产的产品能够满足社会需要，才可能形成社会生产的合理分工。简单地说，双方都有长有短，并且双方长短能够互补，双方都能够通过合作实现利益最大化。农民为什么要离乡背井到外地工厂去打工？因为在家种田不划算，自己又没有什么特别的创新技术，在家乡没有其他市场机会，而工厂正好有劳动机会，技术要求并不高，自己能够胜任，且自己不用承担市场风险，收入比种田高，还能够看到许多新鲜事，认识许多新朋友，接收许多新信息，学习到许多新技术。农民进厂打工对于农民和工厂来说，是互利共赢的。随着农民素质的提升，打工的农民就可能变成专业工人、技术员，甚至可能变成老板，分工与合作就会得到调整和改变。政府的重要职责之一，是维护劳动者的合法权益，确保社会就业依法开放自由。社会开放透明，信息传播自由、充分、快速，有利于引导形成合理的社会分工。比如，过去企业招工，常把广告刊登在报纸、杂志上，这种媒体传播速度慢，但延时性好；后来，企业到电视、电台上做广告，这种媒体传播速度快，但延时性差；现在，企业在网络上做广告，速度快，延时性、匹配性好，有利于招工者和求职者的双向选择。这说明，科技进步有利于促进全社会合理分工的形成。

第四节　社会分工的成因

促进社会分工的原因很多，这里选择几种情况进行阐述。

一、性别不同

性别是分工的重要原因。性别不同，所适合的工作也必然有所不同，古代社会男耕女织的家庭分工模式，是在自然生产过程中自然形成的，是由人的生理、心理等方面的特点决定的。

二、自然条件不同

人类只有适应自然环境才能很好地生存下去。不同的人群所处的自然环境不同，决定了人群“实践—认识”的不同，从而引导人们形成不同的分工模式。“靠山吃山，靠水吃水。”靠山的居民形成了打猎的生产和生活方式，靠水的居民形成了捕鱼的生产和生活方式，在没有交换的情况下，这种情况还不算是社会分工，只能算是原始的、初级的、体现自然特色的生产和生活实践活动。社会分工必须在交换的情况下产生，交换可以满足人们多元化的需求，实现更美好的生活。

当生产和生活实践不断发展，生产能力不断提高，不同产品的生产者都有了较多的剩余产品，交换意愿、意识会不断增强，产品交换的规模会不断扩大，人们开始进行产品的专业化生产，从而可以长期地进行产品交换，社会分工就逐步形成了。当猎民与渔民进行长期、稳定的产品交换后，就会形成真正的社会生产分工。

三、个人兴趣不同

每个人的兴趣是不同的。人的兴趣是在人的成长实践中形成的，又会直接影响人成年后的劳动实践方向，影响人的劳动实践状态，影响人的劳动实践成果。有的人勇于探索，喜欢创新，为社会贡献了示范价值。第一个敢吃螃蟹的人，是勇敢的创新者，其他人也因此敢吃螃蟹了，从此，新的社会分工形成了，专业化的捕蟹、养蟹、卖蟹劳动及劳动工具、劳动技术等也就形成，这就是创新打破了固有的社会分工，形成了新的社会分工。

当自己生产的产品跟其他人生产的产品不相同，而其他人又无法生产该产品，或者他人生产的产品在质量、技术、风格、成本等方面比不上自己的产品的时候，当自己的产品受到大家的喜爱，能供更多人使用，能够进行交换的时候，生产的社会化、专业化分工就形成了。

四、个人能力不同

每个人的能力是不同的，不同的能力影响分工。比如，成年人与未成年人的能力不同，从事的工作肯定有所不同。播音员一般有语言方面的特长，画家肯定有绘画才能，举重教练必须在举重方面有较高水平，这些都是由不同的能力和特长决定的。人的能力不同，会促使人扬长避短，而扬长避短又促进了社会分工。

个人能力还体现在创新能力上。创新能力是人的一种能力，是在必然性中抓住偶然性，在常规思维下激发灵感、抓住灵感的能力，是一种特殊的能力，一种可求又可遇的能力。机遇总是青睐有准备的头脑，只有时刻准备着创新的人，才能抓住创新的灵感和机遇，才有创新的能力。阿基米德在洗澡时发现了浮力定律，牛顿受树上掉下苹果这一现象的启发而发现了万有引力定律，瓦特在烧水时产生了改良蒸汽机的灵感，都属于这种情况。科学技术的每一次创新，都与创新的志向有关，都与创新者的理想、知识的准备有关。没有创新志向，没有创新准备，就无法抓住创新的灵感。

创新可以创造新的工作，形成新的产业和社会分工。例如，手机是个新技术产品，手机产生后，就形成了丰富的手机相关工种和复杂的社会分工。

五、身体状况不同

一般情况下，人的身体状况会有些差异。有的人天生腿长，可以当一名优秀的跨栏运动员，或芭蕾舞演员；有的人天生就有一副好嗓子，可以当歌唱家。因此，不同的身体状况，可能影响人的分工。比如，有个先天性盲人，虽然他无法看见多彩的世界，但是，他有灵敏的耳朵，能通过声音辨别方向；能通过敲击物体判断物体的材质；能听清、分辨大自然中各种不同的声音，从而感知大自然的变化；能准确辨别钢琴不同的键发出的不同声音，他因此当上了钢琴调音师。

阿姆斯特丹神经遗传学与认知研究中心丹妮尔·波斯蒂马研究团队发现了52个与人类智商有关的基因，总体来看，智商测试结果的差异有20%是这些新发现的“聪明基因”造成的。这说明，影响脑力劳动与体力劳动的分工，既有社会性、实践性因素，又有生理性、自然性因素。

六、利益引导分工

劳动者也是理性经济人，社会分工大多是由利益引导的。是自给自足更有利，还是与他人分工合作劳动更有利？与谁进行分工劳动最有利？人们对这些问题的回答都会直接影响社会分工。对于很多人来说，哪行赚钱，就去干哪行。有个农村人，以前是种田的，分田到户后，他觉得修自行车赚钱，就在村口路边干起了修自行车的行当；干了十多年后，看到开小店能赚钱，又就地开起了小店；开店十年后，液化气进入农村家庭，他看到赚钱的机会，就干起了帮人灌液化气的活儿；再后来，看到走村串户收购废品赚钱，又开始走村串户收废品。他的每一次工作调整，都是在市场利益的引导下进行的。这说明，市场利益能引导、促进社会分工。

七、组织的需要影响分工

对于一个较大的组织，其内部一般需要不同的员工共同进行分工，共同进行协作劳动。

有些组织内的人，其分工是由领导和组织决定的，其服从领导分工，按照领导的要求工作。

八、劳动实践的养成

有的人，一开始并不擅长、不喜欢从事某种工作，但是，由于其长期从事该项工作，最终在长期的劳动实践中积累了丰富的劳动经验，养成了从事该项工作的习惯。比如，城市化前大多数农民并不乐意从事农业工作，但是，他们形成了固定的生活和生产方式、职业习惯和生活依赖，所以虽然他们时刻向往城市化，但是当城市化浪潮敲击他们家大门的时候，他们却担心、恐惧起来，担心在社会变化中会迷失方向，仍然守着农业这个传统的产业和职业，而无法走出农村、走出农业，因为，他们老了、习惯了。

九、合作的需要

人是社会化动物，需要社会合作，许多人为了合作而自愿接受分工。比如，改革开放之初，我们的村子里有国营粮食收购站和棉花采购站，经常要招当地的农村劳动力去驮粮包、棉包。每个包都很重，只有壮年劳动力才干得了。驮包是有现金收入的，而且这个收入比当时农民种田的收入高。两站工作人员一般只找村里牵头的人，由牵头的人召集一些壮年农民。由于人多事少，得到驮包的机会是不容易的。因此，每个被叫来驮包的人都很卖力，都很有大局观念。有专门将包撂到他人肩上的，也有将肩上的包驮到仓库里去的，两种工作劳动强度不同，但是，每个人都不会投机取巧，都会选重的、累的事做。这是为了合作的需要，也是为了自己的利益而做出的牺牲，是为了个人和共同的利益而形成的良好合作品格。

十、文化促进分工

文化是实践的产物，但是，文化反过来又会促进实践的发展，分工因此会受到文化的影响。不同的文化背景，会有不同的生产和生活方式。中国有京剧文化和产业，欧美人有歌剧文化和产业，不同的文化各自形成了与之有关的产业和分工。

文化促进分工，还体现在审美上。现代人认为苗条是美的，这导致了相应的社会产品、社会行为、社会分工等情况。房屋建筑风格、装饰方面的审美同样影响经济和分工。

十一、个人理想与努力不同

一般人都有自己的理想，并为之努力奋斗。理想不同，人生的道路就会不同。不想当将军的士兵不是好士兵，将军与士兵只是不同的社会分工，这个分工很大程度上由人的理想和行动决定。只有既有理想，又有行动，理想才能成为现实。志向不同，努力不同，社会分工的结果自然不同。

从上述分析可以看到，社会分工主要取决于个人努力，取决于主观能动性，而不是取决于外在客观条件。外在的机会很多，就看你如何选择、如何适应。内因是变化的根本，外因是变化的条件，外因通过内因而起作用。

第五节　社会分工的条件、意义

团结力量大，有效的分工合作，可以提高劳动者的劳动能力和劳动效率。

社会分工，可以促进合作；可以促进人尽其才，物尽其用；可以丰富物产，满足需求；可以提高效率，提高生产力，节约劳动，提升利益，促进发展。

一、分工与合作互为条件

没有合作，不需要合作，就不会有分工。社会分工的目的是要把产品交给他人使用，或者是与他人共同完成某项工作。只有把自己生产的产品交给他人使用的，或者，只有与他人共同劳动才能完成某项工作的，才存在分工与合作。因此，分工与合作是互为条件、辩证统一的，分工可以促进合作。有分工，就一定有合作；没有合作，就没有分工。自给自足就不存在分工与合作。

合作把分工统一起来了，形成分工与合作的辩证统一的关系。人们在分工与合作的长期实践中，形成了价值共同体、命运共同体。

二、社会分工可以促进优势互补

分工通常伴随着优势的存在。有优势，就会排挤劣势；有优势，就会激发优势；有优势，就会有分工与合作，形成优势互补、强强联合。

1. 特色优势

人们的需求是不同的、是丰富的。只有生产出大量不同的产品，才能满足人们丰富的需求，分工正好能够帮助人们实现这样的目标。特色优势，有天然优势，也有人工优势。天然优势，比如，地理、地质、气候、自然资源等方面的优势。例如，南方与北方的水果有差异，有人把南方的水果运到北方去销售，把北方的水果运到南方去销售，这样可以满足人们的尝鲜尝新需要。人工优势，比如，人们为满足市场的差异化需要，而有意创造、发展自己的特色、特长，由此可以形成相应的社会分工。

2. 合作优势

分工是为了合作，有了分工就一定存在合作。一个人可能无法搬动一块巨石，但是，两个人、三个人，或者更多的人，就有可能搬动巨石，这就是合力的优势，也是合作的优势，同样是分工的优势。

3. 专业优势

分工让更多的劳动者从事相对单一的工作，这就是专业、专长。从事单一的工作，有利于人们积累经验、获得技能、提高效率，有利于人们形成工匠精神，把专业工作和产品做得更精、更好、更符合需要。有专业技能的人，从事专业工作的效率会更高，更能在社会分工中发挥自己的优势，找到使自己效益最大化的工作岗位。比如，会计是企业需要的工作岗位，如果会计员没有会计方面的专业知识，就会影响会计工作的质量和效率。

三、促进生产力提升

众人拾柴火焰高，众人划桨开大船，众人合力干大事。在分工合作劳动中，体力劳动差的可以有效利用体力劳动强的；脑力劳动差的可以有效利用脑力劳动强的，特别是脑力劳动成果可以复制。相互利用，有效分工合作，就可以大大提高各自的和社会的劳动生产力和劳动生产率。

分工的存在，会促进社会变化。不同的人，其能力在实践中提高有多有少，这导致人们在社会实践的分工中会不断分化，比如，有的士兵最终当上了将军，而有的士兵则成为一名老兵。

四、促进社会进步

亚当·斯密在《国富论》开篇中指出："劳动生产力上最大的增进，以及运用劳动时所表现的更大的熟练、技巧和判断力，似乎都是分工的结果。"

分工让技能更强、更专业、效率更高，让更能节约劳动的劳动者胜出，会优先让效率高的人从事劳动，让效率低的人去努力学习，不断提高劳动效率，或者去寻找他们有比较优势的劳动岗位，从而有利于把更多的人从繁重的劳动中解放出来。

社会分工可以促进教育和科学的发展。人类从实践中认识到，只有加强学习，钻研科学，应用先进技术，才能提高劳动生产力和劳动效率，才能摆脱自然力的束缚。因此，人类会用更多的时间接受教育，钻研科学，这会促进科学技术和生产力的进步。

低效率的人能够在实践中认识到低效率的原因，会努力学习，不断提高自己的技能、知识水平等。贫困的家庭一般懂得，只有读书，才能摆脱贫困。人口素质就是在这样的条件下提高的，社会也因而获得进步。

五、破解分工固化

社会分工是由诸多因素造成的，也会因为诸多因素的变化而变化，而被打破，因为，社会是运动变化的，因素是运动变化的。分工通常并非全部由财产制度引发的，更多地是由人的自身条件决定的。分工一旦形成，可能让劳动者形成某种惯性，就可能固化自己的习惯、思想、观念，固化自己的工作和生活方式。人的生命有限，实践有限，人有时追求安稳，没有时间去学习、探索，不愿意去刻苦学习钻研、冒险去创新。只有让分工更自由、更公开透明、外部性更显著，让人们有更多的学习借鉴的机会，让人们能够自由地提高自己的能力，有更多权力来支配自己的劳动，才能破解分工固化的问题，因此，自由分工本身又可以在某种程度上破解分工固化的问题。当然，政府也要在破解分工固化中担当更积极、更有作为的角色，如提供终身免费教育。

“世界上本没有路，走的人多了，便成了路。”我们每个人都要做勇敢的探路者、开拓者、创新者、奉献者。“王侯将相，宁有种乎？”自由市场社会本没有什么固定的、天然的分工，只是干的时间久了，积累了丰富的经验、技能，形成了自己特长，才有了社会分工。人不会被旧的、已有的分工所束缚，而会去创造新的工作，形成新的专业特长。

创新是破解分工固化的有效方式。今天的分工固化是在过去一段时间内积累形成的，也是过去创新的结果，回顾三百年前的历史，今天的分工大多是过去所没有的。要破解今天的分工固化，也必须敢于突破今天的分工，继续进行劳动创新、实践创新、知识创新、科技创新。

微观上看，破解分工固化，需要劳动者在实践中多观察、多思考、多学习、多借鉴，以获得更多的灵感和启发，勇于寻找新机会、新方向、新思路、新出路，勇于探索新领域、新可能。

当年的摩拜共享单车创始人胡玮炜，原本是汽车行业的媒体记者，她不是一个愿意按部就班生活和工作的人，总在思考着人们出行方式的未来变革和发展方向。2014 年 11 月的一个晚上，胡玮炜、汽车设计师陈腾蛟、投资人李斌坐到一家咖啡馆，展开了一次头脑风暴，促成了摩拜单车的诞生。胡玮炜因此突破了自己的工作局限，突破了所谓的分工固化。如果每个人都积极探索，勇于创新创业，争取突破，又何来分工固化呢？

第六节　分工者之间的相互影响

一、分工是社会开放的表现

只有在开放、自由的社会，才能形成合理的社会分工。

分工形成合作，形成对接。没有开放，就没有合作，就没有对接。空间站与运送物资的货运飞船能够实行对接，就在于两者是相互开放的，是有分工与合作的。没有相互开放，没有相互的接纳，就无法形成合作。

有研究表明，让人们参与决策的制定过程，有利于获得人们对决策的理解和支持，有利于调动人们的积极性、创造性，使执行决策的动力更加充足。中国是全球最大钢铁生产国，2016年前，却没有一支圆珠笔是真正的中国制造，因为那时中国还不能制造笔尖钢。为了改变这一状况，太原钢铁集团决定攻克这一难题。但是，攻关过程并不顺利和轻松，技术人员在攻关过程中发现，轧钢工、拔丝工开始并不知道自己在干什么，不知道自己现在的工作对国家和企业有什么特别的意义，他们的思想状态、工作状态保持着原样，问题也保持着原样。领导不得不告诉他们“这是笔尖钢，你们要重视！”以此来增强他们的荣誉感、责任感。这个事例告诉我们，既要重视分工，也不能囿于分工，有时还应当重视上下游齐心协力，协商合作，构建价值共同体、责任共同体、命运共同体。

二、分工带来了竞争

分工基于自由、开放和透明的环境，因此，分工也带来了比较和竞争。好的就能在分工、比较、竞争中取胜，差的就会在分工、比较、竞争中落败。

竞争促进了社会分工和社会发展进步。只有不断进步，不断突破旧的、落后的状态，才能在竞争中取胜，例如，数码相机淘汰胶片相机。

三、分工者之间的相互学习

分工者之间不只有竞争，更多的是相互学习、相互借鉴、取长补短。这种行为，也是社会合作的表现，是广义的社会合作。

由于分工具有开放性、透明性，其外部性和外部效应是相当显著的。这有利于同行劳动者之间，以及不同行劳动者之间的相互学习、借鉴，从而有利于社会知识、信息资源的传播和共享，进而可以使人们最大化地利用社会资源、节约社会资源。

四、分工促进专业化

专业化就是有专业知识、专业技能、高质量、高效率的表现。没有专业知识、专业技能，没有高质量和高效率，就没有专业化。分工可以让劳动者从事单一的工作，这有利于积累专业经验、专业技能、专业知识，有利于提高劳动生产率，这又反过来巩固了分工。

科学家、发明家、工程师等，都是专注于一项工作、一项知识、一项技术，心无旁骛，通过专心的钻研，努力使技术、知识一点点地向前发展，从而使知识、技术得到进步。

第七节 社会分工与合作的几种方式

无论是自给自足的劳动者，还是所有市场参与方，即所有为交换或奉献而进行劳动实践的人，所有为满足他人需要、为他人提供劳务或产品（使用价值）、能满足他人需要而进行劳动实践的人，都是劳动者，都是价值创造者、贡献者，都应得到相应的承认、尊重和回报。

一、付出

父母对儿女的付出是无私的奉献，是不计成本、不图物质回报的。养育过儿女的人都知道，这其实是很辛苦的劳动，这种劳动并不图物质上的回报，只图精神上的安慰，换个角度说，这也是父母希望得到的“回报”。但是，这种“回报”只是精神上的，不是物质上的，是“儿女快乐，自己就快乐”，是“先儿女之忧而忧，后儿女之乐而乐”。

与养育儿女相关的是操持家务，即家庭内部的劳动，劳动量也不小。大家只要操持过家务，就知道其中的辛苦。辛苦地操持家务，就是希望家人回家后感到家的温暖和关怀，让家人在家里感到安心、舒适、温馨。

不只是家庭内部有付出，家庭之外也有付出。科学知识通过媒体得到广泛的传播和普及，论坛上的人们每天都在无偿付出劳动和吸收劳动。人们逛街、闲谈，也是在付出劳动、传播信息。大数据时代，人们每敲击一下键盘，点击一下鼠标，互联网就会做相应的大数据记录，这也是在为社会付出自己的劳动。

二、交换

1. 交换产生的前提

交换的前提是双方产品的使用价值是不同的，都是对方需要的使用价值，都能够满足对方的需要。交换者所拥有的产品不一定是劳动生产出的，有可能是天然的，只要是合法得到、合法拥有、可以合法出售的，就可以进行交换。否则，就是不合法交换。

不同的劳动者，通过向对方提供使用价值，并接受对方提供的使用价值，来实现分工的对接；通过价值的公允评估，实现商品交换。使用价值是劳动价值的载体，没有使用价值，劳动价值就没有载体，就无法实现。

2. 市场是使用价值对接和劳动公允交换的重要渠道

市场是不同劳动实现对接、产品实现交换的场所，是不同产品的劳动价值及使用价值对接、交换的场所，是供求关系的总和。

由于分工一般是公开透明的，由于劳动是相互联系的，由于一般人既是生产者，又是购买者，因此，一般生产者心中都有一杆秤，一般购买者心中也都有一杆秤。当购买者能从生产者角度看产品，生产者能从购买者角度看交换时，他们秤的标准就可能统一。

3. 市场促进经济社会的发展

买椟还珠会刺激椟的生产。人的需求是促进发展的重要动力，市场是满足需求的重要场所。有需要，就能引导生产、促进生产，因此，市场是促进生产和分工发展的重要动力。产品在市场上得到公开展示和应用，优劣不讲自明；产品在市场上实现公开交换，盈亏不讲自知。这会刺激劳动者生产质量更好、性能更优、成本更低的产品，这就是市场促进社会分工和经济发展的动力。在市场经济社会，只要市场是公开、透明、自由、有规则的，市场就会成为社会分工、经济发展的重要生力场。

市场包含了经济、社会发展的关键动力，是需求和供应的矛盾统一体。要生存，就自然有需求，进而推进生产。生产新产品，可以创造新需求。但是，只有当某种新产品生产出来后，能够得到消费者的青睐，生产才能继续；如果产品不受消费者的青睐，生产就会停止。

要生产出更多更好的产品，以刺激人们的需求，满足人们日益增长的美好生活需要，市场的活力就能得到充分的调动。苹果手机价格很高，为什么“果粉”们还要通宵排队去购买？就是因为苹果手机具有高质量、高性能、高价值的特点，这也是人们使用苹果手机所期望得到的。

充分挖掘需求、刺激需求，不同的时期，可以采取不同的政策。当产品的质量档次达不到消费者的要求时，就必须进行供给侧结构性改革，不断淘汰落后的产能和产品，不断升级供给侧的人员、技术、设备、产品，用优质的产品满足需求。当产品的质量、档次上来了，而消费者的购买力不足时，就必须进行消费侧结构性改革，努力提高消费者也就是劳动者的收入，让劳动者的初次分配和再分配权重得到提高，改善消费环境，让消费者能够便利地、低成本地、有预期保障地进行消费。

三、交流

人与人之间的交流，有物质、信息、能量、感情等方面的交流。感情交流一般也可以体现在物质、信息、能量的交流上。通过交流，人的劳动得到传递，得到他人的承认，人的人格得到他人的尊重，这是一种劳动价值和使用价值的传递、实现方式，也是一种分工与合作的实现。

交流通常是相互的、双向的。交流可以实现对对方劳动和产品的了解、认同、尊重，使人能够判断自己的劳动是否具有正确性、合理性、使用价值等。

四、外部性

外部性是劳动行为或产品向外部传递的物质、信息、能量，是对他人产生的影响。外部性不能损害他人利益。要判断外部性是否有益于或有害于他人，就要看其是否被认同、受尊重、被学习、被借鉴等。如果外部性有益于他人，能够得到他人的认同，能够受到他人的尊重，能够被学习和借鉴，那么，这个外部性就是正外部性，就与外部建立了良好的合作关系，就实现了与外部社会的合作。否则，就是损害而不是合作。

五、社会关怀

人是社会性、群体性动物，人与人之间需要互相关心、互相照顾。人心换人心，你关心照顾他人，就会得到他人的关心和照顾，“人人为我，我为人人”，这也是分工与合作的实现。这种合作，通常具有行为的开放性、对象的不特定性以及非商品性，不是一对一的商品现货等价交换，而是一种社会“大爱”“博爱”。在分工合作的产品交换社会，生产者可以通过人性化的商品设计和服务，来体现自己对社会的关爱、关怀。快递员为我们送来一个快递件，虽然我们已为此向他支付了劳动报酬，但是，我们对快递员道一声“谢谢”，不仅会温暖他个人，也会为社会带来温暖。

六、捐赠

捐赠是一种特殊的付出和分工合作方式，是一方为大爱、为社会无私奉献，或为承担社会责任无偿向另一方捐出其拥有的财物。捐出方是单方面的给予、付出，受赠方可欣然接受，不需要拿出自己拥有的财物与之交换。有些企业家公开表示，自己死后将捐出全部个人资产用于社会公益事业，这是一种为社会的无私奉献。

七、支持、配合

支持、配合，本身就是一种合作行为。人是社会的人，无论是在劳动中，还是在劳动之外，都需要有人支持和配合。在劳动中有人支持配合，劳动就可能轻松、顺利；没有人支持配合，劳动就可能艰难。得到他人的支持、配合，说明自己的劳动得到了他人的肯定；如果没有他人的支持和配合，就说明自己的劳动可能没有得到他人的肯定。支持、配合通常是相互的，是互利互惠的。你支持我，我就支持你；你配合我，我就配合你。在很多情况下，金钱不是相互支持、配合的充分条件，只有加上相互关爱，才能构成相互支持、配合的充分条件。

第四章

劳动的目的——获得使用价值

劳动是人类为了获得生存和发展所需要的物质和精神产品而进行的有目的的实践活动。使用价值是劳动的果实，劳动者必然会享受自己的劳动成果。如果说劳动价值是劳动者的辛苦指数，那么，使用价值就是劳动者的享受指数、幸福指数。既能创造使用价值，又能够尽情地享受自己创造的使用价值，这样的劳动者就是幸福的。

第一节　为什么说劳动的目的是获得使用价值

一、劳动的目的——获得使用价值

1. 获得使用价值是人的生命新陈代谢的需要

人为什么要劳动？劳动本身是辛苦的体力和脑力消耗的过程。人的生命进行新陈代谢，既需要消耗体内的物质、大脑的精力，又需要吸收外界的物质、能量、信息。只有消耗而没有吸收，或者消耗的比吸收的少，人的生命就会枯竭。因此，劳动作为一种消耗，它本身不是劳动的目的。人进行劳动，是为了创造可供人使用、能满足人的需要的使用价值，是为了获得、吸收、享用自己创造的使用价值，并且，是为了获得更高的使用价值。

2. 获得使用价值是人享受自己劳动成果的需要

人为什么要辛苦地劳动？当然是获得和享受自己的劳动产品即使用价值。如果人只需要获得天然之物，人与其他动物就没有区别了。

人与其他动物不同：人能创造产品；而其他动物不创造产品，只能从大自然中获取天然物品。人虽然也从大自然中获取天然物品，但是，人一般会用自己的智慧，再对这些天然物品进行加工，创造出与天然物品有所不同的产品，以更符合人的需要，或者将一些天然物品运输到难以获取天然物品的地方，提供给难以获得天然物品的人。人类非常享受对自然的改造、加工，非常享受自己创造的产品。人类在创造自然界所没有的产品的同时，也创造了自己的新需求，这种新需求也是人作为自然之物时所没有的需求。比如，人创造了电器、手机、汽车等，这些产品又构成了人类新的、不可或缺的需求，成为人的生活中的必需品。人类通过智慧劳动创造了新产品，就要尽情地享受自己创造的新产品。创造产品，就是要创造自然界没有的东西，就是为了更好地满足人的需要。劳动产品，相对自然物来说，能更好地满足人的需要。因此，创造新产品就成了人类劳动的重要目的。能够不断地创造更新、更多、更好的产品，享受更新、更多、更好的产品，人的幸福感就得到了提升。

就人类来说，从生命诞生，到享受生命的快乐，中间有一个环节，就是劳动。创造价值才快乐，不创造价值就会感到百无聊赖。只有劳动创造，才能快乐地享受劳动成果，才有快乐的生命感受。劳动这个环节相当重要，必不可少。劳动就业是人的第一需要。没有劳动就业，就没有劳动创造。只享受别人的劳动成果，而不去为自己和为他人创造成果，人生就不会快乐，除非身体条件有限，无法进行劳动创造。

创造什么呢？当然是创造出自然界没有的物质和精神产品，创造出能满足人们需要的产品的使用价值。产品是由人的劳动设计创造出来的，是可供人类使用的东西。产品能供人使用，就必然有其使用价值，这使用价值正是劳动者们所追求、所需要的。产品有使用价值，能供人类使用，劳动才是有效的。如果产品没有使用价值，对人类没有任何用处，那么，这样的产品就是废品，就必须丢弃；这样的劳动就是无效劳动，就必须重新进行劳动生产，直到最终获得可供人类使用、对人类有益的产品。

正是产品具有可供人类使用的属性，对人类有益处，人类需要它，人才去生产它，才去追求它，因为，人类劳动的目的是获得产品的使用价值，满足自己的需要。

正常人都能自食其力。有的人为自己生产劳动产品，有的人为别人生产劳动产品。光吸收别人的劳动产品，而不能为别人创造、提供产品的，是不符合人类伦理的，是不可能长久的。创造出可供人类使用、吸收的劳动产品，劳动产品能被人类使用、吸收，就成了人类劳动的目的。只有产品的使用价值，才能满足劳动者使用和吸收的需要，因此，使用价值是劳动的目的。

创造、获得生存所需的产品，是最基本的，在此之后，就是要创造、获得发展所需的产品。人类创造的产品，通常只有小部分用于满足人的生存需要，大部分是用于满足人的发展需要的。当然，生存与发展的需要是重叠的、发展变化的，今天的发展需要，在明天可能就是生存需要。

3. 人的需要是丰富多彩、分层次的

人类的需要是丰富的，实践是丰富的，这决定了人类的劳动是丰富的，产品是丰富的。追求使用价值，不是只追求物质产品的使用价值，还包括追求精神产品的使用价值。不同的产品有不同的使用价值，人们能够从使用不同的产品中获得不同的感受和满足。

即使是同一需要，也是丰富多样的，而不是单一的。单就食物来看，人对食物有着比其他任何生物都更丰富多样的需要。

不同的人有不同的偏好、需要，即使是同一个人，他的需要也是丰富多样的。比如，天天吃一样的食物，人会厌烦，这既反映了生理需要，也反映了精神需要，也就是说，丰富多样，也是人的需要。

人的需要还是发展变化的，而不是一成不变的。不同时代有不同的需要，不同的社会实践背景、水平、条件下，人有不同的需要。人不可能一生只吃一样的食物，只掌握一成不变的知识，还需要丰富多彩、不断发展变化的食物、知识等。

人的需要可以分成不同的层次，劳动产品也可以分成不同的层次：有的产品满足人的生存需要，有的产品满足人的发展需要，有的产品满足人获得尊重的需要。有的产品满足人的生产需要，有利于改善人的劳动条件，提高人的劳动能力，节约人的劳动，提高劳动生产力和生产率，调整人的劳动能力，创造新的产品。

4. 个人需要的有限性与社会需要的无限性

不同的人有不同的需要。个人的生命和实践是有限的，个人的需要，无论是品类，还是数量，都是有限的。社会实践是无限的，全社会的需要，无论是品类，还是数量，都是无限的。不能只看到个人需要的有限性，而看不到社会需要的无限性。

5. 不同的需要，决定了产品不同的使用方式、功能和使用价值

精神方面的需要，一般可通过观察、听取、认同、接受、学习、表达等方式得到满足，物质方面的需要，还可通过占有、食用、使用、展示等方式得到满足。不同的需要，决定了不同的功能、不同的用途、不同的使用价值。

对象（价值物或价值载体）只要得到了使用，满足了人的需要，就与人建立起了价值关系，其使用价值就成立了。

6. 不同的使用价值是由不同的劳动知识技能决定的

有不同使用价值的产品，是由不同的设计思路，劳动形态、方式、能力、条件创造的。为了生产出使用价值有差异的产品，就必须使劳动具有不同的技术路线、形态、方式、能力、条件等；创造出相同的产品，通常有相同的劳动形态、方式、能力、条件。一种新的产品产生后，会有很多人学习、借鉴，甚至抄袭，

仅有相同的客观条件，不一定能够生产出相同的结果，因为，劳动产品是按照人的意志设计生产出来的，除了要有客观条件，还需要有主观条件，如劳动技能、意志力、价值观等。客观条件相同了，主观条件不相同，生产出的产品也不相同。如，同样的面粉，有的人生产出的是面包，有的人生产出的是馒头，这是由主观条件的不同决定的。只有主观和客观条件都相同，才有可能生产出相同的产品。

二、几种劳动的目的

1. 体力劳动的目的

体力劳动是人类最普遍、最基本、最简单的劳动，是人运用体力进行的劳动。体力劳动通常是为了改变劳动对象的形态、结构、运动状态等；反过来，能够改变劳动对象的形态、结构、运动状态的劳动，一般也是体力劳动。比如，搬运工人搬运物体，就是要使物体到达人需要其到达的地方。

体力劳动是人的肢体和体力的运用。肢体是客观的，肢体动作是人看得见的；体力劳动往往作用于有客观形态的物体，会使客观物体发生某种明显的改变，也可以让人看得见。因此，体力劳动及其产品一般有明显的外部性。

有些产品是由众多的体力劳动者经过较长时间共同完成的，仅从其中单次的体力劳动是难以看出具体的产品成果的，只有共同的体力劳动者经过较长时间共同劳动完成了该件产品之后，该产品的使用价值才能得到呈现，劳动的目的才能得到展现。比如，一名工人搬一块砖，你不知道他在干什么，许多工人共同把房屋建起来后，你就知道，他搬那一块砖是为了建房子，他搬一块砖的劳动成果就包含在这栋房子上。

体力劳动受到脑力劳动的支配。体力劳动要做得好，必须借助于好的脑力劳动。这就是体力劳动与脑力劳动天然的分工和合作。

2. 脑力劳动的目的

脑力劳动也是最普遍的劳动方式。脑力劳动的目的是观察、吸收、思考、表达、支配和享受。

人的一切活动都是受脑力支配的，但是，脑力劳动必须借助于人的表情、语言、肢体行为等来表现。脑力劳动的目的是要通过对行为的设计、支配实现表达。所设计、支配的行为，及所表达的意思、成果，就是脑力劳动的成果，就是脑力劳动达到的效果。比如，表演者表演节目，观众看后开怀大笑、掌声不断，这种效果就是受表演者的脑力劳动设计、支配的，是表演者期望达到的效果。

体力劳动与脑力劳动，两种劳动不可分割，目的不可分割。无论脑力劳动多么复杂，成果形式多么多样，都必须借助于表情、语言、肢体行为等来表现。人的行为是受大脑思维支配的，因此，人的体力劳动其实也是脑力劳动的结果。没有脑力劳动，就没有体力劳动。体力劳动的成果，融合了脑力劳动，凝结了脑力劳动，呈现了脑力劳动成果。体力劳动的目的，同时也是脑力劳动的目的。脑力劳动成果的多样性、复杂性，最终就体现为人丰富而复杂的表情、语言、行为等，体现在产品的多样性、复杂性上。这些多样、复杂的表现都是脑力劳动的成果。

区分脑力劳动与体力劳动，一般要看劳动者是否直接运用自身的体力作用于劳动对象，改变劳动对象的物质形态和运动状态，也就是既要看劳动的方式，也要看劳动产品、产品质量、劳动效果等，不能只看单一因素。通常，直接运用自身的体力作用于劳动对象、改变劳动对象的，就是体力劳动者；反之，则为脑力劳动者。一般把作家、科学家、工程师、教师、医生、编辑、管理人员、体育教练等称为脑力劳动者，这是基于现实的、具体的劳动消耗量来划分体力劳动与脑力劳动。这种划分有时并不一定准确。对体育运动员的劳动如何界定，需要具体情况具体分析。他们不一定都是体力劳动者，也不一定都是脑力劳动者。排球运动员、体操运动员比赛时，既需要付出很大的体能，又需要付出很高难度、复杂的脑力劳动，他们的劳动，既是体力劳动，又是脑力劳动。一名优秀的运动员，既要付出大量的体力，又要付出大量的脑力，其劳动是体力劳动与脑力劳动高度结合、高强度付出的劳动。

由于人的脑力劳动能力与体力劳动能力有差异，不同人的脑力劳动在思维能力、角度、深度、表现方式、表现水平等方面是不同的，因此，脑力劳动好的人可以为脑力劳动不足的人分担一部分脑力劳动；脑力劳动不足的人，可以接受脑力劳动好的人为自己分担一部分脑力劳动，以提高自己的体力劳动效能，这就是脑力劳动者与体力劳动者的社会分工与合作。人类社会因此出现各种各样的体力劳动者和各种各样的脑力劳动者，他们之间既有分工，又有合作，社会就出现了“劳心者治人，劳力者治于人”的现象，这通常有利于双方利益最大化。

无论脑力劳动者与体力劳动者如何分工合作，他们都是想克服自己的短处，发挥自己的长处，以较低的劳动付出取得较高的劳动成效，是为了双赢。按照西方经济学的说法，他们都是理性经济人。

脑力劳动通常也要通过一定的体力的付出，来生产出某种产品，供人们或自己使用。比如，音乐创作者、美术创作者、舞蹈创作者等创作作品时，工程师设计图纸时，教师上课时，都需要付出一定的体力，借助于体力的付出来表现、完成脑力劳动，因此，体力劳动也是脑力劳动的载体，脑力劳动也需要借助于体力劳动才能呈现。

3. 生产劳动的目的

生产劳动的直接目的就是生产出供自己或他人使用的产品，生产劳动是为获得某种使用价值而进行的劳动。

生产劳动的成果，有有形的物质产品，也有无形的文化、知识、服务产品。物质产品能够满足人们的物质需要，文化、知识、服务产品能够满足人们的求知和精神文化、服务的需要。

自给自足的生产劳动所生产的产品一般不用于交换。现代社会，由于实行社会化大生产，生产力水平和生产效率很高，一般的生产劳动会生产出大量的产品，这些产品不仅能满足生产者自己的需要，还有很多剩余，可以满足其他人的需要，可以拿到市场上出售，以换回自己需要的其他产品。但是，无论如何，生产劳动生产出的产品必须有使用价值，能够满足人们多样化的物质和精神文化需要。否则，这种生产劳动就是无效劳动。因此，获得使用价值是生产劳动的首要目的。可使用的产品如果没有生产出来，既不可能供自己使用，也无法供别人使用，无法满足别人的需要。

4. 生活劳动的目的

生活劳动的目的，主要是通过享受自己的劳动成果，使自己的体能、脑力的需要得到满足，使自己身心愉快，劳动力能够得到生产和再生产，使自己能够享受自己创造的美好生活。

读书、学习既是生活方式，也是劳动能力的提升方式、劳动力扩大的生产和再生产方式，是一举两得的方式。只有加强学习，才能突破生产和生活的原有状态，才能改变自己的命运。有的人把游历名山大川当作一种享受生活的方式，通过游历名山大川，了解到了许多情况，学习到了许多知识，人的意志也经受了磨炼，这对人生来说是有益的财富，不仅有利于生活，也有利于生产，是一举两得的方式。

人是社会性动物，是生活在社会关系之中的。有的生活劳动涉及社会关系，比如，生活中走亲访友，可以交流信息，了解情况，学习知识，巩固、改善、拓展、创造社会关系。良好的社会关系，是良好生产和生活的需要，是良好生活的体现，也是良好生产关系的体现，不仅有利于良好的生活，也有利于开展生产劳动。

我们常说的“生活过得很好”，既包括家庭生活过得很好，也包括在劳动工作中很顺心。好好地工作，就是为了好好地生活；好好地生活，有利于好好地工作。因此，生活和工作是相互渗透、互为条件、相辅相成的。比如，适当的旅游，就有利于调整心情，从而让人轻松愉快地投入新的工作。

5. 生产性劳动的目的

生产性劳动，通常是指能生产出具体物质产品的劳动。产品必须能够满足人们物质或文化的需要，比如，粮食、工艺瓷器等，这些物质产品都有具体的使用价值，能满足人的具体需要。生产性劳动都是为了获得具体的物质产品，并使物质产品有具体的使用价值。

6. 非生产性劳动的目的

非生产性劳动，通常是为服务人们的生产和生活而进行的劳动。这类劳动通常不生产出具体的物质产品，而是解决了人们的生理、心理需要，解决了人们的思想认识问题，或为人们的生产和生活提供了服务，使人们的生产、生活得以高效进行，并构成全社会生产、生活实践的一部分，比如，教育、卫生、行政等。因此，获得非生产性劳动本身的、直接的使用价值，是某些非生产性劳动的直接目的。

7. 科研劳动的目的

科研劳动的目的，就是获得科研知识成果，以供人类使用。科研成果必须能应用于实践，有利于人类的生存和发展，能够造福人类。比如，史念海先生就提出历史地理学要“有用于世”，学以致用。

上述分类并没有严格的界线，是粗略的，各类之间并不是平行、并列的关系，而是相互交叉、重叠的。

第二节　什么是使用价值

一、什么是使用

从汉语角度看，使，有“让；致使”的意思；用，就是使人或物发挥其功能。使用，是某人或组织使人员、器物、资金或其他事物为某种目的服务。

从今天的语义和现实看，可使用的东西相当广泛，信息是可以使用的，专利是可以使用的。香农的信息论认为，信息是用来消除不确定性的，这简单明了地讲清楚了信息的使用价值。一般来说，专利可以提高劳动生产力和劳动生产率，可以给使用者带来更高的经济效益，这就是专利的使用价值。美术作品也是可以供人使用的，它可以装饰生活生产环境，可以给人带来美感，可以愉悦人的心情等。当你在听一首歌、读一首诗、欣赏一处美景，或引用一句名言时，你都是在使用某种使用价值，享受某种使用价值。

唐代诗人杜牧有首诗《山行》："远上寒山石径斜，白云生处有人家。停车坐爱枫林晚，霜叶红于二月花。"这首诗说明，诗人当时非常享受大自然给他的美感，同时，这首诗本身也给读者以美感，让读者有身临其境的感觉和享受。这就是大自然的美丽，以及这首诗给了我们使用价值。当然，大自然对我们而言，使用价值远不止这些，我们立足于大地，享受着大自然的阳光、空气、水等，我们承恩于大自然，也应当感恩于大自然。

使用的落脚点是"用"。现代汉语中有很多与"用"相关的词语，反映了"用"的情形和方式之多，如，食用、占用、应用、运用、享用、采用、利用、动用、引用、任用、施用、套用、征用、租用、借用、选用、听用、服用。

使用不外乎物质性使用与知识（精神）性使用，二者又可称为有形性使用与无形性使用。物质性使用，比如，吃一顿大餐、使用手机。知识性使用，比如，学生受到老师启发去思考和行动，百姓按照国家政策开展经济活动，工人按照专家的设计、指导生产产品，作者在文中引用他人的概念、观点等，人们欣赏美景、美术作品，等等。也就是说，使用不仅是生理上的使用，还包括精神方面的吸收、运用、享受等。"借着月光行走""借东风"，此两处的"借"都属使用；"前车之鉴""吃一堑，长一智"，都表现了对知识的吸收和使用。

从哲学的角度看，使用就是主体对客体的运用，使用者是主体，被使用者是客体。人与人之间有时相互利用，就是互为主体。比如，讲师开办讲座，为的是传播知识，我们去听讲座，为的是学习知识，我们与讲师是相互利用的。

需要说明的是，使用者有可能达到目的，也有可能达不到目的。有些情况下的使用可以达到对使用者的正作用，而有些情况下的使用对使用者可能没有正作用，甚至起相反的作用、副作用。比如，用刀切菜，本是为了发挥菜刀的功能，把菜切成自己需要的样子，可是，有时由于使用不当，不但没有把菜切好，反而伤了切菜人的手。不同的效果，取决于主体对客体的认识程度、使用能力、使用条件等诸多因素。

"鉴用"就是使用他人或他物的外部性，使他人或他物的外部性变成外部效应，比如，“见贤思齐，见不贤而内自省也”“以铜为鉴，可正衣冠；以史为鉴，可知兴衰；以人为鉴，可明得失”“前车覆，后车诫”。

二、什么是使用价值

1. 使用价值的概念

使用价值是产品具有的能够满足人的某种需要的、可供人使用的属性，以及人们对其可使用程度高低、优劣的评价。万事万物皆可度量，使用价值也不例外，数字化时代更是如此。

2. 使用价值的内涵

① 有可使用性。产品如果对人没有可使用性，不能满足人的使用需要，那么，就没有使用价值。这是从定性角度看。

② 有可使用的程度。即使用价值有多大的作用、多大的功能、多大的意义、多大的益处，能在多大程度上满足人的需要。通常，使用价值大的，作用就大，功能、意义就大，能满足人需要的程度就高；使用价值小的，作用就小，功能、意义就小，能满足人需要的程度就低。也就是说，使用价值是可以衡量、可以量化的，而且，既可以根据使用属性衡量，也可以根据价值属性衡量。这是从定量角度看。

③ 价值属于合作性、一致性指标，反映的是主体与客体之间的关系，是主体与客体合作性、一致性的体现和衡量。使用价值是主体对于客体拥有某种功效的判断及对该功效的衡量。只有客体的某种功能能够在一定程度上满足主体的某种需要，与主体的某种需要相契合、相统一，形成与主体的合作关系，它的价值才能成立。价值成立了，主体与客体之间就建立起了合作关系、一致性关系、价值关系。

也就是说，使用价值既是一个定性指标，又是一个定量指标；既可以从定性角度判断，又可从定量角度衡量。获得更多、更高、更优的使用价值，是生产者和需求者共同的期待。

3. 使用价值的外延

产品的凡是能满足人的某种需要的属性，都是产品的使用价值。

三、几种类型的使用价值

使用价值有很多种类型，无法全部罗列，这里选择几种进行阐述。

1. 有形产品的使用价值

有形产品即物质产品，是由物质实体构成的，有三维立体空间和形态和某种特定功能的劳动产品。

① 有形产品有物质形态，占有一定的三维物理空间。这是有形产品的最显著特征。

② 有形产品具有可使用性，能够满足人们吃、穿、住、用、娱乐、学习、交际等物质或文化方面的需要。例如，一个馒头可以充饥，一件衣服可以保暖。有的有形产品不光具有满足人们某种物质需要的功能，还具有满足人们精神文化需要的功能，比如，一件新衣服，除了保暖，还有为人增添美感，引人关注的效果。

③ 有形产品是劳动者大脑思维活动、知识、技能的外部呈现，体现了劳动者的主观设计、劳动方式、劳动技能、劳动理念等思想和能力方面的特点，是无形的知识、精神、思维通过物质产品的外部呈现。

④ 物质产品，通常具有可观察、可触摸、可感觉的客观性，具有外部性，会向外部散发着某种信息，能够被人感知。有形产品的外部性是无法遮掩的，人们可从其外部性感知它的存在。

2. 无形产品的使用价值

无形产品是指没有具体的形态，需要借助于具体的物质形态才能呈现的产品。比如，科学知识，需要借助于人的讲解、大脑思维的理解，需要应用于人的实践，指导人的实践，用于生产某种有形产品，才能表现出来。

美术艺术，需要借助于画布、笔墨、构图等表现出来；音乐作品，需要借助于人的演唱，通过乐器演奏、电子播放器、歌谱等表现出来；作家创作的小说、诗歌，需要借助于纸笔或电脑表现出来。

无形产品的使用价值有很多，比如，影响人们的认识、认知、情感、观念、思想、言行等，难以全部罗列，这里仅列举几类。

① 满足人们的精神文化需要，比如，图书、音乐、美术等。

② 满足人们的行动需要，比如，建筑设计图纸上的信息可以指导建筑工人

的劳动；政策可以指导人们采取适当的行动。

③ 服务人们的生产，比如，行政服务。

④ 服务人们的身体，比如，医疗服务。

⑤ 满足人们的求知需要，比如，教育、科研、探险。

无形产品的使用价值，只有通过大脑来理解，或通过身体来感受，才能得到使用，并通过使用者的言行表现出来。如果不理解、不感受，无形产品就很难被人发现、使用。比如，一本大学教材，它对大学教师和学生来说，是有用的；但是，它对于小学生来说，基本上是没有用的。有些无形产品直接作用于大脑思维，而不是直接作用于人的体力，但可以影响人的体力。无形产品需要与大脑的认识水平相匹配，如果不匹配，就无法发挥使用价值。

无形产品需要有形地使用，变成人的外在化的劳动行为，变成可观察的产品，其使用价值才能进入社会价值系统。

无形产品通过激发大脑思维来支配体力劳动。当它与使用者的思维对接、相融，能够满足使用者的精神需要时，就会激发巨大的体力的力量。“理论一经掌握群众，也会变成物质力量。”

有些无形产品可以使人的精神文化需要得到某种程度的满足，或者受到某种程度的刺激，并可能产生某种情绪，如高兴、失望、愉悦、沮丧等。

3. 生产资料的使用价值

人需要从事生产劳动，以创造符合人的需要的产品，因此，生产的需要是人的需要的重要方面，是实现人的需要的重要条件，人们需要有能够用于生产领域、辅助生产劳动、满足生产需要的产品。用于生产领域、辅助生产劳动、满足生产需要的产品称为生产资料，包括劳动资料、劳动对象、劳动工具等，其使用价值（产品）常被称为生产资料的使用价值。用于生产需要的使用价值一般直接进入生产领域和生产环节，而不是直接进入生活消费领域和消费环节。进入生产领域和生产环节，就是用于生产的需要。

用于生产需要的产品，包括知识，如信息、技术、数据、管理等；生产工具，如设备、厂房等；劳动对象，如原料、辅料、能源、土地等。

生产资料的使用价值是生产力的重要组成部分，是生产力的重要体现和重要方面。人的体力和智力，被物化到生产资料中，构成人类创造的物质生产力。生产资料中的生产工具和能源，会大大提高人体直接劳动的劳动效率，减轻人的体力和脑力的消耗，成为人的体力和脑力的替代者、延伸者、解放者、扩大者，成为人的劳动能力的化身，从而使生产资料成为生产力的代名词。谁拥有并采用了先进生产资料，谁就掌握了先进生产力。

4. 生活资料的使用价值

满足生活需要的产品称为生活资料，包括满足人的吃、穿、住、用、娱乐、学习、交际等方面要求的产品。生活资料，已脱离了生产环节，进入了生活领域和生活环节中。许多进入生活领域和生活环节的产品，由于人的使用而成为废物，失去原有的使用价值，无法继续作为生活用品。比如，小汽车作为消费品，进入了生活领域，经过一段时间的使用之后，就会报废。

生产的需要和生活的需要，有时可以转换。比如，农民生产粮食，需要种子，农民每年都留一些收获的粮食作为下一年的种子，其余的就作为食物。种子是用于生产的，属于生产资料；食物是用于满足生活需要的，属于生活资料，两者的使用价值是不同的。但是，这是人为划分的，是可变的。当预留的种子被老鼠偷吃后，农民就从作为食物的粮食中再取出一些作为种子。

有些生活资料，经过人的消费、使用之后，会报废，从而退出生活领域和生活环节。但是，这些报废的生活资料也可以回收再利用，作为新的生产资料，再进入生产领域和生产环节，进行再利用，比如，废铁锅可以被回收并冶炼成钢铁，生活垃圾可以回收、分类、再利用，可以焚烧发电等。几乎所有的生活废弃物都可以回收再利用。

5. 服务的使用价值

服务，就是直接供人使用，满足人的各种生产和生活需要。服务有生产性服务和生活性服务。用于生产需要的服务就是生产性服务，比如，为企业提供的科技、金融服务；用于生活需要的就是生活性服务，比如，社区服务、家政服务。服务的特点是一般不直接创造有形产品，只直接为服务对象提供服务。服务的使用价值，是劳动者直接满足服务对象的需要，服务对象也直接吸收了服务劳动，并因而有所收获，如身体更好、精神更爽快、行动更有效等，因此，服务对象对服务劳动的接收最直接，对服务劳动的使用价值的接收也就最直接。

6. 劳动力的使用价值

劳动力的使用价值，就是劳动力的可使用性，以及作用能力大小，是劳动力通过劳动，可以完成一定质和量的具体工作。能够完成某项具体（质和量）的工作，就说明劳动力有使用价值。劳动力只有使用，才有使用价值，才能创造价值。劳动力不使用，就无法创造价值，就无法证明其有使用价值。劳动力的使用过程，就是劳动价值和使用价值的创造过程。通过劳动力的使用，某种产品使用价值的生产、制造得以完成，同时，劳动力自身的价值也物化到劳动产品之中。

劳动力有高端劳动力、中端劳动力和低端劳动力之分。高端劳动力是掌握了其他劳动力所没有掌握的较高的知识技能、能够处理复杂问题的劳动力；低端劳动力是所掌握和运用的知识技能较低，从事技术含量不高、较简单劳动的劳动力；高端与低端之间的劳动力，可以称为中端劳动力。高端劳动力在劳动中需要运用大量复杂的知识，需要创造性地开展工作，能解决较复杂的问题，有时还需要组织和指导中低端劳动力开展劳动。

随着生产力的发展，某些低端劳动力的工作正逐渐被机器替代，甚至出现了没有工人的工厂。这说明，体力劳动受脑力劳动支配，低端劳动力的使用，只是按照脑力劳动者的要求完成一定质和量的工作，对企业能否正常经营运转没有决定性作用。如，房地产建筑工人只要按照质量要求完成房屋的建筑，房子能否卖出去，与建筑工人无关，只与老板有关。企业高端劳动力的使用价值才决定企业能否正常运转，企业决策者和组织管理者决定了企业的生存，而低端的劳动力并不决定企业的生存。

劳动力的使用过程，与劳动力的提升过程一般是统一的，这与“实践的过程通常就是认识提高的过程”是一致的。比如，周群飞在打工劳动中刻苦学习技能，努力钻研技术，使得自己的能力在打工劳动中得到很大的提升，这也是低端劳动者改变自身处境的重要且有效的途径。

7. 可复制的产品与不可复制的产品

（1）可复制的产品

产品通常是可以复制的。复制了产品，就复制了产品的使用价值。几乎所有的产品都是可以复制的。科学实验必须能够重复。不可重复的实验，通常是不科学的。

产品的使用价值由构成产品的物质及生产该产品的技术共同决定。产品复制，复制的只是产品的生产技术、产品的知识和技术结构等，以及由此决定的使用价值，而不是复制构成产品的物质和劳动，物质和劳动是不可能复制的。比如，某甲拥有大米和煮米饭的技术，就可以把米煮成熟饭。如果某乙只学习复制了煮饭的技术，却没有大米，就煮不出米饭来，“巧妇难为无米之炊”就是这个意思，因为大米是无法被复制的。再比如，纸币是可以被大量复制的，这些被大量复制出来的纸币，因为采用了同样的生产技术和材料，都有着同样的使用价值。当然，纸币也不能被过量复制。

有些产品可无限复制，却没有无限的现实需要，也就不可无限使用，因为，人在特定的时空下的需要是有限的，比如，人对粮食的需要在特定的时空下是有限的，过量生产，会导致粮食过剩。纸币如果被过量复制，就会导致通货膨胀。在历史的长河中，有些可无限复制的产品，可无限使用，除非受到知识产权的限制。比如，有些优秀音乐作品唱了几十上百年，仍然受到人们的喜爱；《论语》这本书，人们学了两千多年，不仅经久不衰，还在焕发新的生命。

（2）不可复制的物质

可复制的是技术，而不是物质和劳动。物质和劳动本身具有唯一性，是不可复制的。比如，如果生产一台机器需要一吨钢铁和一份劳动，那么，生产两台机器就需要两吨钢铁和两份劳动，而不是一吨钢铁和一份劳动，除非技术水平、效率提高了。

劳动力的使用就是劳动，劳动可以替代。比如，你为我劳动了，我就不用劳动，你的劳动就替代了我的劳动，这正是你的劳动的使用价值，也是你的劳动对于我来说有价值的根本。

8. 货币的使用价值

货币是交换的媒介、价值尺度，这是货币基本的使用价值。在长期的交换实践中，人们发现黄金难得、颜色好看、物理化学性质稳定、可耐久储藏、易分割携带、便于流通，便将其作为硬通货。

个人生产的产品通常是单一和有限的，但是，社会生产的产品是多样和无限的，货币为所有商品之间进行交换搭建起桥梁，提供无限交换的可能。因此，货币关系体现交换关系、分工与合作关系、价值一致性关系。

个人生产的单一性与需求的多样性，借助于货币丰富的使用价值而实现，货币为丰富人们的物质文化生活、促进知识交流和传播，起到了重要作用。正如“中国面包之乡”江西省资溪县面包店店主邱森茂所言：“手里拿着现金，看到的不只是钱，还有未来的美好。”

9. 商品的使用价值和非商品的使用价值

用于交换的产品就是商品，不用于交换、无法用于交换的产品就是非商品。有人来购买，就说明其看中了该产品的使用价值；不用于交换，或无法用于交换，说明该产品的使用价值不明确，或没有使用价值，或该产品无法占有、无法交换、不需要交换。有使用价值而无法交换、不需要交换就可以得到的产品，就是非商品。使用非商品，不需要交换，就可以直接拿去使用。不用交换、无法交换，本身不是非商品的使用价值，而是其区别于商品的一种特性。非商品的使用价值与商品的使用价值含义相同，都是指可供人使用的属性。

10. 使用价值的外部性

使用价值是供人们使用的，要使用，就必须展示、宣传、示范，让人们了解、接触，而不能隐瞒，因此，使用价值需要有很强的外部性，有些先进产品甚至“自带流量”“光环”，受人追捧。

第三节　不同的知识导致不同的使用价值

一、不同的知识导致生产出不同的产品及其使用价值

相同的原料，为什么会生产出不同的产品？同样的铁矿，为什么有的人“能”把它生产成建筑钢材，有的人“能”把它生产成钢铁机器，这其中的差别在哪里？当然是“能”即劳动者能力的差异。劳动者不同的劳动能力，创造了不同的使用价值。劳动能力为什么有不同呢？这取决于劳动者所掌握和应用的知识、技能的不同。掌握和应用不同的知识、技能，创造出的产品就不同，产品的使用价值也不同。在其他条件相同的情况下，劳动者应用不同的知识、技能，所生产出来的产品及产品的使用价值就不同。比如，同样的面粉，有的人生产出了面包，有的人生产出了馒头，这是生产者的技术不同造成的。同一个产品，面对不同的人，也会有不同的使用价值。

由于人的认识不同、需要不同，同一个产品，不同的人会从中发现不同的使用价值。比如，野生稻谷，在一般人的眼里，只是一把野草；但是，在杂交水稻专家眼里，它们是宝贵的种质资源。天空中飞翔的鸟儿，在某些“食野味”者的眼里，那是美食；在动物专家眼里，那可能是珍稀动物；在摄影家眼里，那是美

丽的精灵；在爱鸟者眼里，那是人类的朋友。同一产品在不同的使用者的不同使用下，会发挥出不同的使用价值。

二、时间影响产品的使用价值

使用价值会随着时间的变化自然增值或减值吗？从客观情况看，这是会发生的。一是自然减损，比如，随着时间的推移，房屋建筑会自然老化，这会导致房屋使用价值自然减损；二是随着科技的进步，旧产品的技术落后了，导致其使用价值减损；三是时点上的现实需求是有限的，而历史长河中的需求变化是无限的。产品的使用价值会随着使用时间、使用者、使用领域、使用方式的不同而变化，相应地，使用价值的实际使用效果就会发生变化，既可能增值，也可能减值。比如，明代的一只瓷碗，在明代只是生活日用品而已，但是，在今天，它就是可以用来观察历史的文物，这导致它的使用领域以及人们对它的使用方式等发生了变化，也导致它的使用价值发生了变化。

三、使用价值既是科技的成果，又是科技的体现

1. 使用价值是人的劳动成果

人是最根本的科技力量，是全部科技的创造者。人类社会的一切，都是人的劳动创造的。使用价值是人依据客观规律，结合自己的主观意志和能力生产出来的，是人设计和创造的产品，体现了人的主观意识、劳动技能、科学水平、劳动方式等。人在劳动中把自己的愿望、能力等赋予到、物化到、异化到产品的使用价值中去了，人有什么样的愿望、什么样的能力，采用什么样的劳动方式，就能设计和生产出什么样的使用价值。使用价值作为人设计和创造的产品属性，它自然反映了人的生产愿望、生产方式、生产力水平、价值观念等。

2. 工具及劳动资料体现科技水平

工具是人设计制造的，人们设计制造工具的水平，体现了人的科技水平、生产力的水平。人们把科学技术物化、对象化到工具上，使工具体现人的科学技术和生产力水平，因此，工具是科学技术和生产力的重要元素，是科学技术和生产力水平的重要体现。

3. 使用价值构成生产力

生产力由人、人所使用的工具、劳动对象、其他物质性劳动资料、科学技术等要素构成，那么，这些要素的使用价值，也就共同构成了具体的生产力，成为生产力的具体呈现。

四、使用价值更新换代与科学技术和生产力升级换代一致

实践不断发展，人的发明创造、掌握的知识也不断发展。知识不断发展、不断更新，劳动能力也不断更新，产品中的知识、科技水平也不断更新。人们总会把自己的最新发现、发明、创造以及掌握的科学知识应用到自己新的实践中，应用到自己的生产活动中，应用到自己生产的产品中，以提高自己的劳动效率，降低自己的劳动强度。浪费科学知识，就是浪费自己的劳动，谁会愿意呢？

第四节　使用价值是人类的追求

一、获得使用价值是人类劳动的目的

人类为什么劳动？就是为了获得可供人使用的劳动产品，就是为了满足人的需要。比如，人生产粮食，需要付出劳动，但是，人劳动，是为了获得粮食的使用价值，而不是为了付出劳动本身。不能生产出可供人使用的劳动产品，人类就不会去劳动。当然，人类劳动生产出的产品并不一定是劳动者设想的产品，有可能自己生产出的劳动产品并不是自己事先想要的；或者，为了生产出供人使用的产品，不得不先去做一些看似“无用”“无效”的劳动，这是为生产出有用产品打基础，是“磨刀不误砍柴工”；或者，生产出的劳动产品根本不是自己想要的，比如，制药厂所产生的废水、废气、废渣。当年，科研人员研究治疗心脏病的药物，结果却研究出了治疗男性性功能障碍的药物。但是，人类有目的地进行生产劳动，并且能够达到设想目标的情景，是普遍的。

人类总想摆脱辛苦的劳动，总想用尽可能少的劳动付出，生产出更多、更好

的产品，甚至想不劳而获，这是人性使然。这也导致人们更倾向于期望得到更多、更好的使用价值，而不是期望得到更多的劳动价值——物化到产品中的一般人类劳动，因为，善良的人们不希望生产者更辛苦。谁的劳动效率高，谁的产品使用价值大，谁的生产和生活就更轻松。不断发展的知识能帮助人类不断地实现这样的愿望。比如，劳动者用吊机吊运物品，就比完全靠体力要轻松得多。在通常情况下，使用价值优先于劳动价值。一般而言，对于一件产品，人们较多在乎它有多大的使用价值，在乎它能在多大程度上节约人的劳动，而较少在乎它凝结了多少一般人类劳动。这既是功利使然，也是道德使然。

从现实看，许多劳动产品的价格不取决于它所物化的人类无差别的劳动量，而取决于它的使用价值的高低。使用价值越高，说明它能够满足人的需要的程度就越高，它获得的市场认可度就越高，价格也就越高，利润率也就越高。华为手机质量性能和价格都高，但是，性价比仍然较高，因此受到消费者的追捧。

使用价值高的，其所凝结、物化的一般人类劳动量并不一定就高。人类总是不断地追求在相同劳动量付出的条件下，生产出更多、更好、使用价值更大的产品，这是人类的天性，是符合人类道德的。

人类社会追求使用价值，形成了“使用价值优先法则”。获得使用价值是人们劳动的首要目的，是人们进行交易的首要目的和条件；使用价值是人类的追求，是劳动者期望得到的福利，也是全人类期望得到的福利。

新知识、新产品代表先进，旧知识、旧产品代表落后。人类社会追求使用价值，通常是追求新知识、新技术、新产品的使用价值。“使用价值优先法则”，也就是新知识、新技术、新产品优先法则，可称为“创新优先法则”。看看社会现实，创新总能吸引大众的眼球，总能受到大众的关注和重视，总能得到资本的青睐，因为，人有审美疲劳，人会喜新厌旧，人总在求新、求变、求好。

二、追求使用价值不都是拜物主义

对人类社会有使用价值，就是人类社会的财富。使用价值不仅反映人与自然的关系，也反映人与人之间的社会关系。一是劳动本身是可替代的。你的劳动能替代我的劳动，这正是你的劳动的使用价值，也是你的劳动对于我来说有价值的根本。二是商品使用价值能够满足他人的需要，这本身就建构和体现了人与人之间的关系。三是商品使用价值大小直接体现和影响人与人之间关系的程度。四是知识的使用价值具有可学习性、可复制性，知识被社会广泛学习、复制和使用，加强了人与人之间的社会关系。

1. 正确地追求更优的使用价值与积极创造更优的使用价值、满足人对更美好生活的需要是辩证统一的

追求使用价值，就是要不断创造更多、更好的使用价值，以满足人类对更美好生活的需要。因此，追求使用价值既是从生产、劳动角度出发的，也是从消费角度出发的。更多、更好的使用价值，能够改善人的生产状态和生活状态，能够提升人的幸福感。只有生产出更多、更好的使用价值，才能减少人的劳动量，才能让人劳动、生活得更轻松愉快。如果人类不能创造、发明、生产出更多、更好的产品，以满足人对更美好生活的追求，人类社会的发展就会出现停滞。

2. 使用价值是衡量人的价值、人生价值的重要依据

劳动者把使用价值作为自己的追求，使得人类社会出现了人们把创造更多、更好的使用价值作为人生奋斗目标、作为衡量人的价值标准的现象。

3. 正确追求使用价值有利于社会发展

正确追求使用价值，是为了提高人类社会生产力，使人类的财富更丰富，从而改善人类的生产和生活，使劳动者，也使人类社会的需求得到某种满足，使人类社会有很好的发展。因为，正确追求使用价值，对社会有正向激励，会具有正外部效应。创造更多、更好的财富，正是人类脱离原始、落后状态的重要标志。人类社会需要追求财富的生产和满足，但不能，当然也不会仅仅如此，因为人类能有效地反思并控制其引发的社会问题。

4. 物质追求与精神追求会同时存在

一方面，物质产品既有物质的功效，又有精神的功效；另一方面，人们在创造物质的过程中，也会创造出更多的知识产品、精神产品，从而使人类的物质产品和精神产品同时得到增长和丰富。当然，物质追求更有外部性、可靠性，更能让人感知，而精神追求则更具有个人性、隐蔽性。某些社会片面追求物质产品，通常是由于生产力不够发达，物质产品还不够丰富，物质是人的第一需要，加之知识可以复制、共享，使得许多人不愿意创新，只愿意复制知识，因为这样更“经济”，更安全、可靠。即使如此，也有许多人虽然穷困潦倒，仍然沉浸在读

书、钻研的精神世界中，“衣带渐宽终不悔，为伊消得人憔悴”。知识增长，又可对不科学的物质生产进行纠正，形成抑制，从而使物质生产更符合人类利益。

5. 追求使用价值就是追求创造力

追求使用价值的正确途径是追求创造力的不断提高，就是要不断提高创造能力和社会生产力，最高效地创造更多、更好的使用价值，利用好使用价值，发挥好使用价值，做到以人为本、人尽其才、物尽其用，实现人的全面发展。人创造产品，是为了满足需要，这是以人为本的正义行为。人的需求是动态的、丰富的。人必须不断地提高自己的创造力，从而创造出更多、更好的产品，以满足人们不断发展的需要。同时，也必须让创造者能够尽情享受自己的劳动成果，让人的需要得到满足，让劳动者创造的劳动成果惠及更多的劳动者。人是社会的人，人不能脱离社会而存在。人类是价值共同体、命运共同体。所有社会成员之间，都有着千丝万缕的直接或间接联系，每一位社会成员都有其存在的社会价值，每一位社会成员都是全社会成员中不可或缺的一分子，因此，我们还要努力让每一位社会成员都能共享社会成果。

人类的需要是丰富多彩的，每一位社会成员都应当努力在这丰富多彩的社会中找到自己的坐标，贡献自己的劳动、智慧和风采，为社会增光添彩。每一位社会成员也都能够向社会贡献其不同的人生价值，只要这种价值是正的，就有利于激发人类新的劳动和创造动力，就能够或多或少地增长人类的智慧。只要每一个人都能创造不同的、有益于社会的产品并呈现给社会，社会生产力就会充分发挥，财富就会极大丰富且多姿多彩。

6. 政府要担当好自己的责任

就同一社会而言，人们有相同的劳动付出，却可能生产出不同的使用价值，并因此获得不同的收益，从而使社会出现不均衡情况。有些不均衡，可能引发社会矛盾和斗争，需要努力克服和避免。物质产品的强外部性也表明，物质产品有很强的公共性，必须充分考虑和发挥物质产品的公共性，并有效地避免物质产品的私人性所引发的社会问题。

当社会和市场本身不能解决自身出现的问题时，政府就要站出来发挥作用。政府的角色、功能有很多，包括以执法者的角色出现，以守夜人（信息提示者、倡导者、批评者）的角色出现，以市场主体、市场参与者（参股企业）的角色出现，以行政主体、干预者（政策制定者、监督者）的角色出现。必要时，政府还可扮演社会的设计者、建设者的角色。

三、使用价值可以衡量

中央电视台《我爱发明》栏目曾介绍发明人发明整理菠萝、香蕉的机械的故事，这种机械的效率相当于几十名工人同时工作的效率。这个“相当于”，就是对该机械的使用价值进行人力化、市场化、货币化的衡量，是对使用价值进行量化。但是，客观地看，研究发明此机械的人，其在相同的劳动时间内所付出的劳动量并不比其他研究人员多，只不过他的劳动方向正好契合人们的需要，这才是最重要的。从这个角度看，更高的使用价值是利润的重要来源。企业搞生产，最关键的是要生产出更多、更好的，能满足人们需要的使用价值，从而赚取合理和理想的利润。产品没有好的使用价值，即使付出再多的劳动，也只会是无效劳动。不同质效产品的使用价值，是由不同质效的劳动生产出来的。而不同质效的劳动又是由不同知识技能决定的，因此，知识技能决定了产品的使用价值，决定了企业的经济效益。

人们常说“听君一席话，胜读十年书”，意思是说，“君”说的话对自己有很大的用处，有很高的使用价值，使自己很受益。“读十年书”，指的是所花费的大量精力、付出的艰辛劳动，以及所获得的知识。“君”的“一席话”的使用价值很大，以至于比读十年书所付出的劳动、取得的收获还要大。这是对“君”所说的话的用处即使用价值的肯定、赞赏，也是对其使用价值的衡量，是以劳动价值为标准，来衡量“君”的话语的使用价值，是使用价值与劳动（劳动价值）相互转换式的衡量。这也说明，劳动价值与使用价值是可以相互衡量、相互交换的。

第五章

商品与非商品

商品与非商品在人类社会中普遍存在，是人类社会财富的全部。

第一节　什么是商品

一、商品的基本概念

商品是指用来交换的劳动产品。需要交换才能得到的产品，就是商品。

二、商品的属性

① 必须是人的劳动产品，不是劳动产品，就不能成为商品。

② 必须是由人占有的物品。人的劳动产品，如果没有人占有，就不能成为商品。天然之物，只要被人合法占有了，可以被用来进行物品交换，就可以变成商品。在某种情况下，占有也是一种劳动，可对所占有的东西起到某种价值发现、价值保护、价值宣告的作用。

现实地看，占有也是人类社会的一种劳动行为、一种实践行为，是从人类社会的价值角度，发现事物对人类的价值，使事物进入人类社会的价值体系。具体的占有行为如插旗、看护、收藏、保管、告示等。占有者也要花费一定的占有、看护的精力和劳动，要考虑占有是否合算，是否有能力、有财力、有权力去占有，自己的占有权能否得到他人、法律的承认等。

天然资源占有权的形成相当复杂，是多种因素综合作用及长期实践的结果。比如，土地并不是人的劳动产品，但是，随着社会实践的发展，社会契约不断形成和完善，土地价值有赖于人的发现、保护和宣告，土地资源的稀缺性逐渐显现，合法占有土地成为社会契约的一部分。合法占有权是在社会实践中产生的一种权利，它不是凭空而来的，同样是实践发展的结果。没有社会实践，就没有社会契约，就没有对天然资源的合法占有权。不同的社会契约，是不同的社会实践的结果。社会契约也会随着社会实践的发展变化而被调整甚至废除。

③ 必须具有可使用性。商品必须具有可供人使用的属性。不能供人使用，没有使用价值，就不能成为商品。可使用性是商品本身必须明确具有的属性。

④ 必须能够满足人的需要。一方的商品必须对交换对方具有使用价值，能够满足交换对方的需要。如果没有明确的使用价值，不能够满足对方的需要，就无法成

为商品。比如，大饥荒时，别人需要粮食，你给他一堆古董，恐怕他是不需要的。

⑤ 必须是交换中的一方难以生产，或者生产不好的。如果甲生产的产品同乙生产的产品在功能、质量、成本、外观等方面一模一样，没有任何的差异，甲乙双方又有何必要进行交换呢？

⑥ 必须是用于交换的。凡是不用于交换的物品、产品，都不是商品。交换是产品成为商品的关键因素。

三、商品概念的内涵和外延

1. 内涵

用于交换的劳动产品，就是商品。“用于交换”，是行为和目的趋向的指示，是一种预期、一种趋势，也决定了行为目的，决定了劳动产品的性质。

交换的方式和对象有很多种类，如：物品与物品交换、物品与知识交换、物品与劳动交换、物品与货币交换、劳动与劳动交换。

交换的商品主要有实体商品、无形商品、劳动。农村有换工的现象，就是今天你帮我割一天谷，明天我帮你割一天谷，双方扯平了。这种交换，既是劳动的等量交换，也是劳动的使用价值的等量交换。这也说明，劳动是有使用价值的。

① 实体商品。由物质实体构成的，具有一定的外在空间形态和功能，使用价值能够满足人们的某种需要，用于交换的劳动产品。实体企业生产的产品，一般就属于实体商品。

② 无形商品。由人的劳动创造的，没有具体的形态，或者只是以某种具体的形态作为载体，来承载、储存、传递知识、信息、感情等的产品。人们需要这种产品，并不是需要承载、储存、传递这种产品的某种物质实体，而是需要其中所蕴含的知识、信息、感情等。这种产品可以有不同的载体和外在形态，比如音乐产品，可以是人唱出来的声音，也可以是音频设备播放的声音。人们不在乎这个声音是由哪种实体发出的，只在乎这个声音好不好听，是不是诉说了自己的心声，听了是不是心情很舒畅。

③ 劳动。如，工人完成一定质量的劳动，企业老板就支付相应的劳动报酬。按劳取酬主要是按劳动的质和量获得（或支付）报酬。

劳动、有形商品、无形商品三者之间可以相互转化。作家、科学家们消耗了食物、纸笔等有形商品，用自己的体力和脑力进行创造活动，而他们创造的成果又可能是无形的文学艺术和科学知识。

2. 外延

凡是用于交换的劳动产品，都是商品。不用于交换的，就不是商品。

凡是天然形成的，但由人占有、用于交换的物品，也都是商品。天然形成的、不被人占有的，或者由人占有但不用于交换的物品，就不是商品。

是否为商品，关键要看是否用于交换。不用于交换的产品，不需要通过交换就能得到的产品，就不是商品。

商品的外部性通常不是商品。商品的外部性不是天然的，它同商品实体一样，是人的劳动产品，但商品生产者、出售者无法占有、交换商品的外部性，因此，商品的外部性通常不是商品。但是，商品如果有相对较优的正外部性，这种正外部性也可成为交换者的追求，从而使其成为商品。

四、商品有明确的使用价值

商品通常是有明确的使用价值的产品，有被大多数人认可的主流的使用价值。没有明确的使用价值的，则难以成为商品。商品是用于交换的产品，交换者看中的是对方商品对自己有明确的用途，能满足自己的需要。人们要交换，必须找那些对于自己来说有明确用途，也就是有明确使用价值的东西，能够满足自己某种具体的需要。交换者所追求的使用价值是明确而具体的，不含糊的。一件商品的使用价值，至少包括两个方面。

一是商品的主要（一般）使用价值。主要的使用价值，就是该商品主要有哪方面的功能，主要能够满足需求者哪些方面的需要。购买者购买该商品，一般是为了获得该商品的主要功能。比如，一个精美的盒子里，装了一块档次很高的月饼。月饼是供人们食用的，这件商品的使用价值主要是月饼的使用价值。商品必须有明确的主要的使用价值，即主要的功能。当然，也有人纯粹是为了好看、为了面子，看中的是商品的外包装，而不是里面商品的品质。

二是商品的次要（特殊）使用价值。次要的使用价值，包括在商品主要使用价值之外的、人们很少使用的使用价值，还包括这件商品的外部效应。次要的使用价值通常可大可小、可有可无。包装月饼的精美盒子，可以给人某种精神和审美享受，也许可以作为装饰品，有一定的装饰价值；也许有储存其他物品的使用价值，比如，可作为针线盒使用；也许还可以成为其他月饼生产者，包装盒设计者学习借鉴的样品；还可以成为某些社会学家、经济学家研究的对象。

次要的使用价值还取决于需求者（主体）个性化需要和个人主观判断能力。

个人有“非主流”的需要，又有主观判断、使用的能力，次要的使用价值就能得到有效的开发和利用。例如，有的人把废弃的易拉罐扔掉了，有的人则把它制成装饰品、烟灰缸等，最大限度地发挥了废物的使用价值。不同的人，对物品的认识、使用是不同的。

五、货币商品

商品生产、交换发展到一定水平，就出现了商品交换媒介，有了一般等价物，这就是货币。这既是商品生产、交换发展的结果，又大大方便和促进了商品生产、交换的发展。

货币并不是天生的，是随着生产实践、生活实践、交换实践的发展而产生的。货币的功能、运动方式等会在实践和认识的发展中得到发展，而不是一成不变的。从货币的发展历史看，货币曾有过过多种多样的物质形态，比如，贝壳、铜质、银质、金质、纸质等，并朝着数字货币方向发展。同一经济区域内有了统一的货币，大大方便了交换，大大提高了流通速度、交换速度，也大大拓展了货币的应用领域和应用方式。

有的人把钱埋在土里，有的人把它存在银行里，有的人把它借给他人，有的人用它进行生产投资。不同的货币使用、管理方式，体现的是货币拥有者的实践和认识差异；不同的实践和认识主体——人，会对相同的货币有不同的认识和使用方式，从而会有不同的货币使用表现和使用效果。

六、劳动力商品与劳动商品

1. 劳动力商品

劳动力商品是指把人的整体劳动能力（相当于劳动力的名义使用价值）当成商品进行交易。换句话说，就是把人的劳动力甚至劳动者作为一个整体进行出售、交换，购买者可能是一次性付款，也可能是分期付款，并获得了劳动者的全部劳动力。劳动力成为商品之后，成为购买者的附庸，可以任由购买者支配和使用，劳动成果全部归购买者、支配者。

劳动力商品的交易价格通常要考虑两个方面：一方面是劳动力的生产和再生产所需要的费用，即劳动力的生产成本；另一方面是劳动力在使用中能创造什么使用价值和劳动价值。

劳动力成为商品，一般会表现为购买者对劳动者的全部劳动力及其全部劳动拥有完全的支配权，甚至包括人身支配权。

2. 劳动商品

有时候劳动者不交换、出售自己的整体劳动力，而只是交换、出售一部分劳动量，相当于劳动的使用价值，这就形成了劳动商品。比如，我们装修房子，找装修工，跟他谈好做什么事，完成什么数量和质量的工程，即给予多少市场报酬。装修工的劳动能代替房主的劳动，能为房主完成装修劳动，房主购买的是装修工的劳动。有的装修工，既当大工，又当小工；有的则自己当大工，再请个小工当帮手，大工与小工相互配合、分工协作，共同完成劳动任务。房主不管你是独立完成的，还是与他人合作完成的，抑或是借助于机器完成的，也不管你是如何安排劳动力和劳动的，只需要你按质按量完成劳动任务。今天大量的建筑农民工一般是按照市场价格就所完成的工程质和量以及相应的结算价格、方式等与需求方洽谈，这样的工人就没有整体出售自己的劳动力，而只是交换自己的劳动量，即完成一定的工作量，就可以获得相应的劳动报酬，而劳动力仍然归自己，由自己自由支配。农民换工，也是劳动商品的体现。

工人按照要求完成了劳动工作，就应得到相应的市场报酬。按劳分配并不是按人分配，而是按照劳动的质和量进行分配，这也说明，劳动是商品，是可以用货币进行度量、可以与货币等进行交换的。

劳动商品的计酬方式一般是随行就市的，通常采用计件制、计时制、定额制等市场工价制。

3. 劳动力商品与劳动商品产生的条件

劳动力商品与劳动商品同时存在，是自由市场经济充分发展的结果。

劳动商品的产生通常要求交换双方都是平等的市场主体，能确定具体的劳动的数量和质量、市场价格，能及时结算劳动报酬，双方不存在显著的人身支配或依附关系。劳动力商品通常是在劳动量无法明确、市场价格难以掌握的情况下发生的，并且存在市场主体不平等、有显著的人身依附或支配关系等情况。现实地看，劳动商品通常伴随双方关系不固定的、短期的、一次性的、不连续的、零散的交易，而劳动力商品通常伴随双方关系较为固定的、长期的、连续的、打包式的交易。

市场成熟、竞争充分的情况下，劳动力商品与劳动商品可同时存在，并形成了相互竞争、相互调节、相互补充的格局；在市场不成熟、竞争不充分、就业岗位供不应求的情况下，劳动力更可能成为商品。

4. 劳动力商品与劳动商品的关系

劳动力商品在使用中的劳动付出，或者创造的价值，有时高于其获得的交换价值，即存在剥削情况，如，黑砖窑里的工人就被老板剥削；有时低于其获得的交换价值，即存在获利的情况，如磨洋工、吃空饷。

劳动商品的使用价值与劳动力商品的使用价值有交集，即劳动力所完成的具体工作承载了劳动，承载了劳动的质和量，也体现了劳动力的实际能力和水平。

劳动商品与劳动力商品的差异在于交换对象的不同。劳动力商品以整个劳动力为交换对象，它与劳动力的具体使用、劳动的具体付出、劳动的质的具体呈现等是分离、脱节的；而劳动商品以劳动的具体付出、劳动的质和量的具体呈现为交换、交易对象。

第二节　什么是非商品

一、非商品的基本概念

非商品，是指由人的劳动创造的，但不用于交换的产品。理论上，一切劳动产品在用于交换之前，都属于非商品。是否用于交换是判断和区分商品与非商品的标准。凡是不需要交换就可以得到的产品，都是非商品。

二、非商品的基本属性

非商品的属性与商品的属性正好相反。不是商品，是非商品的基本属性。

非商品的首要属性是，其属于劳动产品。不是劳动产品，就不能成为非商品。天然之物，在被人占有、用于交换之前，不是商品。比如，目前的大气、太阳、月亮等，没有被人占有，没有成为商品。天然之物，已由人占有，有明确的所有权，可供人使用的，也属于劳动产品。

人类的一切都是人的劳动生产的，但是，商品只是其中的一部分，另一部分则是非商品。比如，人们的观念也是人们在劳动实践中形成的，但是，观念并不是商品。人们可以观察、感知到的市场信息，可以感知到的人与人之间的感情等，也不是商品。

非商品没有用于有目的的交换。没有用于交换包括不是为了交换、不应交换、无法交换。比如：父母对儿女的爱不是为了交换，而是奉献，是无私的爱，是最伟大的爱；顾客在商店购买商品时，觉得商品的设计有瑕疵，就告知营业员，顾客的行为就是向营业员提供了非商品；展销会上，甲企业看到同行乙企业生产出了某种外观很新颖的产品，吸引了顾客们的围观，回去之后，甲企业也立即着手进行研究，新产品的这种外部性，人们可以无偿地了解、学习、借鉴，新产品创造者无法对新产品的外部性进行屏蔽，也无法拿新产品的外部性进行交换。

2017 年 5 月 3 日，小米公司董事长兼首席执行官雷军在武汉市委中心组（扩大）专题报告会上介绍了小米的互联网 + 方法论。小米在互联网上发动了几百万人帮忙出主意、一起做研发的活动，“米粉”们提交了大量意见，有的意见长达几万字；小米支持 50 多种语言版本，其中 50 种是全球各地的爱好者义务做的，这些人也就是小米的免费推广者。雷军说：“这就是走群众路线，怎样用互联网的方式从群众中来，到群众中去。”这就是说，小米公司从全球吸收了大量的非商品。

三、非商品概念的内涵和外延

1. 内涵

（1）实体产品

非商品包括许多实体产品，比如：母亲给儿子编织的毛衣、做的饭菜；我每次回父母家，父母就摘许多他们种的菜给我，菜和关爱，都不是商品，而是非商品；企业为推销产品，向用户、经销商赠送一些非卖品，供其试用或展示，这些非卖品，也不属于商品；企业生产的产品，存放在仓库里，严格来说，只是理论上的商品，在被交易前，还不是真正的商品；爱心人士捐赠的衣物，捐建的学校、图书馆、医院等，都不是商品；政府兴建公共设施一般也不是商品，而是非商品。

（2）产品的外部性

① 产品外形的外部性。许多实体性产品通常有其客观的外在形态，其在外观、结构、功能方面都有实实在在的外部表现，都向外部“释放”信息。比如，苹果手机的外形与华为手机的外形就不一样，这是实体产品的外部性；一栋大

楼，人们远远就可以看到它，这是大楼外形的外部性。

② 产品使用时的外部性。一款新手机，你不使用它，就不知道它的性能，就不能将其与其他产品进行比较；当你使用它时，可能就会发现它丰富的功能，它会向外部散发出某种信息，你周围的人会感知到，你可能因此产生口碑传播的动力，并影响你周围的人，这又是一种新的、次生的外部性。

（3）劳动的外部性

非商品包括劳动的外部性。有的劳动过程能够被外部感知、观察，对外部有某种影响，这些信息、影响，就是劳动的外部性。比如，一个铁匠，在打铁时，旁观者可以看到他打铁的动作，听到他打铁的声音，这是铁匠劳动的外部性；一个科学家，整天在实验室忙碌着，人们会感知到他的勤奋，会感知到他在做不一样的事、在创造什么新东西，这都是劳动的外部性。

我们每天可以看到形形色色步履匆匆、忙忙碌碌的人，这些人的言谈举止，所散发出来的信息，都不是商品，而是非商品。这些非商品被人感知、无偿利用，使人类结成了价值共同体、命运共同体。

（4）劳动中自学和积累的技能、经验

实践出真知。随着劳动实践的发展，劳动者能在劳动中生产出某种实体产品，获得一定的劳动报酬，也会在劳动实践中不断地积累经验、技能、信息、知识等。劳动中积累的这些经验、技能、信息、知识是劳动者在劳动中“额外”获得的，并不是商品，而是非商品。

亲友、领导向我们传递的知识、信息等，通常不是商品，而是非商品。

我们每天观察、接收到的许多信息，如网络信息、街景信息等，都是非商品，呈无规则、无目标的散发状态。人们不接收这些信息，这些信息就会消失。我们接收这些信息并没有付出什么、交换什么。头脑聪明的人，善于从中吸收营养、获得灵感、找到商机和经营的资源。

世界观、人生观、价值观等都是人的实践的产物，但都不是商品。这些观念会影响人的行为，影响人的生产和生活活动，会对商品生产和非商品生产产生影响。

2. 外延

非商品包括许多劳动产品，还包括许多由人合法占有的自然资源。

非商品中的重要部分是非商品知识，包括各种科学技术知识、社会知识等。

四、非商品的种类

1. 一般非商品

一般非商品，是指本身就不用于交换的产品。

（1）一般非商品中的有形产品

一般非商品，是指生产某种产品，本身不是为了交换，不需要通过交换就可以获得这种产品。“地上本来没有路，走的人多了，也便成了路”所指的路，城乡不收费的公共道路，人的一切能够被外界观察、感知的生产和生活行为，人创造的一切产品所具有的能够被他人观察、感知的外部信息，这些都是非商品。总之，凡本身不是为了交换而生产、不需要交换就可以使用的有形产品，就不是商品。自给自足的产品，向亲友赠送的产品，企业向社会捐赠的本企业生产的产品，人的行为表现出的信息等，都不是商品。

（2）一般非商品中的无形产品

无形产品，需要人的大脑思维、身体感觉器官等来感知，体现人的大脑思维能力和身体感觉器官的感知能力。

我们从外界获得的知识、信息、经验等，都是非商品。比如，人在路上行走，不小心跌倒了，爬起来后，自己就会长记性，就会注意路上是不是还有其他的会使自己跌倒的东西，所谓“经一蹶者长一智”，经的这一“蹶”和“长”的这一“智”，都是非商品，这些经验教训可以使自己更加小心谨慎，观察更细致。

我们平时与人进行语言交流，其内容都是大脑思维的成果。大脑思维的成果必须有表达的方式和工具，这就是为什么有那么多人自学成了作家、思想家，有那么多人积极、主动地往媒体投稿，因为他们都想表达自己的思想。这也是为什么那么多人想竞选当总统，都想通过当总统来充分表达自己的思想、实现自己的理想。

随着大数据收集、处理、应用越来越受到重视，大数据分析的精准度越来越高，它指向社会问题的精准度越来越高，对实践的指导作用即使用价值也越来越高。政府部门所掌握的大数据被列入无形产品，它们一般不是商品，许多部门甚至公众都可以共享。

2. 一般商品所具有的非商品性

许多商品本身也具有某种非商品的特征。

商品的外部性，包括外部效应，是非商品。商品所具有的外部性，是指商品无法隐藏的外部形态、颜色、结构、使用性能等，及其对外部产生的影响。一家五星级酒店，虽然大多数人都没有进去消费过，但是，大家从它豪华的外观能够感知它的豪华、高档。超市里琳琅满目的商品，顾客需要认真地查看，这种查看，其实也是在了解、感知商品的非商品信息。超市及生产者无法，也不能掩盖商品的许多信息，否则，消费者不知情，就不会购买，也侵犯了消费者的知情权。商品拥有者为了让更多的消费者了解商品，常常打广告、搞展示、开推介会，自己制造、提供、扩散大量的非商品知识、信息。一部新手机虽然是商品，购买它需要付出不少的货币，但是，它的外形、它的功能等信息，会在使用中被周围的人观察到、感知到，这些被观察、感知到的信息就是非商品。

（1）有形商品的非商品性

有形商品的非商品性主要是它的外部性，包括商品主体的外部性、包装信息、商品功能、制作过程、运输途径等。虽然通常需要交换才能获得有形商品，但是，有形商品的这些外部性信息仍然是不需要交换就可以获得的。

（2）无形商品的非商品性

无形商品在传播、使用中，也会向外界散发一定的信息，这些信息会让人感知。某人通过网络付费方式购买了一首歌的播放权，并用电脑进行播放。但是，他播放的声音其他人也能听得到，那么，他的这一行为及这首歌的外部性就呈现出来了。

（3）知识产权所具有的非商品性

人类为了保护生产力发展，保护知识创造者的权益和积极性、创造性，就开展了知识产权的保护。知识产权的相关法规禁止未经允许无偿享用他人的劳动成果，禁止剽窃他人的劳动成果，这有利于保护劳动者的合法权益，保护人类社会的公平正义，促进人类社会的有序、健康发展。但是，有明确产权的知识，即使产权设置和保护得再周密，也会有其外溢的信息。这种外溢的信息，就是人们可以观察、感知的信息，或者是可以推断出的信息，这些信息并不一定是商品。这就是为什么智能手机一经推出，众多生产厂商都转型生产智能手机的原因。分子机器、基因编辑等技术一经产生，许多科学家纷纷投入相关的研究中，从而形成了千帆竞发的科学实践态势；智能机器人技术一经传入中国，就被大量仿制，出现了“高端产业低端化”现象。

3. 感情的非商品性

父母对子女的爱，是非商品，它体现在父母对子女无微不至的关怀当中。子女健康、孝顺、学习或工作有成就，也是对父母的一种回报。这种爱与回报，都不是商品性的，而是非商品性的。

感情需要表达，人表达感情是不需要交换的，只需要接受和交流。交换是对等的，而交流可能是不对等的，可能是一方付出的多，而另一方付出的少，是一方愿意为另一方做出牺牲的。

人是社会的人，人的感情通常会有一部分向外部公开，这既是社会性的需要，也是社会性的表达，还是非商品的外部性。父母对子女的爱、晚辈孝敬长辈等，向外部公开，会让人们感到人性的温暖。两个相爱的人，要庄重地向外界公开他们的爱情，可以促使他们承担相爱的责任，可以获得外界对他们的祝福，也是向外界宣示爱情婚姻专有。

两个陌生人是如何相爱的，他和她有什么彼此吸引、相爱的内在逻辑呢？这恐怕也可从非商品性上来理解。他和她的相爱，并非为了商品，除了是生物的一般行为外，还是某种生活、生产、文化实践的结果，是教育、生活、工作实践、兴趣共鸣的结果。这种相爱，是有着非商品实践和非商品文化逻辑的，是非商品的结果和非商品的体现。比如，门当户对的观念，就是实践和思考的结果，是非商品性的，它能指导人们的婚姻行为。

4. 观念的非商品性

人们一般以为，观念属于哲学范畴，与经济学关联性较弱，其实不然。观念影响人的行为，影响人们做什么和不做什么。比如，有的人群吃素，这对养殖业等产业会产生影响。

五、非商品的使用价值

非商品也有使用价值，也能被人感知、认同、吸收、利用。有些非商品也有明确的、大多数人认可的主流的使用价值，有些非商品则没有明确的使用价值。例如，父母对儿女的爱不是商品，但有明确的使用价值，能被大多数人认可，就是要让儿女健康、快乐地成长、生活、工作。人们都洗过澡，在树下乘过凉，在家中烧过水，这些本都是非商品性劳动，大多数人都没有从中悟出什么科学道理，但是，阿基米德、牛顿和瓦特就能从中悟出科学大道理。

有些非商品的使用价值，取决于人们是否善于使用。人们善于使用它，非商品才有使用价值；人们不使用，非商品就没有使用价值。正如有些商品的使用价值取决于使用者的客观与主观条件，取决于使用者的选择一样，非商品的使用价值一般也取决于使用者的客观条件和主观条件，取决于他们的选择。相对商品的使用价值来说，有些非商品的使用价值由于存在短暂性、易消失性、不明确性等，更取决于使用者的及时发现、选择，因为许多非商品的使用价值一般不是很明确、具体，且稍纵即逝，需要使用者有一定的识别能力和使用能力。这种取舍通常是非商品性的，不需要交换，可以任意取舍；并且，这种选择不受被选择者的限制，不取决于被选择者的配合程度，而完全是选择者单方面的行为。比如，我们观察一家超市、一条高速公路的客流，不必考虑顾客和旅客的感受，只需要独立地进行观察。这样的观察行为越是独立，越不影响顾客和旅客的行为，就越能体现客观、公正、科学的观察原则，越能取得客观、公正、科学的调查结论。

许多非商品的使用价值，你不开发、不利用，它就会自动消失，就会浪费。只有最大限度地开发、利用非商品的使用价值，才是对人类劳动的最大尊重。大数据工作者们正在进行这样的实践，他们正在努力开发人类社会的非商品性资源，使之为人类自身造福：一是提高决策的正确性，二是提高劳动技能，三是节约生产成本，四是提高劳动生产率，五是提高产品质量和品位。

六、什么是非商品的游离状态

1. 非商品存在游离状态

非商品中有许多是处于游离无主状态的劳动产品，这些劳动产品同样凝结了一般人类劳动，同样具有某种使用价值，可以被使用。特别是非商品知识，因不被人占有，可以在人群中自由地传播，且有时容易消失，其游离状态非常显著。

2. 可以无偿使用

使用无主的、无人占有的、游离状态的非商品，基本上不受产权的限制，可以自由选取、自由使用，不用付费。

3. 许多非商品属于公共财富

一方面，所有社会成员的行为，无论是私人行为还是集体行为，无论是公益行为还是商业行为，都会向“外部”贡献非商品，生活在社会中的人，谁都不能例外。另一方面，许多非商品是任何人都可以无偿使用的，不必采取交换的方式获得。在科学技术和生产力高度发达、社会思想认识高度活跃、社会交往频繁的社会，人们积累和散发的游离状态的非商品知识数量众多、规模庞大，形成一个丰富的知识宝库，是人类社会财富的重要组成部分。这个宝库正是推动人类社会良性发展的重要资源和力量。

4. 非商品与商品可以相互转化

非商品通过人的使用可以转化成商品，也可以继续转化成其他非商品。比如，母亲给儿子织毛衣，这是非商品；儿子挣钱回来赡养、孝敬母亲，这是商品转化为非商品。

5. 非商品知识的使用方式

学习、借鉴、吸收等是非商品知识、信息使用价值和劳动价值的重要实现和转化方式。只要学习、借鉴、吸收了非商品，非商品的使用价值和劳动价值也就得以实现和转化了。

第三节　非商品与商品存在相互转化现象

一、非商品与商品的历史和现实关系

1. 先有非商品，后有商品

人类社会是从非商品社会走过来的。在原始社会，并没有私有制，也没有交换，大家共同劳动，共同生产，共同享受劳动成果。这个时候，人类的一切劳动产品都是非商品。到了农业社会，生产力逐步发展且出现不均衡发展的情况，不同的劳动者、不同的部落和族群生产的产品有了不同程度的剩余。在这样的情况下，产品的交换也开始出现，商品从此出现了。

就现实来说，生产者生产的产品，首先由自己占有和使用，在打算出售之前，不是商品。当生产者打算出售这些产品时，这些产品就变成了商品。我小时候，家里年年都种一些花生，但是数量并不多。当年景不好的时候，家里就打算把收获的花生拿到粮管所去卖些钱，并买回家里需要的一些商品；当年景好的时

候，家里就不打算出售花生，而是留着自己食用。这些花生在打算出售之前，就不是商品，只是家里的一种产品，一种非商品。企业的生产情况也差不多。有些企业，刚生产出来的一批产品，通常不是用于出售，而是送到各单位进行检验、试用等，只有检验合格之后，才大量生产并出售。如果生产的产品不被市场认可，出现积压甚至无法实现销售，那么，它们也不是真正的商品。

最早的知识都是非商品，大家都可以相互学习，没有保护，也难以保护，因为并没有知识产权保护的法规，当时人们是聚居在一起的社群、族群，感情、合作似乎比知识保护更重要。只是到了工业革命时期，社会结构和生产方式发生了变化，英国人感到保护知识、保护创新相当重要，于是，制定了人类社会历史上第一部有关知识产权保护的法律。从此以后，知识就走上了商品化的道路。知识产权制度，既有利于保护知识产权人的合法权益，又对知识的推广应用有一定的阻碍。例如，某些专利药品，因为知识产权方面的限制，价格高得让患者无法承受，许多病人因此被迫放弃了治疗，从而被迫放弃了自己的健康和生命，这是不符合人道主义精神的。我们只有既让知识产权得到保护与推广应用，又让知识造福更多的人，才能让知识产权保护对人类发挥更大的作用。

2. 商品与非商品同时存在

无论是商品，还是非商品，都是人类的劳动产品，它们共同构成人类社会的全部财富。人类的全部财富不是仅仅由商品构成的，而是由商品和非商品共同构成的。许多劳动者天天进行商品生产，但是，他们的言行的外部性，又不是商品，而是非商品。也就是说，他们同时在生产商品和非商品。劳动产品如果没有用于出售，是非商品；用于出售，才是商品。财富放在家里不出售、不抵押、不交易，就不是商品，只有抵押、出售或交易，才变成商品。房子自己住着就不是商品，出售时才是商品。基础科学研究成果，一般不是商品，可以让人们无偿共享。

一件日用商品，摆在商店里的时候是商品，你购买的时候它还是商品。购买以后，进入了消费领域和消费环节，不再用于出售，就不再是商品，而是你拥有并用于消费的非商品了。你买回一块面包，并把它吃了，面包商品就消失了，变成了非商品的劳动力。一件新商品，在商店里是新商品，消费者购买以后，若不喜欢，想再出售，就不再是新商品，而是旧商品、二手商品，价格就会大打折扣。

当然，也有一些商品，由于具有投资特性，或由于市场的变化，购买者放在家里储藏一段时间后再出售时，价格反而可能会上涨。

人类社会中，不仅有大量的商品，也有大量的非商品。非商品通常以无形或有形、物化或非物化、劳动外部性（活劳动）或产品外部性等形式存在着，以某种文明、文化、信息的方式存在着，这是一个巨大且丰富的资源宝库，人人都可以无偿地开发利用这个巨大且丰富的资源宝库。人类时常通过无偿开发利用这个巨大且丰富的资源宝库而获得新的灵感、提升新的能力、进行新的劳动、增加新的收益。

二、非商品与商品相互转化

1. 非商品转化成商品

绿水青山不是商品，但是，它们可以被转化，产生旅游产业收益。这是非商品转化为商品的最清晰的示例。

非商品被用于商品生产和经营，就能转化成商品的一部分。

非商品转化成商品的情景还有很多。把一件本不打算出售的劳动产品，拿到市场上去出售，就把一件非商品变成了商品。服装设计师到市场上搜集信息，这些信息是非商品性的，用这些信息指导产品设计和生产，形成服装商品，就把非商品信息转化成了商品。

企业向劳务中介提供的岗位供应信息，求职者向中介提供的求职信息都不是商品。中介为收集、发布这些信息，也付出了劳动，收费也是合理的。

我国科学家为了研究抗疟疾药物，大量搜集、吸收了世界最前沿的科学成果信息，并且努力地从中国古代医药典籍、民间药方、传统医术实践中汲取智慧、激发灵感，找到新的研究思路和方向。这些搜集来的信息，通常不是商品，而是非商品。当然，科学家们为搜集这些信息也付出了劳动。当新型高效的抗疟疾药品研发成功，科学家因此而获得新科学成果，并获得专利后，这些信息、智慧就构成了该成果的一部分，构成了商品科学知识的一部分，同时，科学家也向社会贡献了非商品性的正外部性。

一名作家，广泛搜集民间故事，进行编纂，形成文学作品并公开出版发行。其所搜集的民间故事并不是商品，但是，他公开出版的文学作品，就是商品。

政策研究者和政府工作人员深入调查研究，广泛、充分听取各方面的意见和建议，用以分析社会经济发展规律和方向，做出发展决策，用以指导社会发展实践。他们调查搜集的信息、听取的各方意见和建议，并不是商品。虽然政府工作人员因此而获得了报酬，但是，人民对政府工作人员的劳动没有明确的质和量的要求，他们的劳动有时并没有明确的劳动产品，没有明确的使用价值，没有特定的交易对方，没有明确的交易产品，因此，一般地看，政府工作人员劳动的商品特性并不明显。但是，政府工作人员有效的劳动能被社会广泛吸收，有利于社会找到正确的发展举措和发展方向、发展路径，能够助力商品生产，激发人们的创造力，使企业和社会的运行效率更高，能转化成社会和谐发展进步的重要力量。许多有头脑的企业决策者，注重研究政府的政策、规划、动向等，从中分析出对自己的商品生产活动有利的信息，善于把政府的非商品信息转化成自己进行商品生产的机会，把政府提供的非商品价值转化为自己的商品价值，增加自己的商业财富。

2. 商品转化为非商品

商品本身的外部性可以转化成非商品。一件新设计出来的时装，刚一上市，就引来许多消费者的追捧，但是，它的外部性也相当明显，会让更多的人来仿制。这也是商品向非商品的转化。

一件商品被消费者购买，完全进入消费领域之后，就不再是商品了，而是家里的一件生活用品。

有产权的知识，也具有一定的外部性，人们可以无偿地观察、学习、借鉴、利用这种外部性，这种外部性也不是商品。

网络、电视、电台等，虽然都是经营性企业，但是，它们传递的一部分信息、知识，又是向公众公开的，公众可以无偿得到，因此又具有非商品性。

一家企业的老板，整天在研究工作、调研市场，外人感知到了他的动向，掌握了他行动的信息，也向他学习。这也是商品向非商品转化。

政府向文化演出企业拨款，购买文化演出服务，要求企业每年公开免费演出多少场节目。政府把商品变成公众无偿享受的文化大餐，就是要把货币、商品变成非商品文化。

政府用公共财政支持个人创新，向创新者拨付公共财政扶持资金，是希望创新者能够起到示范作用，使创新有更大的外溢效应，能够激发人们更多的创造力，能够把这些财政资金变成社会经济发展的公共福利和重要的推进剂。

政府建设国防及提供其他公共服务，都是把商品变成非商品，把商品性的公共财富，变成公众无偿使用的非商品。公众无偿享受的国家安全、社会安全，其背后都是有人日夜在辛苦工作的，是有代价的。

政府投资建设道路等公共设施，许多经营者可以无偿使用，这是商品到非商品再到商品的转化，只不过，转化的主体、收益归属不同。

如果一个人为探索先进科学技术而投入了自己的全部资产，结果却失败了，全部投入变成了为社会提供的非商品性的正外部性价值，变成了供社会无偿汲取的经验教训，为社会提供了参考借鉴价值。对于这样的探索者，政府应为其提供基本的生活保障，以让其无生活上的后顾之忧。

3. 商品与非商品的相互转化

社会劳动和财富总是在商品和非商品之间不断被聚集、被转化、被提升。抗疟疾药物是商品，但是，它的研制过程是公开、透明的，它的使用也是公开、透明的，是可以学习、借鉴、分析、鉴定、检验、应用的。因此，它的全息式、全方位的产业链是“非商品—商品—非商品”不断延伸、扩展、循环的。这其中的每个环节都不是封闭的，而是开放的，既从外界吸收物质、能量、信息，又向外界散发物质、能量、信息。每一个环节都是一次新的实践，都有新的目标、新的课题、新的对象、新的产品、有新高度的实践，而不是沿袭旧的实践。

许多财富并不是固定的，而是在不断流动、演变的：一会儿在这个人手里，一会儿又到了那个人手里；一会儿是商品形态，一会儿又变成了非商品形态；一会儿是物质的形态，一会儿又变成了非物质的形态。实践呈裂变式增长，财富也呈裂变式增长。当一个人发明了某种产品，其后，有推广应用的，有学习和研究的。基于这种发明的实践，又裂变式地形成了各种各样的新实践、新认识，并且，这些新实践、新认识又都产生更新的知识、更新的财富。

商品与非商品的共同存在、相互转化，使得人类社会结成价值共同体、命运共同体，这是人类区别于其他动物的显著特征。

三、商品与非商品的最终归属与呈现

无论是商品，还是非商品，都是人创造的产品，只要被人占有、吸收、利用，就会转化成人自身的价值与人所占用的产品的价值和财富，有些价值和财富是可见的，有些则是融入人的大脑思维中，转化为人的综合素质和文化文明，需要通过人的言行才得以呈现。具体表现在：转化成人的智商与情商，转化成人的观念与言行，转化成人的知识与能力，转化成人的幸福水平与社会尊严，转化成产品数量与品质，转化成社会认可度与市场认可度。南京师范大学的王小锡教授经过多年的研究后认为，道德是市场信誉之源，是增强资本增值能力的重要条件，是凝聚企业力量的关键，可以增进员工之间的协作，从而可以减少内耗，降低成本，节约单位产品的个别劳动时间，从而增强企业产品的市场竞争力。道德显然是非商品性的，吸收了道德所带来的好处是可感可见的。

商品及其所有权是社会秩序的重要基础和形式，但不是社会秩序的全部基础和形式。

第六章

社会知识和社会文化

社会知识和社会文化是人类社会实践的结晶与呈现，是人类社会创造的重要财富，是社会成员结成社会关系的重要黏合剂和润滑剂，是人类社会赖以和谐生存和发展的重要条件。

第一节　社会

一、基本概念

社会是个体成员之间因生活和生产活动而形成的活动范围和活动关系的总称。同一个社会，成员通常有共同的利益和价值，形成利益和价值共同体。社会既有地域含义，也有关系含义、圈子含义、价值共同体含义、命运共同体含义。

由于社会成员的日常社会活动通常是在一定的地域范围内进行和发展的，不同地域的社会圈子往往呈现出显明的地域性，因此，有时可以按照有关的地域划分社会圈子。社会往往就是居住在一起或附近的人们共同组成的生活圈子。现实中，我们每个人都生活在地域圈子之中。

二、组成社会的基本要素

社会的组成至少需要如下几个基本要求。

①社会成员。如家庭成员、劳动联合体成员、社区成员。

②社会活动。如生活活动、生产活动、交往活动、公益活动。

③社会关系。如亲友关系、成员关系、生活关系、劳动（分工与合作）关系、经济（产品交换、交流）关系、文化关系。

④社会交往。如生活交往、劳动交往、经济交往、文化交往。社会交往与社会活动之间有交叉、重叠关系。社会交往是社会形成的重要条件。人与人之间要有交往、互动，没有交往、互动，就会相互孤立，人就会感到孤独，就会主动寻找他人并与之进行交往，这是人的天性。与他人进行交往互动，是人类重要的内在需要。社会成员之间通常有直接或间接交往，没有交往就无法形成社会。社会交往对于社会关系、社会感情、社会文化、社会共识、社会利益共同体、命运共同体的形成具有基础性作用。人应当积极地与其他社会成员交往，增进彼此的了解和友谊，不能自我孤立、自外于社会。

⑤社会文化。如生活习惯、生产习惯、仪规文化、服饰文化、饮食文化、节庆文化等。

⑥社会价值。是人的社会实践外溢的、能得到社会认可、对社会有益、被社会需要的外部性价值，是社会关系的实质内容。它由社会知识、社会文化承载，呈现于社会感情、社会行为、社会产品之中。社会价值既是观念的，又是实质性的，社会通常会在成员共同的社会实践中形成共同的价值观念、价值判断、价值载体。每一位社会成员既贡献社会价值，也从社会实践中吸收社会价值。

社会知识、社会文化、社会价值是社会有序运转的润滑剂。

第二节　社会知识

社会知识是人们在社会生活中应当掌握的独立生存和与人交往的基本知识、基本技能。学习社会知识通常是无偿的，运用、展现、传授社会知识通常也是免费的。

一、社会知识表现

1. 社会知识载体

（1）人的行为载体

人的行为就是人的劳动实践，包括生活劳动行为、生产劳动行为，包括社交行为、仪式仪轨等。劳动实践既产生知识，又是知识的载体。

人的行为有外部性、外部效应，对他人有影响、刺激。比如，甲在路边做事，乙经过该地，甲乙相互对对方都有观察、反应、学习等。人可以通过对他人社会行为的观察，学习、吸收社会知识。

（2）人的语言载体

语言是社会知识的重要载体和传播方式、传播渠道。人可以通过语言表达、传播社会知识。

（3）产品载体

产品是由人的劳动创造的，产品的形态、技术、结构、功能、外部效应通常包含了一定的社会知识元素，体现了一定的社会文化特色。生产者会把自己的社会知识对象化、物化到产品中。

书籍作为劳动产品，是社会知识的重要载体。有人说《红楼梦》是中国封建社会的百科全书。

2. 社会知识状态

（1）游离状态

社会知识通常表现于人的言行中，表现于劳动产品中，会随着载体的流动而流动，随着实践的呈现而呈现。

（2）无主状态

社会知识通常没有“创始人”，没有人占有，而是社会成员共同智慧的结晶，是社会成员共同实践、共同创造的共同成果，它通常没有私有的产权。

（3）无偿状态

人们通常可以无偿取得、学习、借鉴社会知识，传播、使用社会知识一般也不收费。

二、社会知识类别

社会知识很多，难以全面罗列，仅举如下几项。

（一）自然科学知识

人首先是自然的人，掌握一定的自然知识，有利于人正确认识自己和自然，有利于正确处理自己与自然的关系，有利于正确照顾自己和从自然中摄取物质、能量、信息，从而有利于人在社会中与他人结成关系，有利于人在社会中生存。

① 天文知识。人生活在宇宙中，要了解自己在宇宙中的位置，要知道宇宙中的变化对我们的影响。

② 地理知识。人生活在大地上，要分得清东南西北；分得清山川河流；要知道回家的路。

③ 物理知识。人要满足自身在衣食住行方面的需求，要劳动，就要善于利用物理方面的知识，比如杠杆、滑轮、平衡等，以帮助自己劳动和生活。

④ 数学知识。数学是生活中需要经常应用的知识，人必须识数字、会算术；不识数字，不会算术，就不知道多与少。

⑤ 化学知识。人要知道一些物品有腐烂、变质等现象的发生，要学会保管好自己的食物及其他财产，要能通过自己的感官分辨出有毒和无毒的东西。

⑥ 生物知识。人首先是自然的、生物的人，要认识人自己的一些生物特性，比如，成长、死亡、繁育后代等。人不能仅仅依赖大自然恩赐的食物，还需要耕

作、种植，用自己的劳动获得食物，要对作物、食物有所了解。要掌握、顺应作物生长的基本规律。

自然知识还有很多，此处只列举这几种。当然，这里所讲的自然知识，属于生活性、常识性、显性的，而不是高深的、专业性的知识。

（二）劳动技能知识

劳动创造了人。人是社会的人，也是劳动着的人。人只有能劳动，去劳动，成为社会共同劳动的成员，成为社会的贡献者，才能在社会上立足，才能过上美好的生活。因此，人必须掌握一定的共同或独立的劳动技能。

① 生活技能。生活技能包括吃、穿、住、用、娱乐、学习、交际等方面的知识、技能，也包括安全、自我防护知识。

② 生产技能。生产技能就是进行劳动创造，获得生存和发展所需要的产品的技能。这是人立足社会的根本。正常人如果没有生产技能，光靠社会救济是不行的。

生产技能包括务农、务工、务商、务人（如社会组织管理、社会服务）等方面的技能。

这里所讲的自然科学知识和劳动技能知识主要指与维持人的生存发展有关的基本的、常识性的知识。

（三）人文社会科学知识

人文社会科学知识主要指与人类利益有关的知识，如有关人口、社会结构、风俗习惯、经济社会发展状况和水平的知识。

① 社会合作知识。社会合作知识包括劳动合作、社会交往等方面的知识。人们在长期的实践中会深深体会到，良好、公平的合作有利于增强自己的安全感，有利于提高自己的能力，有利于共享社会发展成果。

② 公序良俗知识。公序良俗知识涉及成员关系、社会制度、礼仪礼节、仪式仪轨、价值观念、宗教信仰等方面。物以类聚，人以群分。

③ 社会科学知识。社会科学知识包括历史知识、经济知识、军事知识等。

三、社会知识的功能

知识反映了自然运动规律、物质运动规律、社会运动规律，凝结了人的劳动力量，拥有自然的力量、物质的力量、社会的力量。也就是说，知识本身具有力量、能量的内核。因此，知识就是力量，知识就是能量。按照科学知识去做，就能再现自然的力量。知识、信息可以消除某种不确定性，比如，路灯、路牌、路标等可以为人们指示前进的道路，社会知识就是指引人们前进的社会路灯、社会路牌、社会路标，就是助力人们进行社会劳动的社会能量、社会力量。社会知识的功能，就是社会知识所具有的使用价值、社会力量、社会能量。

1. 建立、改善人与人的关系

建立并改善社会成员之间的关系，是社会知识的重要功能。社会知识能让人明确自己在社会中的身份、地位、能力，劳动的方向、目标，有建立、调节、改善社会成员之间关系的功能，这是人类社会在长期的社会实践中赋予社会知识的一种基本功能。比如，开展一些传统文化活动，有利于增进社会团结。

2. 提高人的劳动生存能力

社会知识中，有大量涉及人的劳动生产技能、人的生存和发展等方面的知识。人可以通过向其他社会成员学习，获得生存的基本技能和发展方向、方法等。

3. 提高人应对自然的能力

自然的力量是巨大且无穷的，人生活在自然之中，但是，人又无法完全掌控自然规律和战胜自然的力量，人有时会成为自然规律、自然力量的奴隶。人如果不想做自然规律和自然力量的奴隶，就要积极探索自然规律，相信自然规律，做自然规律的掌握者、适应者、应用者。同时，人要在生活、生产中与其他社会成员结成联盟，共同应对各种自然和社会灾害，共同提高应对共同风险的能力。

第三节　社会文化基本概念

一、基本概念

社会文化是社会知识的重要方面和呈现，它渗透在人们的生活、生产活动之中，渗透到人的灵魂深处，是人们在共同的社会实践中形成的一致性的生产和生活方式外在表现，以及这种外在表现在共同实践的社会成员的大脑中留下的程式性、定式性的认识、思维。

社会文化是社会长期实践、反复实践、共同实践的产物，凝结着一般人类劳动，有使用价值。社会文化通常表现为社会现象。许多社会现象看似杂乱无章，实则有文化内在的规定性、倾向性、风格性、定式性、标准性。文化通常是非商品，它与人们的生产生活紧密相连，与人们的实践紧密相连，与人们的传统紧密相连，它促进人们内心思想和行动的自觉。

社会文化需要展示。所谓展示，是指社会文化必然会借助于一定的形式、程式、定式如产品、仪式、言行等表现出来。

社会文化需要交流，没有交流，就不能形成共同的文化。只有交流才能以文化人，才能在社会成员之间形成文化的自觉。文化交流的载体、方式、途径很多，如人员交往、劳动合作、经济交换、文化展示等。

某些社会文化有时具有一定的排他性。某些人有时对自己的文化有着自信、自尊、自爱，而对其他文化则不信、不尊、不爱，甚至有可能排斥、产生敌意，这往往是长期封闭、交流不够造成的。

社会文化可以融合。文化的融合需要长期的交流、合作，需要思想的融合，需要生活方式、生产方式的融合，需要实践的融合，比如，借助于人员交往、市场交换、劳动合作达到融合。

社会文化可以吸收，可以转化。社会成员吸收社会文化，可以转化成社会行为，转化成创造价值的生产劳动。

社会文化影响产业。实践决定文化，文化对实践有反作用。不同的社会文化，会表现出不同的产业特色。

二、文化的特性

1. 大众性

社会文化具有社会性，是由社会公众掌握、呈现的，需要进行社会展示，是社会共享的，是社会成员共同的财富和精神家园，是一种社会氛围。

社会文化具有大众性，是众人的共同认识和行为遵循。

社会文化在社会成员的行动中呈现和传播。但是，随着科学技术和生产力、生产方式的不断革新，新的文化会取代旧的文化，先进文化会取代落后文化，使得一些旧文化、落后文化消失。

今天，有“小众文化”一说，但是，即使是“小众文化”，也存在“众”的规模。没有“众”的规模，就成不了文化。

大众性表明，社会文化具有共创性、共有性、共享性、共行性，没有独有性、独享性、独行性；有呈现性，没有隐藏性。

2. 实践性

不同的社会实践产生不同的社会文化，不同的社会文化是在不同的社会实践中形成的。文化是大众实践的产物，并在大众实践中呈现、传播，必然有大众实践上的表现。没有大众实践表现的文化，可能就是濒临消失的非物质文化遗产了。

3. 历史性

社会文化是一定历史阶段社会实践的积累和反映。社会文化是动态的，随着社会实践的积累而形成，又随着社会实践的发展变化而发展变化，不是一成不变的。

4. 特色性

特色性又可称为差异性。不同的社会，文化会有一定的差异。不同的民族、国家、社群，不同的实践，有不同的文化。这种差异性通常是由于实践的差异而形成的。比如，一些南方沿海地区因为湿热多雨，人们的传统服装的衣袖都较宽大，便于散热；人们还常常戴着斗笠，为的是防雨。这些地域习惯也成为地域特色文化的一部分。当然，特色文化不一定由地域因素导致，也有可能是由非地域因素导致，比如，中国的中秋文化、春节文化就不是由地域因素导致的。

特色性也是差异性。不同的文化特色体现着文化的差异，这种差异有可能导致相互不协调、不相容的情况。

5. 丰富性

文化的内涵、种类是丰富的，这是由实践的丰富性决定的。只要某一方面大家有共同的实践，就存在这方面的文化，比如，舞龙文化、舞狮文化、酒文化、汽车文化、创新文化等。

三、社会文化功能

文化的社会功能是很多的，难以全部罗列和说明，包括但不限于引导社会、规范言行、联络感情、提供保护、巩固秩序、传承技能、丰富生活、提升思想等。文化的基本功能是有利于人改造物质世界和精神世界，有利于人精神愉悦和社会和谐。

第四节 社会文化现象

一、生产方式文化

这里所说的生产方式即生产样态。每一种生产样态都是一种文化现象。知识和科学技术标注着生产力和生产关系即生产的样态，并推动其发展。

二、生活方式文化

生活方式是较为稳定的生活习惯样态，以及由此在人们思想中形成的较为模式化的思想观念，是特定知识的呈现。

生产方式和生活方式本质上是知识的呈现，有什么样的知识，就有什么样的生产方式和生活方式。

三、社会观念

社会观念是人们在共同的生产、生活实践中约定俗成的，留存在人的大脑思维中的，较为稳定的思想认识和行为准则。拥有共同的社会观念的人，会得到社会的共同认知、认同，得到社会安全，这就是人们所说的“羊随大群不挨打，人随大流不挨罚”。但是，社会观念一旦形成，也会成为人们思想、行动的框框，许多人墨守成规，不敢越雷池一步。

1. 道德观念

道德涉及对家人及他人（社会）应有的关怀和照顾，包括个人品德、家庭美德、社会公德、职业道德等。道德观念是人们对于道德的基本操守，以及处理利己与利他关系的基本观点和看法。道德通常需要设身处地、换位思考、由己及人、将心比心。道德的基本准则是有恩必报，利自己的同时不损害他人；最优的标准是利自己也利他人，次之的是利他人却不利自己。不道德的标准是损人利己，或损人却既不利己，也不利社会。

2. 审美观念

审美是人们对于事物美或丑、优或劣的判断、取舍。审美观念是人们在实践中形成的，对于事物美或丑、优或劣取舍的基本观点和看法。审美观念影响人的审美标准和思想行动。审美观念也是实践发展的产物，不同的实践会形成不同的审美观念、标准和取舍。不同的审美观念会影响人们的实践行为。

3. 价值观念

价值观念是人们对事物对于人的意义、作用的基本观点和看法，包括人生价值观、审美观、善恶观、权力价值观、对客观物质世界的价值观、财富价值观、科学价值观、农业价值观、商业价值观、交换价值观、劳动价值观、使用价值观、效用价值观、稀缺性价值观等。

价值观指引人生和社会奋斗的方向，价值观一旦形成，就相对稳定，不容易改变。思想认识先进的人，价值观念能紧跟时代的发展变化，敢于支持新事物、创造新事物、应用新事物；思想认识落后的人，价值观念长期停留在过去的实践水平、要求上，不敢支持新事物，不敢创造新事物，不敢应用新事物。人类社会实践的许多落后现象，很大程度上是源于落后观念的束缚。观念一变天地宽，观念一破思路宽，观念一改道路宽。观念更新事业新，观念超前事业超前。比如，中国的改革开放，由计划经济向商品经济转变，由单一公有制到多种所有制并存发展转变，都伴随着价值观念的转变。

当然，实践是观念的基础。观念是实践的产物，是靠实践这个根本基础支撑，靠实践这个根本动力发展、变革的。没有实践的支持，就没有观念变革的根本基础和根本动力。

四、社会制度

社会制度是社会文化的重要方面，甚至是社会文化的核心。

社会制度既是社会长期实践、反复实践、共同实践的结果，是社会实践的产物，又为社会实践发展指明和规定了共同的方向和行动准则。制度正确，方向正确，社会发展就和谐、高效，就会事半功倍；制度不正确，方向不正确，社会发展就会事倍功半，就会走弯路，甚至走错路，遭受挫折。民主自由、公平公正的社会制度有利于促进社会成员良性合作，扩大社会成员的利益，激发社会成员向善、向前的动力，促进社会良性发展。

社会制度的生命在于它的民主性、公平性、实践性、相对稳定性和与时俱进性。在市场经济下，人人生而平等，公平竞争，不能有制度性不公、制度性欺压。如果制度性不公持续时间过长，会导致反抗和斗争。

制度性不公会从根本上导致交换价值不公，导致交换价值无法回归公平公正的市场价值状态。比如，农民税赋过重导致生产、生活难以为继，进而背井离乡、流离失所，并可能演变成为革命力量，进行制度性改革。

制度不能一成不变，而要反映最大广大人民群众不断发展变化的要求，随着实践和生产力的发展变化而发展变化。实践和生产力会推动制度不断变革，制度必须跟上实践和生产力的发展步伐，适应实践和生产力的发展要求。

五、社会活动

社会活动，通常指与家庭成员之外的人进行交流、合作的活动。这些活动，处处渗透着社会文化，包括文化知识、礼仪文化、世界观、人生观、价值观、审美观、仪式仪轨等。

社会活动是社会文化的重要载体和表现。人的言谈举止，都体现出人的文化水平、精神风貌、品质品位、人格魅力、专业特长、价值观念等。

作为社会活动重要方面的经济活动，体现着、传递着经济的文化特质，也促进着文化的传播、交流、交融。

创造和贡献外部效应也是社会活动的重要方面。比如，向社会展示美，为社会树立正面、良好的形象，不求回报地为社会做好事等，都属于社会活动。

某些社会活动有一定的仪式仪轨，这也是社会文化的重要载体和表现。比如，祭祖，为婚、丧、乔迁、升学等举办相应的仪式活动，其中就包含并呈现出仪式所具有的某种文化内涵。

社会成员在社会活动中会共同贡献自己的文化，并形成某种共同、一致的社会文化，这种社会文化会浸透于社会成员的思想，成为社会文化的重要方面。

六、艺术形式

艺术属于社会，而不属于个人，艺术服务的对象只有社会。不服务社会的就不是艺术。艺术必须有外部呈现和外部效应，没有外部呈现和外部效应的就不成为艺术。艺术与审美有关，与人丰富的需要和劳动力的生产、再生产有关，与劳动实践有关。艺术需要表现人的劳动美、人性美，要能够陶冶人、愉悦人、鼓舞人、激励人、振奋人。

七、社会文化知识与社会经济关系

社会知识和社会文化告诉人们什么事能做，什么事不能做，做什么事该采用什么样的方式方法等，这就为社会成员指引了行动方向、价值方向，为企业进行生产经营活动提供了基本遵循。按照这样的指向，就能找到市场，从事生产经营活动就有成功的希望。把握社会知识和社会文化能够提高劳动的有效性，减少失误，少走弯路，降低成本，提高生产经营活动的有效性。

社会文化知识是知识性与价值性的有机统一。一方面，社会文化知识本身是一类知识的集合，它具有一般知识、信息的一般功能，能够消除某类不确定性，指明某类行动方向，提供某类知识力量。另一方面，社会文化知识又是反映社会大众、联系社会成员、服务社会成员共同实践的。它来源于社会成员单独和共同的实践，体现社会成员认识和实践的共同性、协同性、一致性，特别是它体现了社会群体实践共同的需求观、善恶观、优劣观、审美观等。按照社会文化知识行动，通常能够获得社会群体一定的价值认同，获得一定的生存机会和空间。

社会文化知识是巨大的非商品宝库，有大量的非商品文化知识财富。这个宝库运用得好，就会转化成创造财富的巨大动力、良好机会，就会转化成实实在在、看得见、摸得着的商业财富、经济财富、物质财富。

总之，社会知识和社会文化是人的劳动产物，凝结着一般人类劳动，都有使用价值；社会知识和社会文化的复制、传播，主要是传播知识和文化的使用价值，也包括所传播的文化的劳动价值；社会知识和社会文化对社会有使用价值，它们可以被人吸收、被人使用，并转化成人的劳动能力，转化成生产力，转化成其他产品，这些社会文化知识所凝结的劳动和产品的使用价值也就得到了实现；使用正确的社会知识和社会文化，能够促进社会和谐稳定和生产发展、民生改善，促进社会向着正确的方向前进。

第七章

知识对实践的反作用

始则据其所知而行之，行之力则知愈进，知之深则行愈达。

——〔南宋〕张栻《论语解·序》

知识使人眼界开阔，思维敏捷活跃，使人充满自信。只有知识才能改变人的命运。英国人培根一句精辟的“知识就是力量”，让无数人坚定了对科学、对知识的信念。知识无影无形，为什么有力量？它的力量来自哪里？神奇之处就在于，知识真的就有力量，就是力量，因为，知识让人知道“借力打力”。人通过实践、探索，积累了科学知识，知道了自然的力量，掌握了自然的力量，人类知道借助于自然的力量来为自己服务，增强自己的力量，例如，人可以借助于水能、风能、太阳能等，来增强自己的力量。人类不仅能改变地球、改造自己，甚至能改变宇宙。

第一节　知识对实践反作用的基本含义

知识对实践的反作用，是人的意识对物质反作用的另一种表述，与人的意识对物质的反作用完全相同。

一、物质与意识的关系

1. 意识对物质的反作用

意识既可做动词，也可做名词。做动词时，意识就是人的思维活动，是人的大脑对客观物质世界的反映；做名词时，是指人大脑中所具有的对客观世界某种反映的“作品”、成果。借用照相用语来讲，做动词时，意识类似成像过程；做名词时，意识类似成像结果。

物质决定意识，意识是人脑的基本功能，是人脑在实践中形成的对物质世界的客观反映。人的意识有主观能动性，可以影响人的劳动实践行为，从而影响物质、改变物质，对物质有反作用。

意识反作用于物质，主要指人的行为在大脑思维支配下进行作用于客观物质世界的实践活动。意识对物质的反作用，主要体现在知识对实践的反作用上。

2. 知识力量的来源

知识的力量来源于客观物质世界及其规律的力量，体现在知识所准确反映、体现的客观物质世界及其规律上。知识只有准确反映客观物质世界及其规律，才能蕴含、吸收规律的力量；如果知识违反了客观物质世界及其规律，不仅无法蕴含、吸收规律的力量，反而会遭到规律的惩罚。

知识的力量来自三个方面。一是创造知识的劳动。知识是人创造的，没有人的劳动创造就没有知识。知识凝结了人的劳动，自然要呈现人的劳动力和劳动。比如，利用杠杆原理可以节约人的劳动力，节约出来的力量，就是由人的劳动实践创造、凝聚的，由杠杆原理包含的，在实践应用中体现出来的。运用杠杆原理，相对于不使用杠杆原理，节省了一些劳动。二是知识所揭示的自然和社会规律。许多自然事物中蕴含着大量的能量，比如：原子核中就蕴含着巨大的核能；

高山上的水向下流动时，会形成巨大的势能和动能；太阳光本身就有着巨大的热能、辐射能；潮汐运动本身就蕴含着巨大的能量；一些化学反应也会产生巨大的能量。如果知识能够揭示自然现象产生能量的规律，如果人类掌握了把这些能量转化成人类可以利用的能量的知识，那么，人类就掌握了巨大的能量，这种能量，就是规律力量的呈现。社会规律中同样蕴藏着巨大的能量，掌握和顺应社会规律，同样可以呈现巨大的能量。三是知识所支配的人或物的力量。科学知识揭示了自然规律，掌握科学知识的人，就能运用自然规律，支配自然能量。

能量、力量都具有客观性、唯一性，是不可能被复制的，只有知识是可以被复制的。今天，我们所认识和使用的杠杆原理，并不是我们昨天发现的，而是很久以前人们发现的。中国西部的沙漠上，建有大型光伏发电站，安装了一望无际的光伏发电板，每块发电板所发的电都是唯一的，并不是被复制的能源，但是，光伏发电的知识却被人类无限地复制和使用。中国在长江流域建有多座梯级水电站，生产出了巨大的电能，这些电能都具有唯一性，但是，水力发电的知识却被我们无限地复制和使用。

虽然许多科学知识是人们在共同的实践中共同创造的，但是，也有许多知识是由少数人在人类社会已有知识的基础上独立创造的。比如，杂交水稻技术、核能技术，但是，这些由少数人发明的科学技术，能够被他人学习、复制。人们复制知识，不是复制知识所凝结的知识创造者的劳动，而是复制知识的使用价值。知识所凝结的知识创造者的劳动是不可能被复制的，只能被平均地分配到所复制出来的知识中。当知识被无限复制后，每份被复制的知识所摊得的知识创造者的劳动就相当少，甚至可以忽略不计，此时的知识，呈现的主要是知识的使用价值，而非知识所凝结的创造者的劳动。

人类追求知识，正是看中了知识的使用价值，也正是知识的可复制性，促使知识被广泛复制和使用。知识在被复制中，其所揭示的自然规律并没有被摊薄，因为科学知识所揭示的规律并不因为被复制而丧失。但是，科学知识的应用场景、应用条件不同，应用效果可能不同，甚至是不能应用的。这就是科学知识与应用环境，与应用者、应用对象的匹配性问题。特别是一些所谓的“社会设想”有很强的外部效应，导致“社会设想”还没有表现出来，社会条件却改变了，造成“二级混沌”。这也告诉我们，社会发展是很难预测的。产生“二级混沌”的关键原因是人的认识对实践产生了反作用。

使用价值，特别是高级的使用价值，是人类的追求。人类追求科学，正是在追求科学具有的高级使用价值，这种高级、可复制的使用价值，正是科学知识造福人类的关键。正是科学知识使用价值的可复制性，改变了、改变着人类社会。人类社会正是因为科学知识的可复制性而逐步摆脱了自然力的束缚，使人类得到解放和发展。看不到、不重视科学知识的使用价值及其可复制性，就不算真正看到了科学知识的本质和规律，就不算看清了推动人类发展的关键力量和规律。人类的发展靠的就是知识的推动，人类社会的不均衡主要是由知识使用价值创造、复制、使用的不均衡造成的。实现了人类社会在知识创造、复制和使用上的均衡，就能有效解决人类社会发展不均衡的问题。

规律就是力量，就是资源，科学知识就是要准确揭示客观世界及其蕴含的规律的力量。顺应规律，就是顺应规律的力量，培育和掌握了资源；应用规律，就是应用规律的力量和资源。如果知识、认识错误地反映规律，或者违反规律，就会受到规律的惩罚。

二、知识反作用于实践的表现

知识反作用于实践表现在很多方面，无法全部罗列，这里做一些列举。

① 知识可准确、科学地反映客观物质世界和人类的劳动实践；

② 知识可准确、科学地反映客观物质世界的运动规律；

③ 知识可使人应用好自然规律和驾驭自然力量；

④ 知识可使人找到更多的资源；

⑤ 使用知识的力量可提高人的劳动效率；

⑥ 知识可降低人行动的盲目性；

⑦ 知识使人的行动符合社会需要；

⑧ 知识可使人主动和被动约束自己的言行；

⑨ 知识可使人做出更好的选择；

⑩ 知识可使人改造世界；

⑪ 应用知识可以促进社会合作和良性发展。

第二节 作用的途径、方式、形式、成效、本质

人只要掌握了知识，就受知识的“支配”，成为知识反作用于实践的“工具”。知识要借助于人的言行，借助于人的劳动实践，实现对实践的反作用。运用知识

的人的言行、实践，都是知识反作用于实践的具体体现、具体途径和形式。

一、作用的途径

1. 借助于人脑

创造知识是人脑的功能。正是因为人有智慧的大脑，知识才在人类社会产生，才被人类社会利用，才为人类社会服务，而不会产生于其他动物世界，也不被其他动物使用。可以说，知识与人脑是不可分的。

（1）人脑能客观地反映客观世界和规律

人脑有超强的记忆和分析能力，可以让人观察得更细致，听得更清楚，了解世界的细微变化，看清实践中的细微变化，可以减少对客观世界的误判。

人脑通过对所记忆的知识进行对比、分析、归纳、推理，可以使人发现客观世界的变化及规律。世界是纷繁复杂的，但又是有规律地运动着的。人要从纷繁复杂的世界现象中发现规律，并不是一件容易的事。只有持续掌握大量的知识、信息，才能透过现象看清本质，找到规律。

（2）知识借助于人的智力被发现和应用

人有高于一般动物的智商，这是客观事实。正因如此，知识产生于人的实践，产生于人类社会。借助于人的智力，知识越来越多地被发现、被应用。人能够发现复杂的知识，能够应用复杂的知识。

2. 借助于人的体力

知识反作用于实践，必须付诸人的行为，指导人去劳动、去实践，从而变成客观现实的力量。这需要借助于人的体力来完成。知识通过人的大脑指导人的行为，用人的力量来改变物质世界，人获得自己想要的产品，从而把知识凝结在物质产品中，把劳动物化在劳动产品中，把知识人格化、对象化到产品中。

当然，人通常借助于自己生产制造的工具来完成需要力量才能完成的劳动。工具是人自己制造的，是人的知识和劳动物化的产物。有的工具具有增强人的体力、延伸人的体力的使用价值；有的工具则能增强人的脑力、视力、听力等，如计算机、望远镜、显微镜、传感器。

3. 借助于人的实践

（1）知识与人的生活活动紧密结合

人的生活已脱离了自然的状态，而进入人类社会的状态。人的一切生活活动都是在知识的指引下进行的，人的生活充满着知识。冬季里的一天，我洗碗时，瓷盘因为冷热水交替冲洗而炸裂成碎片，我随手把碎片放到自家的垃圾桶里。女儿看到后提示我，瓷质碎片应当先用塑料袋包好，再放入垃圾桶，以免处理垃圾的人划伤手。我问女儿是如何知道的，她说是书上讲的。这就是知识指导实践、对实践的反作用。

（2）知识与人的生产活动紧密结合

生产谋划需要应用知识。进行生产谋划，必须掌握各种信息、知识，不能盲目行事，而要科学谋划。

生产资料的生产需要应用知识。劳动工具必须具备一定的技术水平，没有技术水平的劳动工具，是落后的工具，不利于改善人的生产劳动。

劳动过程需要应用知识。劳动者只有掌握和应用相应的劳动知识和技能，才能有效地进行劳动，生产出符合人需要的产品。无论合作的劳动者是如何分工的，都需要有劳动者掌握一定的劳动知识技能来指导，否则，合作劳动就无法完成，人需要的劳动产品就无法生产出来，就无法满足人的需要。

（3）知识一经掌握群众，就会变成物质的力量

当劳动大众都掌握了某种知识，并应用该知识进行共同的生产实践、社会实践、科学实践的时候，这种知识的力量就具体地、客观地呈现出来了，就变成了物质的力量。这种客观呈现，既表现为行为本身，又表现为劳动产品。劳动行为和劳动产品，都是知识的载体，都物化了人的知识。

二、作用的方式

知识可以增强人的脑力，使人变得更聪明；可以增强人的体力，使人的体能更强大。知识反作用于实践，首先是“反作用”于人的大脑，“反作用”于人自身，纠正人大脑中的错误认识，增加人大脑中的正确认识，再通过人大脑的正确思维指挥人的语言和行为，来实现对实践的反作用。

1. 提高人的科学知识水平

一是提高人对自然的科学认识水平，二是提高人对社会的科学认识水平，三是提高人对劳动实践的认识水平。

2. 提高劳动生产力

一是提高劳动者的脑力，二是提高劳动者的体力，三是提高劳动工具生产

力，四是提高社会劳动生产力，五是提高资源的识别和利用能力，六是人的能力在学习和实践中提高。

3. 提高劳动生产率

一是可以提高个人劳动生产率，二是可以提高集体劳动生产率，三是可以提高社会劳动生产率。

三、作用的形式

1. 知识反作用于实践的一般表现形式

① 个人接触、掌握、应用的知识增加；
② 更多的人越来越主动地钻研、探索、创造科学知识；
③ 顺应自然和社会规律；
④ 应用、借助于自然的力量，减少人的劳动量；
⑤ 能避免重复劳动；
⑥ 避免劳动和劳动成果损失；
⑦ 改造自然界；
⑧ 创造一个新世界；
⑨ 改造人自身。

2. 知识反作用于实践的具体表现形式

① 科学知识极大丰富。
② 衣、食、住、行、用、玩等方面空前创新。
③ 生产力空前发达。
④ 社会文化不断变化。社会公德、职业道德、社会制度、社会福利、社会文明等方面都会发生变化，如产生了义务教育、社会保障制度等。

四、作用的成效

人能够在实践中积累知识、经验，能够对实践中产生的问题进行反思，并将知识、经验，以及反思的成果再应用于新的实践，使新的实践比过去的实践有改进和提高，使人的思想认识及掌握的知识水平都得到提高，从而实现“实践—认识—再实践—再认识”的认识和社会发展过程。

知识反作用于实践，必须有具体的成效，这就是改造了客观物质世界，改造了人的主观思想世界，改造了社会，改造了人，使生产力极大提高，物质和精神产品极大丰富，人极大地摆脱了自然力的束缚。

1. 作用的宏观成效

① 实现人的全面发展；
② 实现生产力的全面发展；
③ 实现社会生活的全面改善。

2. 作用的具体成效

① 节省人的劳动力；
② 提高生产力；
③ 提高劳动生产率；
④ 丰富人的精神文化生活；
⑤ 创造一个新的世界；
⑥ 解决社会问题；
⑦ 促进人类和平；
⑧ 社会实践的螺旋式上升。

美国经济学家 Ben Bernanke 多年潜心研究银行和金融危机，获得了扎实的理论功底。2008 年，其在担任美联储主席时，恰遇全球金融危机。Ben Bernanke 凭借扎实的理论功底，带领一班人成功应对了此次金融危机。2022 年，他同 Douglas W. Diamond 和 Philip H. Dybvig 两位同样研究银行和金融危机的经济学家一道获得了诺贝尔经济学奖。这是运用理论知识解决现实社会问题的又一事例。

五、作用的本质

作用的本质是对知识的使用价值和所凝聚的一般人类劳动的开发、利用，是使用价值起主要作用，是知识成果的复制，是知识的共享，体现了人类社会是价值共同体。

第八章

理性的缺陷

理性的基础是知识，有什么样的知识，就有什么样的理性。知识的基础又是实践，如果实践不充分，并造成认识、知识没有深度，那么，就不可能达到完全的理性，这主要是由“实践—认识—提高”的实践认识发展规律决定的。我们常常期待秉持系统、全面、正确的观点，但是，让观点绝对系统、全面、正确，是不可能的。所谓理性经济人，就是理性＋经济人。如果只注重理性，而忽视了经济，就算不上理性经济人；如果只注重经济，而忽视了理性，也算不上理性经济人。行为经济学研究表明，无论是个人的理性，还是社会的理性，都是很有限的。也正是人的实践所具有的缺陷，才让人认识到合作的重要意义，才给了人创新创造的机会，才丰富了人类社会，造就了社会成员紧密的社会关系。

第一节 自然的缺陷

一、不同的自然禀赋

人都生活在大地上，享受着大地母亲恩赐的资源。但是，大地母亲的资源也是有限的，各地有不同的资源禀赋、环境条件，不是每个人都平等、相同地占有自然资源。只要处在不同的自然资源和条件下，就会有不同的实践行动，就会有不同的认识、知识、技能。这既是一种局限，也是人类社会丰富多彩的条件和表现，这也为社会交流、交换创造了客观条件。

二、不同的自然禀赋对人身体的影响

人首先是自然之物，由自然物质元素构成，并需要依靠自然物质元素才能生存和发展。自然物质元素可能影响人的健康和发展。比如：自小就开始喝牛奶、吃牛肉的人，身体通常要强壮些；有的地方缺碘，人群中出现了碘缺乏病；生活在高原地区的人会有更高的概率患上高原性心脏病。这些都表明自然物质元素对人的健康及体力、智力发育有一定的影响。反过来说，自然物质没有问题，当地人的健康、智力、体力就不会受到相应的危害。随着人类在社会实践中的不断淘汰、选择与进化，以及人类科学知识的不断发展，人会逐步减少甚至消除自然对人类的危害。

一年有四季，一天有日夜，气温有冷暖，天气有晴雨，东西南北中，高山或平原，各地不相同，这些都可能影响人的行为，从而影响人的实践和思维认识。

人的鼻子有不同的形状，如有的高挺，有的宽扁。科学研究表明，这些不同的形状，既与遗传基因有关，也与人生活的环境气候条件有关。生活在干燥寒冷气候条件中的人，通常有窄而尖的鼻子，因为，在这种气候环境中，狭窄的鼻腔更容易利用鼻黏膜为寒冷的空气快速加湿加热；而在湿热的气候环境中，鼻腔无须为空气加热，因此，人类鼻子为了尽快将空气输送到肺部而变得宽大而扁平。

三、人性的缺陷

人是自然之物，到目前为止，人类未全部及永远地摆脱自私自利、弱肉强食的自然性、野蛮性。

第二节　实践与认识上的缺陷

一、人自身的局限

1. 身体上的局限

人只有两只眼睛、两只耳朵、一张嘴、一个鼻子、两只手、两条腿、一个身躯，这决定了具体的人，其能力是有限的，三头六臂的超人是没有的。

2. 时间上的局限

一天只有 24 小时，任何人都一样。人在这 24 小时内，既要工作，又要休息。人只工作，不休息，是不行的。人只能拥有一份时间，而不能同时拥有两份时间，但是，不同的人有不同的时间利用实践和利用效率。一般人顾此就必然失彼，“二者不可得兼”。在“三班倒”的单位，当你休息时，也许别人在工作；当你工作时，也许别人在休息。不同人的工作和休息时间相互错开，会导致每个人掌握的信息有所差异。

身体和时间上的局限，使得人不可能有全面、完美的实践，也就没有全面和完美的认识，只能有相对全面和相对完美的实践和认识。

二、历史的局限

历史的局限通常是实践和认识的阶段性、局限性、片面性导致的。

1. 物质财富的历史局限

历史上有路，就不需要再修路；历史上没有路，就需要修路。历史提供了什么样的路，我们就走什么样的路；历史上创造了什么样的物质财富，我们就继承什么样的物质财富；前辈提供了什么样的知识，我们就接受和应用什么样的知识。

2. 人文资源的历史局限

我们继承前人的知识、文化、观念、社会制度等。面对自己的历史，我们别无选择。这既有利于我们沿用已有的方式去生存，又约束了我们去创新和发展。我们接触的知识有时是残缺不全的、有限的，甚至是不科学的。我们不能选择历史，但是，我们可以选择今天，创造明天。当观念与科学技术、与生产力、与我们的内心需要有差异时，我们是选择科学技术、选择生产力、选择内心的需要，还是选择旧观念？这是个艰难和痛苦的抉择。不同的人文条件，不同的抉择，会有不同的结果。当年，美国首任总统华盛顿在结束第二个任期时，毅然引退，虽然我们不能假设历史，但是，我们还是可以分析推测，如果华盛顿当年做出了别的选择，历史可能会有所不同。

3. 性格上的历史局限

不同地域、不同历史时期的人们往往有不同的性格，有的粗犷豪放，有的温婉细腻。美国是个移民国家，勇于开拓创新是其民族特性；而有些国家则相对保守。人的性格是后天养成的，而不是天生的。今天的性格是在历史发展和人生成长历程中形成的。“人之初”，“性相近”，只是在后天的教育、实践中，逐渐“习相远”。所谓习惯、习性，就是一贯的实践行为表现出的特性，因此，习惯成自然、成习性、成性格。所谓“性格决定命运”，其实是习惯性的实践决定命运。性格上的差异，源于成长实践上的差异。人在成长过程中形成的性格缺陷、不完美，可能导致成人后的人生缺陷、不完美。要改变命运，就必须积极主动地改造，改变性格中不好的方面。

4. 实践与认识的历史局限

人类的实践无止境，贯穿人类历史的全过程。人类的实践有多远，人类的历史就有多远；人类的历史有多远，人类的实践就有多远。可是，每个人的生命都是有限的，与人类的历史长河相比，只是转瞬之间。每个人经历的实践、占有的历史资源、获得的历史认识，都只能是历史的片段，是人类历史长河中的一个微不足道的小点。每个时候，每个人，都只能是历史的局部，而不是历史的全程、全景。在历史的长河中，每个人，每个时代，都是有历史局限的，都是历史波动发展中某个矢量点，这就是人类社会发展的客观自然性表现。中国明朝有个名叫陶成道的官员，梦想着飞上天空，他坐在绑着火箭的椅子上进行了飞天实验，结果因此献出了生命。由于科学技术和生产力没有充分的积累，那个朝代无论如何也生产不出火箭、飞机、飞船，这就是历史的局限性。

三、人自身实践的不足

1. 掌握的信息不足

（1）信息客观性缺失

我们每天都面对新的情况、新的问题，每天都是在走新的道路、进行新的实践。新的实践，一切都是新的、生疏的，没有相应知识、信息、经验可供借鉴。每个人都是独立的人，都在独立地进行着实践，每个人的实践都要靠自己独立完成，都面临着许多新情况、新问题，而应对新情况、解决新问题并没有现成的经验可供借鉴，并没有人在现场指导我们，我们常常面临着经验不足、信息缺失的难题。聪明的人会听取别人的意见，特别是前辈的意见，会学习先进，这可降低自己因为实践经验欠缺而陷入更深困境的可能性。

（2）信息客观性阻断

信息很脆弱，容易出现客观的衰减、阻断、失真的情况。比如，距离阻隔、物体阻隔、天气阻隔（大雨、山洪、地震等自然灾害导致信息阻隔），没有相应的传播载体、渠道、方式、能量等，或者是没有接收信息的机会，比如，工作很忙，错过了看新闻、听课、接收信息等。

2. 传播的信息不足

① 开放程度不够。主要表现为开放性差、外部性差、释放的信息量太少。

② 人为阻断。如一叶障目、故意隐瞒、避实就虚、以偏概全。

③ 注意力的有限性。或聚精会神、全神贯注，或注意力不集中，都会导致顾此失彼。

④ 发现不足、记忆不足、理解不足、分析不足。不同的人，对同一信息的关注度是不同的：有的人关注度高，注意力集中；有的人关注度不高，注意力不

集中。劳动者吸收别人及吸收自己的信息是不同的，比如，对自己的经历记忆犹新，而不注意观察他人的信息。

3. 实践行动的不足

① 实践程度没有达到。正如哈耶克在《知识在社会中的运用》中所言："人类的知识具有不可避免的不完美性，因而需要一个不断沟通和获得知识的过程。"实践总是由低级向高级、由肤浅向深入发展的。处在实践高级阶段的人，通常都经历了实践的低级阶段，都对低级阶段的情况相当熟悉。

② 实践方向错误。虽然发生这类情况的后果很严重，但是，这种情况仍然是经常发生的。那些盲目投资者，就是犯了这样的错误。但是，就全社会来说，少数人的错误为社会"交了学费"，为社会提供了正外部性。"前车之覆，后车之鉴。"

③ 努力不够，理想信念不坚定，没有恒心、毅力，半途而废、功亏一篑。有的人理想信念不够坚定，恒心毅力不够，遇到困难、挫折、失败时容易气馁。例如，以前，LED只有蓝宝石衬底和碳化硅衬底两种技术路线，科学家们在研究硅基LED时遇到困难就放弃了。南昌大学江风益教授为打破这个局面，坚定地进行对硅基LED的研究，最终他带领团队取得了成功。相比于蓝宝石LED和碳化硅LED，硅基LED不但发光率更高，能耗更低，而且成品率更高，质量更稳定。这就是坚持的结果。

4. 信息不对称

信息不对称是指交流双方所积累、搜集、掌握、占有、呈现的交流对象的信息在质量、数量、次序、结构、功能、强度、动态等方面不完全相同。长期接触市场、熟悉市场，对市场研究透彻的，可能掌握更多的信息；而对市场接触少、不熟悉、没有研究的，掌握的信息就会少很多。双方存在信息不对称的情况。

5. 认识的不足

① 认识客观上不足。实践的不完美性，决定了认识的不完美性。

② 学习状态与效果有差异。

③ 文化背景有差异。

④ 感情深浅有差异。

6. 身体条件的差异

人的身体条件是不完全相同的，这既取决于人的基因，又取决于人在母体孕育中的条件及后天学习、实践成长过程对人的体力和脑力的培育训练情况。有的人虽然先天条件不足，但可以通过后天的努力学习训练来弥补，有的人则无法弥补。不同的身体条件，影响人的实践和认识，影响人的选择。

第三节 目标的缺陷

一、预想的目标

不同的人，有不同的理想和目标；不同的时期，有不同的理想和目标。

实践和认识是动态的、发展变化的。人的理想、目标是动态的、变化着的，而不是固定不变的。少年有少年的目标，中年人有中年人的目标，老年人有老年人的目标。即使是一天 24 小时当中，人在不同的时点上的目标也不是完全相同的。

不同的人，不同的目标，会形成错综复杂的状态，甚至会有冲突。

二、现实的可能

1. 条件有变化

理想与现实总是有差异的，不可能完全一致。有时“理想很丰满，现实却很骨感”。政府搞产业规划，结果却可能与当初的设想不一致，事与愿违。现实总有许多不可预见、不可估量的新情况、新问题，这些新情况、新问题总会干扰人对理想、目标的追求。现实中，有些条件能够达到预期的状况，有些条件无法达到预期的状况。有些条件因为人公开了预期而对选择产生了影响，改变了人的未来选择行为，这就是人类社会的“二级混沌系统”。条件达不到，行动就会受到影响，结果自然也会受到影响。有时条件超出了预期，认识却没有跟上，让人措手不及。

2. 结果有变化

① 种瓜得豆；

② 种瓜得技术；

③ 种瓜得外部性。

第四节　合成谬误与合成真理

一、合成谬误

当一个人采用了先进的捕鱼工具，其他人也会复制、采用。当所有渔民都采用最先进的捕鱼工具到公共水域去捕鱼的时候，每个人的效益都可能暂时最大化了，但是，这会导致水域资源枯竭，从而使得每个渔民都捕不到鱼，都没有收获。这就是“合成谬误”“公地悲剧”。一个员工想当领导，就会对另一个也想当领导的员工构成制约。这就需要大家共同制定相应的制度来规范和调整大家的行为。

二、合成真理

1. 路是靠大家走出来的

“地上本没有路，走的人多了，便成了路。”大家都去探索道路，有的可能偏左，有的可能偏右，也有的可能不左不右，正好在中间。道路是有一定宽度的，有左也有右，就形成了道路的宽度边界，都是道路的一部分。道路需要有左边界，也需要有右边界，而且，左右边界必须有一定的距离，这样才能形成道路的适当宽度，才能供大家通行。

除了边界，道路还有路基是否适合人行走的情况。地上原来都是野生杂草，草下面不知是硬土，还是沼泽，只有大家都去试探，都去走一走，才知道草底下到底怎么样，能不能承受人的重量，能不能行人。当大家把草都踩得没有了，泥土踩结实了，道路也就出来了。而且，走的人越多，道路越结实。踏结实了，大家都好走，就成了一条好路，一条可以长久走的路。“道路不平众人踩。”没有硬化的道路，雨后会留下行人的脚印，坑坑洼洼，天晴日晒，这些脚印的边缘如锋利的尖刀，很容易伤到行人和动物的脚。但是，如果有很多人行走、踩踏，路也会被踏平。这就是“合成真理”。这里不仅有物质自然界的道理，也有人类社会道理，有做人做事的道理。它告诉我们，做人做事要讲公平正义，否则，会受到社会的谴责、惩罚甚至抛弃。人类是价值共同体、命运共同体，每个探索者都是“人间正道”的探索者和贡献者。

“合成真理”与“合成谬误”是一对矛盾统一体。当“合成真理”占优势时，社会就会在正确的道路上前进；当“合成谬误”占优势时，社会就会被带上不正确的道路上徘徊。若想“合成真理”占优势，必须从微观到宏观都做到公开、透明、民主，使真理得到发扬，谬误被抵制。

相互学习形成安全和协同。“羊随大群不挨打，人随大流不挨罚。”一个人试探着走过了草地，其他人也学着走，就形成了认同、协同，形成了学习协同效应，形成了众人的共同实践，这可以增加大家的共识和安全感。有时，需求量大、经营者多、竞争激烈的，可能也是最安全、最稳妥的经营方向。

百炼成钢。所有成功都不是轻松实现的，都是经过艰苦磨炼而得来的，恶劣环境有时并不是坏事，而是锤炼过硬本领的必要条件。

差异化发展可以展示人类丰富多彩的面貌，满足人们丰富多彩的物质文化需要，使人类的道路更宽广，可以为人们提供丰富多彩的知识，丰富的知识又有利于人类更好地生存和发展。

2. 模式是大家共同探索出来的

我居住的小镇有一条精品街，街道两侧有许多商铺，但是，这些商铺该卖什么商品好呢？这也是一个探索的过程。开始，有的人卖副食，有的人卖服装，有的人卖建材、水暖、家居等商品，有的人开小超市、卖照明灯具等，大家都在探索。随着市场的变化和发展，人们发现，这条街道开餐饮店，做大排档、烧烤等生意很好，于是，大家又一窝蜂地开起了餐饮店。再后来，由于城乡经济社会变化，卖摩托车、汽车的生意又在这条街上兴起了。产业集群的好处是，可以形成规模口牌效应，商家可以互补，我没有的你有，我有的你没有，可以共同为客户提供齐全的选择，降低客户的选择成本。并且，商家都有外部性，大家既可以相互竞争，也可以相互学习，从而使产业不断升级。消费者也可以货比三家，低成本地挑选符合自己需要的商品。

当初，互联网开始兴起的时候，大家其实都是在探索。有的人走出了自己的道路，引来一大群学习、模仿、跟进的投资人。如果这个人的路走对了，那么，其他投资人也就没有风险；如果这个人的道路不符合实践的需要，那么，其他投资者也就有风险。到今天，中国互联网经济发展已近 30 年，当初的探路者已所剩无几。显然，当初的一些互联网企业因为没有找到可靠的盈利模式而失败，但是，这种探索为后来的探索者提供了宝贵的经验和教训。正是他们把不可行的道路给探索出来了，后来者通过排除法，就很轻松地找到了可行的道路。

3. 真理需要探索

不探索就没有真理。两千多年前，孔子就告诉后人要“博学之，审问之，慎思之，明辨之，笃行之”。如果没有大家的共同探索、辨析，哪来的真理？因此，应当鼓励人们探索真理、辨析真理。爱迪生为了找到合适的灯泡发光材料，进行了上千次的实验，筛选了上千种材料，才找到了钨丝。之前的九百多次实验虽然失败了，但为最后的这一次成功奠定了基础。

真理是社会集体智慧的结晶。按照认识论观点，人类社会的认识遵循“实践—认识—提高—再实践—再认识—再提高”的发展过程和规律。实践产生知识，知识又在实践中得到应用和检验。这种应用和检验并不是一次性的，而是多次的、反复的；并不是某个人的，而是全社会的。只有经过全社会的共同参与、多次应用、反复检验，才能证明认识是正确的。而这种多次应用、反复检验，通常是由社会共同参与完成的，具有社会广泛性，并不是由某个人独立完成的。只有让群众都独立地进行应用和检验，才能证明知识是真理还是谬误。这就是“真理是集体智慧结晶”的基本表现。

4. 政府仍该修路

虽然路是大家走出来的，但是，仍然需要政府修路。这是为什么？因为，政府能集中和代表大多数人的意志和要求，集合社会大众达成的共识。这种力量是巨大的，是为了增加最广大人民的共同利益，为了减少最广大人民的共同损失，为了引导社会沿着大致合理的方向前进。

市场有时是理性的，有时则是非理性的。非理性的时候，需要有政府来平衡或引导，这正是政府的使用价值。当然，政府也是由人组成的，也存在着理性难题，好在有民主制度，可以让公众讨论、评判、监督、制约、纠正政府的不理性，甚至可以更换不理性的政府，让政府回归理性和公正。

理性的缺陷告诉我们，实践必然存在着失败，“失败是成功之母”。人类社会很少有完美的实践，完美来自大家的共同探索。没有共同的探索，就没有真理，人类社会没有真正独立的个体，芸芸众生是相互弥补、相互配合、相互利用、相互依存、相辅相成的，是矛盾着的、辩证统一的命运共同体、价值共同体。

第九章

劳动力的生产和再生产

劳动力的生产和再生产，就是人自身的生产和再生产，是人类社会最基本的生产。这个生产从根本上决定了人类社会其他一切生产活动，是人类一切生产活动的起点和终点、目的和归宿。劳动力的生产和再生产，有简单的生产和再生产、扩大的生产和再生产两种情况。

第一节　劳动力生产和再生产的基本含义

一、基本概念

人需要劳动创造、消费产品、恢复体能以延续生命，生命的延续就是劳动力的生产和再生产。

男女结成夫妻，养育子女，增添人口。夫妻既要养活自己，还要把未成年子女养大成人，培养成有劳动能力的人，使他们能自食其力，能为家庭和社会进行劳动，创造价值。这属于劳动力的生产和再生产。这种劳动力的生产和再生产，既是家庭劳动力的延续、生产和再生产，也是子女个体劳动力的生产和再生产。

家庭是生命的有机整体，是社会的细胞，是劳动力生产和再生产的基本单位。没有家庭，就没有劳动力的生产和再生产。劳动力的生产和再生产活动，应当包括父母对没有成年、没有劳动能力的子女的抚养，以及对已成年但没有劳动能力、仍然需要照顾的其他家庭成员，如对已丧失劳动能力的父母的赡养。抚养、赡养这些家庭成员，也属于抚养者的劳动力的生产和再生产的不可分割的有机组成部分，因为，家庭不可分割。

人类的一切生产活动，都是为了人自己的生命延续，都是为了人自身的生产。人既是生产者，又是消费者；既是生产的起点，又是生产的终点。有些被人消费、使用、吸收的价值，都因此而终结了，能否变成人的生产力，进而展现人的生产力，还是未知数。只有展现了人的生产力，人所消费、使用、吸收的价值才算转化成了现实的生产力。

就单个的人来讲，人总在不断地进行新陈代谢，不断地吸收、消耗物质、能量、信息，转化成自己的体力和脑力，这就是劳动力的生产。从劳动创造出物质、能量、信息，到消耗、吸收物质、能量、信息，再到生成自己的体力和脑力，这是劳动力的一个生产过程单元。完成一个过程单元，就完成了一次劳动力的生产。

运动是人的生命的基本特性。在劳动力的生产过程中，劳动力是在保持着连续运动的，而不是静止、停止的。劳动力的生命周期内，单个劳动力不断地重复着劳动力的生产过程单元，从而实现了单个劳动力的生产和再生产。

劳动力的生产和再生产伴随着家庭的整个生命周期。整个家庭的生命周期有多长，劳动力的生命周期就有多长，劳动力的生产和再生产持续的过程也就有多长。

正常情况下，劳动力的生产和再生产是不可分割的统一的整体。有劳动力的生产，就一定有劳动力的再生产；有劳动力的再生产，就一定有劳动力的生产。通常没有单纯的劳动力的生产，也没有单纯的劳动力的再生产。人的生命是延续的，家庭是延续的，因此，劳动力的正常生产过程所包括的生产和再生产两个方面是有机统一的。劳动力的生产和再生产是持续的、不断循环的。考察劳动力的生产和再生产，不能仅考察一个生产过程单元，而必须考察劳动力的整个生产和再生产过程。

需要说明的是，劳动力有时是指劳动者的劳动能力，有时是指有劳动能力的人，有时同时包含这两种含义。至于到底是指什么，需要放到具体的语境中去理解。

1. 内涵

劳动力的生产和再生产，包括单个劳动力的生产和再生产，也包括劳动力对其家庭中没有劳动能力的成员的劳动力的生产和再生产。

单个的人不能成为人类社会，人需要繁衍后代，延续自己的生命，这是客观的、物质的、自然的现象和规律。考察劳动力的生产和再生产，必须把劳动力个体及其家庭成员劳动力的生产和再生产作为一个有机的整体进行考察。

劳动力的生产和再生产周期，与其家庭的生命周期是一致的。家庭通常是可永久持续的，以家庭为单位的劳动力的生产和再生产自然也是永久持续的。

劳动力的生产和再生产可分为劳动力简单的生产和再生产、劳动力扩大的生产和再生产两种。

劳动力的生产和再生产可以简称为劳动力的再生产。

2. 外延

一切的人，及人的一切活动，都可看成劳动力的生产和再生产活动，不能片面地看待劳动力的生产和再生产活动。劳动力的生产和再生产活动，与人的全部生命周期内的一切活动是一致的。人在全生命周期内的一切活动，都可看成劳动力的生产和再生产活动。

凡是劳动者及其家庭成员，都属于劳动力的生产和再生产的考察对象，都属于劳动力的生产和再生产不可或缺的重要组成部分。简单地讲，可以把子女的劳动力看成父母劳动力的延伸，把子女劳动力的生产和再生产看成父母劳动力的生产和再生产的延伸。

劳动力的生产和再生产周期，与其家庭成员生命周期及家庭生命周期完全相同，两者是同一概念，除非有特别的说明。

二、基本表现形式

1. 个体劳动力的生产和再生产基本过程

人的生命时刻在进行着自然的新陈代谢，新陈代谢就是劳动力的生产和再生产表现。进行劳动，需要消耗人体内的物质、能量，运用大脑掌握的知识、信息，消耗体力、脑力，又需要吸收人体外的物质、能量、信息，以补充人体的物质、能量，因此，消耗过程就是劳动过程、生产过程，劳动过程、生产过程就是消耗过程。人还需要休息，把所吸收的物质、能量、信息等，转化成人的体力和脑力，以恢复自身的体能和脑能。

人在生产过程中会消耗体能、脑能，在体能、脑能消耗之后，就要进行吸收，进行体能、脑能的恢复，从而实现劳动力的生产。这个过程可以表示为：劳动—吸收—恢复。

劳动力的生产是延续的，劳动力不只有生产，还必须有再生产。“劳动—吸收—恢复—劳动—吸收—恢复”的不断循环，就是劳动力生产的无限延续，就实现了劳动力的生产和再生产。

“劳动—吸收—恢复”是劳动力生产的一个基本过程单元，“劳动—吸收—恢复—劳动—吸收—恢复”是劳动力生产和再生产的一个基本过程单元。

2. 以家庭为单位的劳动力的生产和再生产过程

人是有性繁殖动物、社会性动物，需要组成家庭、繁育后代、延续生命，因此，劳动力的生产和再生产中还包括养育后代和赡养老人。家庭是命运共同体、利益共同体，是社会的基本单元，也是劳动力生产和再生产的基本单元。考察家庭劳动力的生产和再生产，以家庭为一个整体。

家庭劳动力的生产和再生产：家庭劳动—家庭吸收—家庭劳动力恢复—家庭劳动—家庭吸收—家庭劳动力恢复。其中，家庭劳动中，家庭全部成员是一个整体单元，家庭劳动不是指在家里进行劳动，而是指以家庭为单位进行生产和生活方面的劳动，包括以家庭为组织单元进行劳动；家庭吸收、家庭劳动力恢复中的“家庭”也是指一个整体单元。家庭内部的劳动分工，是家庭劳动力这个整体的重要组成部分，不可忽视。

三、注意事项

劳动力的生产和再生产，有时指单个劳动力的生产和再生产，有时又指包括家庭中没有劳动能力的成员在内的全部劳动力的生产和再生产。具体包括哪些，需要结合词语应用的具体环境来分析判断。在没有特别说明的情况下，本书中的“劳动力的生产和再生产”是指单个劳动力的生产和再生产，这是为了便于分析和理解。劳动力创造、吸收、恢复，既有物质上的，也有精神上、情感上、知识上的。

第二节 劳动力简单再生产的关键是知识能力没有变化

一、劳动力简单生产和再生产的基本含义

劳动力的简单生产和再生产，可简称为劳动力的简单再生产，或称劳动能力的简单再生产，是指劳动力在其全部生产和再生产循环周期中，其同类节点上的物质、能量、信息值是相等的，生产前与再生产后的劳动能力是相等的，没有增加，也没有减少，方向、结构等也没有变化。

消耗的物质、能量、信息 = 生产出的物质、能量、信息 = 吸收的物质、能量、信息 = 恢复后拥有的物质、能量、信息。

在“劳动—吸收—恢复—劳动—吸收—恢复”中，所有劳动在形态、方式、对象、产品、产量、能量、知识、信息等方面是相等、不变的。所有同类节点上的值都是相同的，没有差异、变化，是单调的重复和循环。

劳动力简单生产和再生产的基本含义是，劳动力的生产和再生产只是维持劳

动能力不变的状态，劳动能力在这个生产和再生产过程中，既没有增加，也没有减少。这类似于物体在没有受到外力作用时，保持匀速直线运动状态。

进一步地看，劳动创造、消耗、吸收的物质、能量、信息在数量、质量、结构、方向等方面都没有任何的变化。

二、劳动力简单生产和再生产的基本表现

在人类社会劳动力的简单生产和再生产中，产品生产方式、产品生产能力、产品产量、产品消耗量、产品吸收量等是基本不变的，这样的劳动力既可以维持自己的生命，又可以维持繁衍和抚养后代，但是，再扩大就是困难的。即使是养育后代，也只是简单的养育，只满足后代生理和精神方面的简单、低级的需要，只是维持基本的生命新陈代谢需要，只能维持后代劳动力的简单生产和再生产。同时，整个家庭的总生产力，也就是所有成员的劳动能力相加，是不变的。随着未成年人的成长，其劳动能力也不断增长，但是，与此同时，其长辈的劳动能力则通常呈衰减的趋势。由于在家庭中未成年劳动能力的增长与其长辈劳动能力的衰减是同步的，因此，家庭的总劳动能力仍然是不变的。这个不变，不是指单纯的劳动力个数上的不变，而是指劳动能力的加权总和上的不变，是质量和数量上都不变。这就是劳动力的简单生产和再生产的基本表现。

① 总的数量没有变化。比如，一个家庭有一对中年夫妇、一对青年夫妇、一双未成年子女，共 6 人。每个中年劳动力按 10 分算，每个青年劳动力按 10 分算，这个家庭的总劳动力就是 40 分。过了若干年，中年人因为年老体衰而丧失劳动力，而此时，未成年子女成长为青年劳动力，原来的青年劳动力成长为中年劳动力，这个家庭的总劳动力仍然是 40 分，总的数量没有变化。当然，这是基于宏观视角的分析，现实中，家庭总劳动力分值一般是有波动的，有时高，有时低。

② 质量没有变化。单个的劳动力或家庭总的劳动力在物质生产能力、知识技术水平等方面没有变化，保持了原有的状态和水平。比如，正常情况下，一个家庭全部劳动力一天可插 3 亩田的稻秧，或割 6 亩田的稻谷。在这个家庭中，年轻劳动力可能在劳动速度、质量等方面都要强些，随着劳动力年龄的增长，劳动质量有所下降，若干年后，中年人丧失了劳动能力，未成年子女成长为青年劳动力，家庭劳动力的质量水平或者单个劳动力的质量水平都没有变化，在插秧或割谷水平和能力方面没有任何的变化，既没有提高，也没有降低。

③ 生产状态没有变化。没有添置新工具、新设备，掌握和应用新知识、新信息，采用新技术、新材料，开辟新市场，运用新管理模式，没有增加其他方面

的劳动业务和劳动能力。比如，在种田之余，家里养些鸡，将鸡蛋拿到市场上出售，换些零用钱和其他生产生活用品等，这些都没有，只守着那“一亩三分地”。

④ 生活状态没有变化。除了下田劳动，就是吃饭、睡觉，从来就没有，也没想花点时间去读书、交流、外出学习考察等。整个家庭几十年、上百年，生活状态还是那样，生活似乎封闭了、凝固了，时光似乎停止了。

三、劳动力简单生产和再生产的实现条件

1. 劳动力状态不变

长期维持劳动力简单的生产和再生产，肯定存在生产能力、生活能力等方面没有变化、没有创新的情况，主要表现在职业、技能等方面没有变化，劳动形态（方式方法）、劳动工具、劳动对象、劳动资料、劳动场所、劳动产品等维持不变的状态。

2. 知识状态不变

维持劳动力简单的生产和再生产，必然要维持劳动力的知识、技能不变，知识种类、知识结构和知识水平，技能结构和技能水平等都没有变化，社会知识、生产经验、生产技能、市场信息、人际关系等，都没有任何的变化。这是最根本、最关键的因素。

3. 物质、能量、信息不变

劳动力的简单再生产，最明显的表现是劳动力消耗、生产、吸收的物质、能量、信息是不变的。劳动力简单的生产和再生产，通常就是简单劳动，只能生产出维持劳动力的简单的生产和再生产所需要的物质、能量、信息等，也就是只能生产出维持劳动力的简单生产和再生产所需要的产品。无论是消耗、吸收的物质、能量、信息，还是劳动力创造的物质、能量、信息，都没有变化，数量没有增减，质量没有升降，结构没有变化，与原来一模一样。社会的总产出没有变化，总消耗也没有变化。既没有向外输出什么新产品，也没有从外界吸收什么新产品；既没有创造、积累、应用什么新知识、新技能，也没有从外面学习、借鉴什么新知识、新技能。由于没有创造、学习、应用新知识、新技能，人的劳动生产率和生产力长期处在同一水平，几乎没有什么变化，类似于一般的动物，这也是过去人类一直受自然束缚、长期处在贫困边缘的重要原因。由于生产力没有进步，没有新知识、新技术的应用，没有生产力和生产率的提高，人们无法实现勤

劳致富，只能维持基本的温饱。从“熵”的角度看，劳动力简单再生产似乎没有造成“熵增”或“熵减”的情况。

4. 生产和生活状态不变

在劳动力简单生产和再生产状态下，生产和生活是日复一日、年复一年简单、单调的重复，生产和生活场景、状态都没有任何变化。

5. 劳动力简单生产和再生产的关键

知识、技能是劳动力再生产最关键，也是最大的变数。劳动力简单再生产主要表现在知识、技能的简单再生产。

劳动力长期处在简单生产和再生产状态的关键是没有知识创新、科技创新，没有社会生产力的进步。就今天的人与古代的人相比，维持人身体的新陈代谢所需要的物质、能量并没有增加，但是，今天的人，所掌握、应用的知识、信息、技术、物质、能量，比过去要多很多，生产力比过去高很多。如果把人封闭在某个较小的范围内，保持其知识、技术学习的停顿状态，那么，其生活和生产状态就会停止变化。古文中的桃花源与外界隔绝，如果那里的人既没有创造和积累出什么新知识、新信息、新技术，与外界也没有进行物质、能量、知识、信息的交流交换，那么他们的生产力、认知能力等都会停留在过去的状态，他们的生产状态、生活状态，以及劳动力的生产和再生产状态就维持在简单的生产和再生产的状态。

第三节　劳动力扩大再生产的关键是知识能力有扩大

一、劳动力扩大再生产的基本概念

在劳动力的生产和再生产过程中，劳动力的数量不断增加，质量不断提高，知识不断增长，能力不断提升，创造的物质产品和精神产品不断丰富，这就是劳动力扩大的生产和再生产。

劳动力扩大的生产和再生产的模型与劳动力简单生产和再生产的模型不同。在劳动力扩大的生产和再生产中，所有环节都发生了变化，最显著的变化是劳动力的恢复变成了劳动力的提高，即“劳动—吸收—恢复”变成了“劳动—吸收—提高”。

在劳动力扩大再生产中，以下四个方面都发生了变化。

一是劳动力创造发生了变化。

劳动力扩大的生产和再生产，自然会创造出更多、更新、更好的产品，特别是创造出更多、更新、更好的知识、技能，使人的大脑思维、精神状态等发生变化，使人们的外在行为、劳动形态、生活状态等发生变化，物质产品的知识含量、技术含量提高，使社会物质面貌发生变化。

二是劳动力消耗发生了变化。

劳动力扩大的生产和再生产，需要运用和消耗更多的新知识、新技术、新工具、新材料、新能源等，特别是运用了更多的新能源以替代人的劳动力，减轻了劳动力的直接消耗。比如，需要用上电力、机械、电脑、精密仪器等新产品，而不是像简单的生产和再生产那样，在所运用的知识、技术、工具、材料、能源等方面没有变化。

三是劳动力吸收方面发生了变化。

劳动力扩大的生产和再生产，需要吸收、掌握更多、更好的物质、能量、信息、知识、技能等，才能提高劳动力，才能生产出更多、更好的劳动产品，才能提高劳动技能和效率，使劳动力的运用达到最大化。比如，用双手挖土只需要掌握简单的技能；如果用挖掘机挖土，就需要掌握操作挖掘机的技能，这个技能就比用双手挖土的技能复杂得多。劳动力扩大的生产和再生产，在吸收方面主要是增加了知识、信息、能量的吸收和应用量。

四是劳动能力得到了提高。

由于劳动力吸收、掌握了更多的知识、经验、技能，使这些知识变成人的认识能力、行动能力，使人所创造、支配、运用的物质的力量增多、增强了，特别是能支配、使用电力、自然力、机械力，使人的体力和脑力得到延伸、增强，从而提高了人的劳动能力。劳动力扩大的生产和再生产，必须体现在劳动能力的提高上；没有劳动能力的提高，就没有劳动力扩大的生产和再生产。

劳动力扩大的生产和再生产可简称为劳动力扩大再生产。

1. 基本内涵

（1）劳动力数量的增加

劳动力数量的增加包括劳动力成员个数增加，劳动者投入劳动的时间、精力增加。狮群每天的休息时间远多于捕猎时间。人则不同，很多人的劳动时间多于休息时间。人知道一分耕耘，一分收获；两分耕耘，就有两分收获。人知道多劳才能多得，勤劳才能致富。人通过付出更多的劳动创造出更多的粮食等产品，才能养活更多的人，再生产出更多的劳动力。有更多的劳动力，就可以投入更多的劳动，创造出更多的产品，从而又可以再生产出更多的劳动力。这种不断循环扩大的生产活动，就是劳动力扩大的生产和再生产。

（2）劳动力结构的优化

有的人能力很全面，工作、生活、交友等，样样都行。而有的人善于工作，却不善于料理自己的生活，不善于表达，不善于与人交往等。如果一个人能够扬长避短，优化自己的劳动力的结构，就会成为一个能力很强的人。一个家庭、一个劳动组织里有许多成员，不同的成员有不同的能力特长，如何发挥好这些成员的长处，做到人尽其才，物尽其用，形成合力，使整体劳动力的效率得到最充分的发挥？这就需要优化劳动力结构，优化成员分工合作模式，从而使整体的劳动能力得到提升，使整体的劳动效率得到提升。

（3）劳动力知识、信息、技能数量的增加

人们在劳动实践中不断积累知识、经验，不断搜集各种信息，并将其应用到新的实践中，使自己的劳动更有成效。有些人或组织，由于掌握的知识、信息、技能的数量不够，整体的劳动生产力水平不强，效率不高。对于这样的情况，一般可以通过学习、培训，增加人掌握的知识、信息、技能的数量，从而提高劳动力，实现劳动力的扩大的生产和再生产。

（4）劳动力知识、信息、技能质量的提升

知识、信息、技能不光有数量，还有质量，不同层次的知识、信息、技能的质量是不同的。知识、信息、技能的质量不同，显然影响劳动者的劳动能力和水平。劳动者可以通过终身学习、在实践中学习，不断提高自己所掌握的知识、信息、技能的质量水平，来提高自己的劳动能力，实现自己劳动力扩大的生产和再生产。

（5）劳动力知识、信息、技能结构的优化

不同的人，所掌握的知识、信息、技能的种类、水平、功能等是不同的。人进行劳动，需要有相应的知识、信息、技能匹配。如果自己所掌握的知识、信息、技能与劳动的目的和需要不匹配，那么，就需要对自己的知识、信息、技能进行调整、优化，让自己掌握的知识、信息、技能最大程度地匹配自己的劳动，服务自己的劳动，让自己的全部知识、信息、技能共同地、整体性地产生更大的功效。

在生产劳动和生活劳动中积极主动地钻研知识的人，通常要比不积极主动地钻研知识的人付出更多的脑力和体力。他们获得的知识，不仅凝结了钻研知识这一“额外”的劳动，还包含着生产和生活实践“正事”的劳动，因为两者不可分割。

（6）创造和应用的物质、能量增多

人越来越善于创造、依靠和应用更多更好的物质和能量产品，来延伸自己的劳动力，增强自己的劳动力，代替自己的劳动力，这是劳动力扩大再生产的显著表现。

2. 基本外延

劳动力扩大的生产和再生产是“实践—认识—提高”的核心和具体表现。几乎所有的开放社会，允许人员自由流动、自由选择职业、自由竞争的社会，其劳动力的生产和再生产都呈不断扩大的态势。几乎所有的产品交流、知识交流、信息交流，都有利于劳动力扩大的生产和再生产。择优、求优、学优是人的基本特性，而开放交流有利于实现这些。劳动力扩大的生产和再生产，是人类社会的基本特征，是人类社会区别于其他动物世界的显著特征。一个劳动力不断扩大的人，是个人掌握和贡献的知识不断增加、解决问题的能力不断增强、创造价值的能力不断提高、社会影响不断提升、贡献的正外部性不断扩大的人。一个劳动力扩大的生产和再生产的家庭，是不断进步的家庭，是幸福美满的家庭，是令人羡慕的家庭，是为社会贡献更多正能量的家庭。

二、劳动力扩大再生产的基本表现

劳动力扩大的生产和再生产，表现为人口整体的劳动能力不断提高，人口整体的科学文化素质不断提高，科学技术和社会生产力不断进步，创造的物质财富和精神财富不断增长，物质产品、能量产品、信息产品数量不断增加、丰富，质量不断提高，科技含量不断上升。

① 个人或家庭知识增加，实力不断增强。

② 综合知识水平不断提高。

③ 专业技能不断提高。

④ 解决问题的能力不断提高。

⑤ 生产能力和效率不断提高。

⑥ 个人品德、社会公德、家庭美德、职业道德的水平不断提高。2017 年 5 月 6 日，伦敦金斯顿大学的研究人员发表研究报告称，读书实际上可以让人成为更友善且更富有同情心的人。

⑦ 为社会贡献正外部性、正能量，成为社会的楷模。

⑧ 社会财富显著增长。

总之，劳动力扩大的生产和再生产，不仅体现在劳动生产方面，还体现在其他许多方面，包括知识技能、思想道德、为人处世等方方面面。应该说，劳动力扩大的生产和再生产是无所不包的，只要是对现实社会有益、能增加社会目前和长远的利益，都是劳动力扩大的生产和再生产。

当然，上述罗列几种情况，并不能全面地或概括性地表现劳动力扩大的生产和再生产，只是一种提示。真正的劳动力扩大的生产和再生产，是全方面、全方位的，不同的人有不同的方式方法和表现，是丰富多彩的，是千帆竞发的，无法一一列举。

三、劳动力扩大再生产的实现条件

实现劳动力扩大再生产需要有两个条件，也是两个标志：一是物质、能量的生产量和消耗量增加，二是知识增加和科学技术进步。只要满足这两个条件，劳动力扩大的生产和再生产就可能实现。

要想实现劳动力简单的生产和再生产向扩大的生产和再生产跃升，就要像许振超、窦铁成、周群飞等那样，在劳动实践中不断钻研技术，提高自己的劳动技能，做一个刻苦钻研、善于思考、一丝不苟、精益求精、有“工匠精神”的劳动者，不断从各种渠道、各个方面学习新知识、新技术、新经验，不断提高自己的劳动能力，提高自己解决在实践中遇到的复杂问题的能力。如果在工作中不用心思考、刻苦钻研，就只能从事简单的、重复的劳动，劳动力只能简单地重复和循环。劳动力从简单再生产向扩大再生产的跃升，必然伴随着知识的增加，有时还伴随着能量的增加。

四、劳动力扩大再生产的实现途径

劳动力扩大再生产，有两种基本的实现途径。一种是外延扩大的生产和再生产，另一种是内涵扩大的生产和再生产。

1. 外延扩大的生产和再生产

主要是靠增加劳动力数量，扩大劳动力规模，增加劳动力的劳动时间和劳动强度，从而实现劳动力扩大的生产和再生产。

（1）数量增加

家庭成员中的劳动力数量比过去有明显的增加，这可以扩大劳动量，生产出更多的劳动产品，从而为养活更多的家庭人口创造物质条件。

人口既是消耗者，又是生产者，必须处理好生产与消耗的关系，特别要处理好对劳动力的教育等方面的投入与提高劳动者的实际创造力的关系。要兼顾人口生产与物质生产的关系、现实与长远的关系、物质财富与精神财富的关系、掌握书本知识与付诸实践能力的关系。要适当把教育与实际需要结合起来，尽量避免学非所需、所用。要把劳动力培养好，提高劳动力的知识技术水平，提高劳动者的生产能力和劳动效率，从而使劳动力的生产和再生产最大化，使劳动力的劳动产出最大化。

（2）提高劳动强度

包括延长劳动时间、提高劳动强度。比如：过去一天劳动 10 小时，现在劳动 16 小时；过去一次搬运 100 斤货物，现在一次搬运 120 斤货物。周群飞在劳动中既生产物质产品，又钻研劳动技术，是主动地增加自己的劳动强度。但是，具体人的体力、精力、能力总是有限的，而不可能是无限的，人既要工作，又要休息，只工作不休息是不行的。因此，工作与休息应当有一个科学、合理的比例，劳动强度有一个合理的限度，在人可以承受的合理的劳动强度内，由劳动者自己主动地多付出、多承担，才能最大限度地挖掘劳动力的使用价值。

（3）外延扩大的生产和再生产不可长久

如果在人口过快增长的同时，物质生产没有跟上，就可能导致人口挤占经济发展资源，导致人口成为家庭、社会和国家发展的负担。同时，人的体能也不能无限提高，至少在一个时期内是相对稳定、有极限的，不可能无限增加人的劳动时间，提高人的劳动强度，否则，会损伤劳动力，损害劳动力的生产和再生产。因此，发展应当主要靠知识增长，靠科技进步。没有知识增长、科技进步、生产力提高，单靠劳动力外延的扩大，无法实现可持续的增长。依靠人力外延实现的增长必定敌不过知识进步促进的增长。

2. 内涵扩大的生产和再生产

主要是通过学习，在实践中积累经验、技能，搜集知识、信息等方式，劳动者增加了掌握和应用的知识，提高了劳动技能、综合素质和劳动效率，实现劳动力扩大的生产和再生产。这既有现实意义，又有长远意义，会使劳动者“一次投入，终身受益”。客观、宏观、历史地看，全社会劳动力是能自主生产、自主创造、自主扩大的，有着天然内在的自主发展机制。这种自主发展机制，就是人类的自主发展机制，是通过人与人之间比、学、赶、帮、超的竞争机制实现的。

（1）组织的学习教育

包括家庭组织的学习教育、单位组织的学习教育等，比如，父母为子女提供受教育的机会、单位领导为员工提供培训等。这些教育培训活动中，有的是劳动力主动要求的，有些是被动接受的，不同的情况下学习效果可能有所不同。要尽量增强学习的主动性、自觉性，把被动学习变成主动学习，主动提高自己的知识水平、劳动技能，从而改善自己的学习效果。

（2）自主学习

即自学、自修，自主积累、自主锻炼、自主修正。学习使人进步，不断学习使人不断进步。劳动力可以积极作为、主动作为、自觉作为，“不需扬鞭自奋蹄”，自己培养、创造自己的优势，自己积极主动地提高，扩大自己劳动力的生产和再生产。

在实践中提高劳动技能。即劳动者在实践中积累经验、信息、知识，不断提高劳动能力，在实践中锻炼自己，实现劳动力扩大的生产和再生产。把简单劳动做到极致，就不简单，就不再是简单劳动，不再是劳动力简单的生产和再生产，而是复杂劳动，是劳动力扩大的生产和再生产，能创造更多的价值。员工越优秀，标杆作用越显著，创造的价值越高，越是扩大的生产和再生产；反之，就是简单的生产和再生产。

在实践中提高思想认识水平。正确的思想认识可以使人找到正确的劳动方向。实践是个大熔炉，是最好的大学，思想认识水平可以在实践中得到验证和提高，思想境界可以在实践中得到提升，劳动的方向可以在实践中得到修正，为人民服务、为国家服务、为人类服务的思想境界可以在实践中得到升华。

劳动者要向书本学习，向一切先进者学习，在学习中增长自己的知识，提高自己的劳动能力，实现自己劳动力扩大的生产和再生产。

学习也是一种劳动，是一种吸收能量的劳动。选择了学习，就选择了为人类社会创造更多的价值，就选择了进步。

学习不但可以提高劳动能力，也可以提升人的思想境界，培养人为社会服务的情怀。知识、思想会在学习中产生“物理反应”“化学反应”，大脑会产生联想、推断，会形成新的观点、方法等，会产生新的知识、新的思想，会改变人的行为。比如，革命者到欧洲勤工俭学，不但学到了在工厂里进行生产劳动的新技能，还学到了欧洲的民主思想等。

（3）就人类劳动力的发展历史看，人身体的消耗和吸收是有极限的

劳动力扩大的生产和再生产，与个体劳动力身体所消耗、吸收的物质并没有显著的正相关关系。人，从古至今，基本上都只是一日三餐，这基本上没有变化。今天，无论是大科学家、发明家，还是普通人，在生理消耗上并没有多大的差异，并不是说，劳动能力强的人、有智慧的人，一日就吃四餐、五餐，日均消耗就多。个人的消耗多少，与个人的劳动力扩大的生产和再生产并没有无限量的联系。虽然个人学习知识需要消耗一定的物质资料，比如，书本、笔墨、能源等，但是，这与个人身体的生理性消耗没有多大关系。

第四节　劳动力扩大再生产是人类必然

一、劳动是劳动力生产和再生产的基本条件

① 劳动创造了人类扩大再生产的必要物质产品；

② 劳动创造了人类扩大再生产的无形产品。

人是智慧生物、社会性生物，人不仅需要物质产品，还需要信息、知识、科技等无形产品；不仅要独立生存，还要在群体中生存、合作生存。人不仅生产物质产品，还生产精神产品。实践证明，人只有生产出更多更新的知识、科学、技术，并把它们应用到自己的劳动中，才能实现劳动力的扩大。扩大是无止境的，有止境就不再是扩大，而是停顿，是简单的再生产循环。人不仅要生产个人化产品，还要生产社会化产品。人如果缺乏精神产品的消费，离开群体，离开社会，就无法生存。

二、为什么劳动力扩大的生产和再生产是人类社会的必然

劳动力的生产有维持现状式的，有扩大式的。维持现状，就意味着人们的生产和生活不会发生任何的变化，显然，这不是人们期待的。人们总是希望自己的

生活有所变化，越来越好。当一个地方、单位长期没有发展的时候，民众、员工就会抱怨，就会求新求变，要么离乡背井去外面求生，要么自力更生、发奋图强。一个人长期管理一个地方，而该地没有发展，那么，他的领导能力就会受到百姓质疑，人们就会期待、推举有能力的人来带领他们改变生活。如果他们的生活因此而发展进步，他们就认为这个领导有能力。

人们不愿意过，也无法过那种长期没有变化的动物般的生活。人的知识、生产力总是向前发展的，人总是希望也能够不断地进步，除非有人能够阻碍科学知识、生产力的发展，阻碍人的进步。就人类社会来说，科学知识不断增加，生产力不断向前发展，是人类社会的一种自发、自然的现象，是无法阻挡的，这同“实践—认识—提高”是一致的。

人对新鲜事物、新鲜知识充满着好奇和向往，人愿意为此付出劳动，甚至牺牲生命。这也是大山里的人总想走出大山，到外面的世界去，到城里去，到人多的地方去，到发达的地方去，去看更多更新鲜的人，接触更多更新鲜事物的内在原因。

通过积累知识、学习知识、应用知识、创造知识，人的劳动力就会提高、扩大，就能实现从简单劳动力到复杂的劳动力、扩大的劳动力的转化。人是可以相互学习、相互带动的。个体人的劳动力提高了，群体人的劳动力也可以提高。

三、靠复制他人的知识不可能实现长久发展

先进知识可以被复制，导致许多人、企业甚至国家不愿意进行知识原始创新，而是热衷于、陶醉于复制他人的知识，这导致其失去了知识原创动力、能力。当知识产权保护趋紧，知识均衡流动受到限制，经济增长和社会发展就会出现停滞，这使复制者掉入“山寨增长”的陷阱。那些所谓掉入中等收入陷阱的国家，无一不表现为缺乏自主创新能力、严重依赖别人知识创新的特征，发展中国家的财富会因为不合理的专利保护制度或不公平的分配制度而反向流入高收入国家。那些自主创新能力逐渐增强的地区，如日本、韩国，都没有陷入所谓的中等收入陷阱，而是继续呈现蓬勃发展的态势，关键是它们具有很强的自主创新能力和核心竞争力，技术和产品的国际市场话语权、控制力显著增强，市场对它们的信心一直坚挺。中国要实现可持续发展，必须进行制度创新、技术创新、产品创新。

第十章

物质产品使用价值

人类首先是物质的，需要有物质来满足人的生命物质新陈代谢的需要。物质产品是人类生存和发展的第一需要，是人类社会财富的重要组成部分，是人类社会生产力的重要体现。

第一节 物质产品使用价值的基本含义

一、物质产品使用价值的基本概念

物质产品是有具体物质形态的劳动产品。

物质产品使用价值是物质产品能够满足人的某种需要的属性，以及这种属性的大小、多少、高低、优劣等。物质产品通常能够满足人的某种需要，对人有使用价值。生产出的物质产品如果对人没有使用价值，就浪费了人力、物力、财力。

价值是人与人之间、人与事物之间因为人的实践需要而建立起来的关系。对人有使用价值，能满足人的某种需要，就与人建立起了价值关系。

1. 内涵

① 由物质的基本元素构成，具有一定的物理空间特征，有明显的外部效应。物质产品需要有合适的存放空间。

② 是人的劳动产品，是人赋予了产品形态、成分、结构、功能。人通过劳动，改变了劳动对象、劳动资料的形态、成分、结构、功能等，使得劳动对象、劳动资料变成了可供人使用的物质产品。

③ 是知识的重要载体。物质产品的不同形态、成分、结构、功能等，是由不同的知识、技能决定的，是不同知识、技能的呈现和物化，凝结了劳动者的知识、技能、价值观等，从物质产品中，可以观察、分析出劳动者的知识、技能和价值观。

④ 是人的感情的重要载体。一朵玫瑰、一枚钻戒，会成为男女爱情、婚姻的信物。中国人说“敝帚自珍”，意思是珍爱自己拥有的物件，哪怕是一把破旧的扫帚。为什么呢？除了习惯外，恐怕还因为旧物件伴随了自己的实践，参与了自己的实践，见证了自己的实践，人们因此把自己的感情寄托在、物化到、对象化到旧物件中。

⑤ 是人类创造的社会财富的重要组成部分。在一定的价值标准下，谁拥有了更多的物质产品，谁就拥有了更多的物质财富；一个国家拥有大量物质财富，

也是一个国家富有的象征。有大量人造物质财富的积累，是人类社会区别于其他动物世界的显著特征。

⑥ 是生产力的重要组成部分。各种设备、装备、厂房、道路、桥梁、能源，等等，都是现实物质生产力的重要组成部分和重要呈现。

⑦ 使用价值大小是可以衡量的。随着知识和经济社会发展，使用价值越来越需要衡量，越来越成为一个可以衡量的社会经济范畴。

2. 外延

物质产品所具有的能够满足人的某种需要的、可供人使用的属性，就是物质产品的使用价值。不同的劳动者生产出具有不同使用价值的产品。不同的产品有不同的使用价值。不同的人，对同一种产品，可能开发出不同的使用价值。

二、物质产品使用价值的基本特性

1. 客观性和单方面性

① 物质产品的使用价值是物质产品与生俱来的，是由产品的生产者设计、物化、对象化到物质产品中的。可供人使用的属性，是物质产品必须具有的属性，它对外界的影响和作用都具有一定的客观性、真实性。

② 物质产品的使用价值是由生产者单方面设计的。物质产品有没有使用价值，有什么样的使用价值，从根本上看，只与生产者有关，而与其他人无关。虽然物质产品的使用价值还必须经过使用者的具体使用才能呈现，但是，无论使用与否，物质产品的使用价值都客观地存在于物质产品之中。生产者赋予物质产品的使用价值才是其使用价值的真正“内容”和来源。

2. 可供人使用、占有

① 可让人感知。物质产品的实体形态、功能、使用价值等能让人感知，人们能感知到它能满足人的什么需要。

② 可供人使用。人的生命首先是物质的，进行着物质的新陈代谢。人类首先会消耗物质产品、占有物质产品、使用物质产品，以维持自身的生存和发展。

③ 可供人占有。物质产品是劳动者通过劳动获得的，劳动者自然会占有它，而不是抛弃它。劳动者占有自己的劳动成果，是天经地义的公理。

④ 人类对物质产品的需要并不是单一的，而是丰富多元的，这是人与其他

动物的显著区别。人不仅需要丰富的食物，还需要多元化的衣物、住房、劳动工具、交通和通信工具、其他生活生产用具等。而且，人对物质产品的需要会随着社会实践的发展变化而发展变化。

⑤ 使用某些物质产品，特别是先进的物质生产资料，可以提高人的劳动生产力和劳动效率，从而帮助劳动者生产出更多更好的产品，以改善人的生活。

⑥ 如果是商品，那么，商品的使用价值就不是为生产者自己生产的，而是为交换者、为他人生产的。因此，使用价值就具有了社会性，就成为社会关系的承担者、社会关系的载体。如果商品对购买者来说没有使用价值，那么，交换就不会发生，商品也就不能成为商品。商品之所以成为商品，就是因为商品的使用价值能够满足他人的需要，商品能够与他人的产品进行交换。商品生产者之间发生关系，就是通过商品的使用价值来实现的，这使用价值在很大程度上决定了商品的交换价值。

3. 是人类社会重要的财富

① 物质产品凝结了劳动者的劳动，对人类有使用价值，进入了人类社会的价值体系，是人类社会价值和财富的重要载体。人的劳动创造了物质产品，把人类的劳动、知识物化到了物质产品中，物质产品就凝结了一般人类劳动和相应的知识，并使物质产品对人类有了功能、价值。这就是劳动的物化和产品价值化。

② 物质产品凝结了人类的知识，是知识的重要载体。人的劳动是靠大脑指挥、支配的。人的大脑是如何思考，如何指挥劳动的，就会生产出什么样的产品。人会在劳动实践中应用所学习、积累的知识来设计和生产产品，产品也就物化了人类的智慧，是人类智慧的结晶、知识的物化和知识的载体。从产品中，可以看到劳动者的知识智慧；从文物中，可以看到古人的知识智慧。

③ 物质产品使用价值是人类的基本追求，这使得人类对物质产品更敏感，使得物质产品在人类社会财富中的地位更突出。许多人往往忽视、放弃了自己创造的知识产品，却不会轻易忽视和放弃自己创造的物质产品。在生产力不够发达、物质产品还较匮乏的时候，人们追求的主要是物质产品，而不是精神产品。

4. 物质产品使用价值的自然变化

物质产品通常会随着时间的延续而出现自然损耗、变质等现象，其使用价值也会因此而下降。

① 使用时会发生物理、化学方面的变化。把面粉变成馒头，不但物质形态发生了变化，面粉的物理和化学结构、性质也发生了变化；工具在使用中会出现

一定的磨损，使用越多，磨损就越厉害，这是一种物理变化。

② 不使用时，也会随着时间的延续，而出现物理或化学方面的自然损耗。面粉存放太久，会吸潮、生虫、霉变；时间长了，砖石会风化，钢铁会锈蚀，书籍纸张的木质纤维也会发生变化。因此，能长时间保管好物质产品、保持物质产品的良好品质是不容易的，需要付出新的劳动，甚至需要采用高科技。

③ 某些物质产品会因为出现损耗、变质等情况，导致使用价值下降。例如：钢铁锈蚀了，其强度、承载力等就会下降；面粉霉变了，就失去了可供人食用的使用价值。

④ 有些物质产品，因为保管得好，没有或很少出现物质方面的变化，具有文化价值，时间越久，其市场价格可能越高，如某些文物、古董，这体现了人们对稀缺物品的偏好，体现了人们对先人的劳动和智慧的好奇和尊重，也是对“保管”劳动的一种回报。

5. 物质产品使用价值的发展变化

物质产品是凝固的知识和生产力，一经生产出来，就难以改变，而人创造的知识、生产力是不断发展的，人创造的物质产品是不断更新的。凝固了人的新知识、代表了先进生产力的物质产品一经诞生，就会淘汰旧的、落后的生产力，旧的、落后的物质产品，落后物质产品的使用价值就会随之消失。

6. 具有明显的外部效应

物质产品的外部效应通常是无法隐藏、掩盖的，它可以对人形成感觉、知觉、审美、情感等方面的刺激、影响。这也是物质产品使用价值的表现。

第二节 物质产品的基本分类

一、按照使用价值进行分类

按照使用价值，物质产品可分为物质生活资料和物质生产资料。两者有不可分割的关系。

生产资料是用于生产生活资料或其他生产资料的；生活资料一般是由生产资料生产出来的。比如，面包作为生活资料，是由面粉这种生产资料生产出来的。对于面包厂来讲，可能还要使用电力、和面机、电烤箱等生产资料。

生产资料通常不直接进入生活消费领域，不直接用于人的生活消费，而生活资料通常直接进入生活消费领域，直接用于人的生活消费需要。

在以家庭为单位的生产劳动组织中，有些生产资料与生活资料可互通互用，如小汽车，既可以作为家庭生活交通工具，又可以作为家庭生产运输工具，到底是生产资料还是生活资料，需要看具体的使用情况。

无论是生产资料，还是生活资料，对人来说，都凝结了人类的知识、智慧和一般人类劳动，都有使用价值。劳动者的劳动和劳动知识、技能都物化在劳动产品中，劳动产品成为劳动的载体、价值的载体、知识的载体，甚至成为劳动者的化身。

二、按照使用权的公共属性进行分类

1. 公共物品

公共物品是供公众使用的物品。公共物品通常不具有使用上的排他性，任何人都可以使用，使用的人越多，其使用价值发挥得就越好。

2. 私人物品

私人物品，其所有权通常属于特定的人或组织，只允许特定的人占有或使用，不允许其他人占有或使用，所有者对它的占有权或使用权具有排他性。

3. 物质货币

物质货币既是公共物品，又属于私有财富、私人物品，具有公共性与私有性两种特性，是两种特性的复合体。拥有货币，就拥有了交换的权利，这种权利，既是公共的，又是私人的。作为公共物品，它的使用价值包括交换媒介、价值尺度、财富储藏、支付功能、促进价值一致等。通俗地说，货币就是劳动价值和使用价值，就是权利，就是丈量财富的尺子，就是名片，就是通行证。作为私人物品，货币的使用价值包括财富衡量、财富标志、财富占有、财富储藏等功能，是一种私有财产、私人权利的体现，一般不会无偿给予他人。

纸币通常只有交换媒介、价值尺度、支付功能等使用价值，其作为财富储藏手段的使用价值并不显著。数字货币具有无形性，甚至从生产技术角度看，数字货币的生产本身可具有无限性，但是，货币的本质决定了它不应该是可无限复制的，纸币亦如此。

货币的支付功能，也是货币的一种使用价值。商品购买者向商品出售者支付货币，企业用货币向其雇员支付劳动报酬，黄金公司用货币向其职工支付劳动报酬，黄金公司用货币支付外购的商品等，都是使用了货币的支付功能。

只有在市场交换中货币才能显现公共属性，才能发挥公共性作用，离开市场交换，货币无法发挥其公共性使用价值。把货币藏在家里、埋在地下，就是埋没了货币具有的公共性；只有让它流通起来，才能发挥它的公共性使用价值。

三、物质产品之间的差异性

1. 一般物质产品的差异性

物质产品之间的差异一般体现在构成物质的基本元素上，不同的物质产品是由不同的物质元素构成的，有不同的物质分量、不同的物质结构。

物质产品之间的差异还体现在物质产品的结构、功能、使用价值的差异上，这是由于不同的生产者具有不同的知识、技术。

物质产品之间的差异还体现在具体劳动的差异上。具体劳动的不同劳动者及不同的劳动形态、方式、对象、工具、技术水平等，决定了物质产品之间具有不同的劳动价值、使用价值、效用价值、稀缺性价值、外部性价值等。

2. 物质货币的差异性

由于货币是在长期的实践中形成的公共产品，单位货币的劳动价值、使用价值、效用价值、稀缺性价值、外部性价值等是公开、透明、公认、稳定、均衡的，因此，单位货币的价值基本上没有差异，差异只在货币数量的多少上，这是货币可以充当价值尺度的关键原因，因为它的价值是公开、透明、稳定、均衡的，是公认的。

不同国家的货币由于可流通的范围等方面的不同，使用价值就存在显著的差异。

当然，对物质产品的分类，可以因人因事而异，并没有固定的分类标准。而且，不同分类间也存在交叉、重叠、混合、融合的情况。

第三节　物质产品使用价值的基本呈现

一、物质产品的主要功能

物质产品的主要功能，即主要使用价值。每一种物质产品，一般都有其主要功能，也就是主要使用价值。

① 满足人的生命物质新陈代谢的需要，如食物、饮料等满足人的饮食需要。人类生产物质产品，首先要满足人的生命物质新陈代谢的需要。

② 构成新产品。这类物质产品在使用中通常会发生形态的变化。原材料、辅助材料等会在生产活动中被加工成新产品，发生形态等方面的变化，会被转化到新产品中，成为新产品的主要物质成分，如面粉变成馒头，塑料、金属等变成手机。

③ 帮助劳动者把原材料等转化成新产品。这类物质产品在使用中基本不发生物质形态变化。如厂房、工具、机器、生活用具等，有助于人把原材料等转化成新产品。

④ 协助人力改变物质原料等，生产出人需要的物质产品。如把燃料转化成电力，可以代替人力，辅助人进行生产劳动。没有能源的应用，就没有人的体力的替代和节约，就没有人的生产力的提高。

⑤ 满足人的精神文化需要。有些物质产品，既能满足人的物质方面的需要，又能满足人的精神文化方面的需要，如服装服饰等，这也是物质变精神、变文化的重要表现。这类物质产品在使用中通常也不会发生形态方面的变化。

⑥ 满足人探索、追求科学的需要。探索、追求科学，往往需要消耗一定的物质和精神方面的产品。比如，做科学实验，需要消耗实验用品；观察星星，需要使用望远镜；发射火箭、卫星需要消耗燃料。如果探索成功了，取得了科学成果，为其付出的劳动、物质、知识等，就转化成了科技成果。

⑦ 作为知识的载体。物质产品都是人生产出来的，是人的知识的化身。信息、技术、文化、意识、情感等，通常需要借助于物质来承载、表现、表达、传

递、存储，这是物质产品重要的使用价值。

当然，物质产品还有很多功能，无法一一列举。

二、物质产品的外部功效

物质产品的外部功效有很多方面，对于不同的物质产品、不同的人、不同的时间、不同的场合，物质产品的外部功效是不同的，需要加以区别。即使是同一产品，在不同的场合、不同的人群中，也会有不同的外部功效，外部功效的不同在一定程度上取决于使用者的不同，取决于不同的人对产品外部功效理解和开发的不同，这是使用者对产品使用价值的一种认识、开发。有些产品的生产者抓住了群体的心理，开发、增强了产品特殊的外部性，受到市场的欢迎，从而增加了自己的市场销量，比如，有个花店，让送花工穿上小丑的服装，给人带去了新奇和喜悦，从而增加了市场销量。

很多物质产品在一开始有很强的外部功效。比如，在电视机还未普及，大多数人还购买不起电视机的时候，家里有一台电视机就是很了不起的事，有人把电视机作为自己特有的财富进行炫耀。这是电视机衍生的使用价值。这类产品很多，而且随着社会发展也不断变化。

外部性价值与物质产品的使用价值通常是正相关的。通常，物质产品的使用价值越大，其外部性越强。产品对人的有益性使用价值越大，其正外部性也越强。比如，一个努力追求卓越的企业，其产品不但卓越，其外部影响通常也卓越。如果一家企业的产品对人类有很大的危害性，那么，其产品就具有很强的负外部性，人们就会谈之色变，避之唯恐不及。

产品的外部性根本上是由生产者的劳动决定的。产品是否有技术含量，取决于生产者是否掌握和应用了较高的技术；产品是否有品质，取决于生产者是否有品质；产品是否有品位，取决于生产者是否有品位。因为，产品是生产者的对象化、物化。

三、物质产品具有凝结、贮存和传播知识的功效

一台机器、一座大桥、一件时装，凝结并传播了设计者的知识。书画、记录知识或信息的磁带、U 盘等，都是物质产品，但是，它们的功能不是物质本身，而是物质所记载的人创造的知识、信息。

毫无疑问，物质产品本身凝结了生产者的知识、文化，是知识、文化的载

体，传播物质产品，就传播了生产者的知识、文化。一个国家向国外出口物质产品，同时就出口了知识和文化，进口和使用该产品的人，就会从该产品中感受到生产者的知识和文化，就会通过该产品对生产者产生某种“第一印象”。使用者甚至可以从中感受到生产者的世界观、人生观、价值观，感受到生产者的民族文化和精神。例如，我国消费者从进口和使用的德国产品中，就感受到了德国人具有的工匠精神，并对德国人的工匠精神产生了某种敬佩之情。同样，中国产品大量出口，国外的使用者也从中感受到了中国人的严谨、勤奋、智慧等。这是贸易的重要功能，是知识和文化借助于物质载体传播，也是知识和文化力量的呈现。这些知识，有些是商品，有些不是商品。徐伯聿创作的论文《加工贸易抑制企业创新吗？——来自中国制造业企业的证据》指出，参与加工贸易进出口对于企业研发创新有显著的提升作用，这一作用的机制包括技术溢出、学习行为和出口收益等。显然，加工贸易进出口有利于促进知识、技术、文化等的流动、交流、互学互鉴。马云曾说：“世界需要全球化，而全球化需要贸易。”

实际上，先进科学知识和文化是某些物质产品的灵魂，是其核心使用价值，也是其核心竞争力，因为，不同的科学知识、文化，决定了不同的使用价值，影响了人们对物质产品的需要。融入了先进科学知识、文化的产品，总能得到人们的青睐，因为，人们需要的是其中的先进科学知识、文化。人们之所以能感受到美国的强大，就是因为美国总能生产出技术水平遥遥领先的产品。

先进物质产品在被使用中，也具有激发人们创造知识的功效。中国人在与科技先进的国家交往中，切身感受到了别人在科学技术方面的先进水平，就会见贤思齐、奋发图强。使用别人的先进产品，会激发自己创造先进产品的动力。比如：中国大型水电机组，开始是以市场换技术，通过多年的技术引进、消化、吸收、攻关，目前，中国已有能力设计制造世界上最大的水电机组；特高压输变电技术，过去是中国学习别人，现在是别人学习中国。

四、物质产品具有传递感情的功效

有的人寄情于物，通过物来传递感情。“慈母手中线，游子身上衣。临行密密缝，意恐迟迟归。谁言寸草心，报得三春晖。”这是慈母对游子的爱。玫瑰是爱情的象征，送一朵玫瑰，传递了男女之间的爱情。

第四节　物质产品使用价值来源于生产者的知识技能

一、物质产品使用价值是生产者赋予的

物质产品不是天然的物品，而是依据客观规律，按照人的意志，运用人的知识、技能，通过人的劳动，由人无中生有地创造出来的。物质产品的使用价值不是天然的，而是生产者设计并赋予的。没有生产者的设计和赋予，就没有物质产品的使用价值。

1. 生产者对一般物质产品使用价值的设计和赋予

① 赋予物质产品物质的使用功能。即让物质产品能够满足人的物质需要，能够满足劳动力的生产和再生产的物质需要，能够满足生产活动的物质需要。生产的目的本身就决定着产品的使用价值。物质产品的具体功能，是按照生产者的目的、要求、知识技能设计打造出来的，是由生产者赋予的，体现了生产者的生产目的、主观能动性。基于不同的目的和技术，生产者会设计和生产出不同的机器设备、工具、建筑物等。

② 赋予物质产品知识的使用功能。所有物质产品，都是生产者"智造"的，都印刻着生产的知识、技能、价值观等。物质产品的形态、成分、结构、功能，都是生产者大脑思维的具体体现，都是知识运用的结果，体现了生产者思维的力量和知识的力量。生产者不同的知识、技能，决定了产品加工对象、方式、水平的不同，决定了产品不同的使用价值。

③ 生产者的知识主要来源于两个方面：一方面是自己的学习、实践；另一方面是生产协作者的赋予，如企业的管理者、工程师等提供的知识、技术。

2. 物质生产的综合性

生产物质产品，不只需要物质资料，还需要使用大量的知识；生产劳动不只转化为商品，还需要转化为非商品。物质产品凝结、转化了生产者付出的体力、脑力，凝结、转化了生产者运用的商品和非商品，凝结、转化了生产者运用的物

质资料和非物质资料如知识、信息等。

同时，物质产品不仅能满足人们的物质需要，还能在一定程度上满足人们的精神文化需要。有些物质产品被生产出来了，不仅表示物质财富增加了，还体现了生产力的发展，也成为自信心和自豪感的重要支撑，许多先进工程、先进装备就具有这样的价值功效。

二、不同的需要和使用导致物质产品具有不同的使用价值

物质产品是按照人的需要生产的，满足人的需要是生产活动的目的。生产者单方面的生产可以满足需求者的需要，需求者的需要也可以引导生产者的生产，指引生产者按照市场需求去生产。满足需要往往不是单方面的，而是生产者和需求者意愿契合的结果。即使是对同一产品的需要和使用，也不一定是单一的，有可能是多方面的，比如，衣服不仅可以御寒，还有审美、示美的功能，这都是人们需要的。也就是说，同一件产品，可能有多种使用价值，能满足多种人的多种需要、不同的需要。有的需求者、使用者可能只注意到产品的一种或几种使用价值，只使用产品的一种或几种使用价值，而其他的需求者、使用者则可能使用产品的其他使用价值，导致同一产品在不同的使用者手里，呈现出了不同的使用价值，比如，长寿面不仅可以充饥，还可以作为祝福的载体。需求者的需求得到了生产者的发现，生产者的生产得到了需求者的认可，这样的生产才能有效实施和正常完成。

三、不同的劳动知识导致不同的使用价值

劳动是人在大脑思维支配下进行的活动。思维靠什么？靠知识、信息。人是高级动物，人的大脑思维需要运用大量的知识、信息，人的劳动需要运用复杂的知识、技能。正是这些知识、信息，这些复杂技能，才使得人创造了自然界没有的物质产品，才使得人类创造了其他动物无法创造的产品。不同的劳动知识、技能，支配了人的不同的行动，创造的产品因此是不同的。基于不同的知识技术水平，创造的产品也是不同的，产品的使用价值也不同。光是食物，人类就创造了无穷无尽的花样，这些靠的就是人创造、掌握、应用了不同的知识、技能等。

四、不同的客观条件导致不同的使用价值

我们常说“靠山吃山，靠水吃水”，意思是说，人的能力、职业技术、生产

的产品等会受到先天的自然环境条件影响和后天生活环境条件的影响。不同的客观条件，导致不同的生产活动，生产出具有不同使用价值的产品。

第五节　不同使用价值可以相互转化

一、物质变精神

物质变精神，是指人们在物质生产实践中会产生新思想认识，会发现新规律，会形成新经验、新教训，会积累新知识，或者借助于物质条件，探索出新知识。这种知识，一定是之前没有的，是新的知识，是揭示了新规律、反映了新情况的知识。

1. 物质守恒现象

自然界的物质是守恒的，不会增加，也不会减少。

有些情况下，用一种物质做原材料，生产出另一种新物质产品，原材料的物质会被应用、转化到新物质产品中，构成新产品的物质成分。例如，用面粉做馒头，面粉的分量通常不会减少；把铁块制成铁犁，铁的重量一般不会减少；把金条制成金戒指，重量是不能少的，少了，用户会要求金匠赔偿。

2. 物质不守恒现象

生产中会有些物质原材料被浪费的现象，这往往是无法避免的。比如，用面粉做馒头，总会有一些面粉撒到案板上、器具上，多多少少总会有些损失，这是不必计较的。这就是物质不守恒现象。

有时，我们需要把物质转化成能量。比如，汽车烧油，把油转化成了二氧化碳和水等，油是越烧越少，但是，汽车获得了能量。

进行“人造太阳”的科学实验，需要耗费大量的电力能源，需要得到的是可控核聚变的科学技术；进行太空探索，发射火箭和卫星，得到的是科研成果。

当劳动中发生物质不守恒现象时，人们期待价值能增加。

3. 劳动及物质产品的外部性

劳动者通常会通过劳动行为，以及生产出来的物质产品，向外界贡献外部性。劳动行为的外部性一般是瞬时的，而物质产品的外部性通常具有一定的持久性。

4. 在物质生产实践中产生知识

无论是在物质守恒的生产活动中，还是在物质不守恒的生产活动中，只要是心智正常的劳动者，他们的知识、经验都会因此而增加。

王麒诚在实习期间开始接触建筑智能化这个行业，他说："我对自己的要求是非常严格的。我到一个地方实习，就会观察这个行业好还是不好，看一个公司需要哪些岗位才能支撑其运作。一直到现在，我每天做什么，都会记下来，每天要总结我的人生。"王麒诚的做法、经验，与大多数成功人士的做法相似，就是注重观察、学习、思考，充分吸收实践中发现的知识、信息，把实践当作对自己人生有益的机会和宝贵的资源，不断把物质生产实践变成知识生产实践，不断提高自己，使自己的一次实习获得了物质和知识两种收获，完成"实践—总结—提高"的认识和实践历程，这正是他的成功秘诀。周鸿祎在谈到自己的打工经历时讲，"打工就是用老板的钱给自己交学费。"

二、精神变物质

精神变物质，是指运用新的知识创造新的产品。

人的行为是受大脑思维支配的，有什么样的大脑思维，就有什么样的行动。人在劳动中，会应用知识、技能，会把自己学习、吸收到的新知识、技能印刻到自己的产品中，会按照自己的意志、自己的知识、技能，生产出人们需要的产品，这就是精神变物质。比如，工厂工人按照工程师的要求加工产品，建筑工人按照设计师的要求建造一栋大楼，科学家进行基因编辑生产出新的有特异性的作物新品种等，都是把精神变成物质的体现。

1. 精神变物质，精神产品和物质产品都会越变越多

精神产品并不像有些物质产品那样，会变没有了，而是越变越多。每一次实践，都产生新的知识、经验，知识、经验会越积越多，越积越丰富，越积越高级。

① 受大脑支配的人进行劳动，生产出了物质产品，使物质产品越变越多。

② 受大脑支配的人进行劳动，在劳动实践增加了劳动经验，会使人积累的

劳动知识、信息越来越多，越来越高级、科学。

③ 劳动者不但自己在劳动中积累知识、经验，也会贡献外部性，为社会提供丰富的信息、经验、知识。

2. 知识使用价值的倍增现象

知识使用价值倍增，体现在知识数量的增长，质量的改进，功能的改良，使用价值的改进、提高、创新等方面。新知识的使用价值通常大于旧知识的使用价值，特别是在科学技术和生产力方面，比如，用新技术生产的新火箭发动机产生的推力通常就比用旧技术生产的发动机产生的推力更强大。

① 知识是从无到有地在实践中产生和发展的。人在实践中创造了知识，创新了知识，并把创新的知识应用于实践，这就是新知识的使用价值。

② 自己拥有一分知识，就拥有了一分可以使用的财富。把自己拥有的知识分享给十个人，那么，这十个人就拥有了与自己相同的知识财富。如果能够把自己的知识分享给一万个人，那么，这一万个人也就拥有了一万分知识财富。这就是知识的倍增现象。

③ 当你在传播知识时，你就是在从事着知识的传播实践，这个实践，又会增长你的知识、才干。这也是知识的倍增现象。

④ 当知识被应用于劳动实践中，知识又得到了新的检验、新的改进；在应用、检验、改进的过程中，还会与其他知识产生交叉碰撞，从而产生新的知识，增加知识量，知识的使用价值在实践中又得到了新的改进、增加、提高。每一次实践，都会增加知识、提高知识，从而使知识的使用价值得到提高，这也是知识使用价值的倍增现象。

⑤ 知识的使用价值倍增现象是价值不守恒现象的重要表现。发明家创造、获得、贡献的价值，通常大于他付出的劳动即劳动价值，这是由于知识导致使用价值倍增了。人类社会可以通过大量复制、传播、应用知识，来倍增知识的使用价值，促进科学知识普及，减少人在生产中的劳动消耗和物质消耗，以造福人类。

三、商品性物质产品与非商品性物质产品互相转化

1. 商品性物质产品转化为非商品性物质产品

① 企业购买物质性商品捐赠给学校、福利院，这些商品就变成了非商品。

② 企业投资兴建公益性公共设施，如公共道路、桥梁、公园、广场、图书

馆等，就把物质性商品变成非商品性物质了。

③ 家里购买物质生活用品，家人消费使用该物质性商品，就把商品变成了非商品。

2. 非商品性物质产品转化为商品性物质产品

① 自己生产的物质性产品，在用于交换之前，就是非商品；用于交换时，就变成了物质性商品。

② 把他人赠送自己的物质性产品出售给第三人，非商品就变成了商品。

③ 企业良好的社会声誉引来更多的客户。

第六节 被使用是物质产品使用价值的主要实现方式

一、有关产品使用价值的说明

1. 生产者决定物质产品的使用价值

产品具有的使用价值，主要取决于产品的生产者。产品的使用价值首先是由产品生产者创造和赋予的，没有产品生产者的劳动创造和赋予，就没有产品的使用价值。

一个产品具有的使用价值通常不是一个方面的，而是多个方面的。比如，农民田中的一簇玫瑰，可能只是一簇普通的鲜花，也可能被当成爱情的象征，还可能是炼制玫瑰精油的原料，也可以是植物学家眼中的物种，还可能是画家写生的对象、旅行者眼中的风景。但是，无论是什么，它都是花农生产出来的，没有花农的生产劳动，就没有这簇玫瑰的存在。

2. 使用价值可取可舍

比如，电脑有很多功能，但是，我们很少使用电脑的所有功能，而只使用其部分功能，并舍弃了另一部分功能。这使得我们的电脑总有许多闲置的功能。因此，产品使用价值的实现与使用者如何使用也有关系。

3. 使用者影响产品的实际使用价值

产品实际的、具体的使用价值，取决于产品的使用者。相同的产品，对于不同的人、不同的具体需要，在不同的时空背景下，其使用价值不完全相同。大自然对于人类的价值，也是人类在实践中建立起来的。例如，野生水稻，对于农民来说，可能是一把草，或者是一把可食用的天然粮食，但是，对于杂交水稻专家来说，是宝贵的种质资源。

二、物质产品使用价值的实现

物质产品被使用了，其使用价值就实现了。

1. 具体的使用

也就是人对产品进行了使用，包括使用产品的主要功能，也包括使用产品的次要功能、附属功能、衍生功能、延伸功能等，以及使用者在产品上开发出的新功能等。比如，人把面包吃了，就是使用了面包的主要功能；有的人把废旧的易拉罐做成烟灰缸、工艺品等，就是对废旧物品的开发利用。

2. 外部效应

物质产品都有外部效应，物质产品在使用中也会产生外部效应。比如，拥有强大功能的智能手机，在使用中会呈现出先进性，使用模拟机的人看到智能手机的强大先进功能后，会对智能手机功能有某种感知、认知，这就是智能手机使用价值外部效应的表现。2017 年，中国能装载 1 万多个标准集装箱的巨轮驶入美国港口，引来当地居民的围观，因为他们从来没有见过如此大的货船。

三、物质产品使用价值的实现方式

不同的使用价值有着不同的实现方式。比如，大米被吃到肚子里，就能实现使用价值；衣服被穿在身上，就能实现使用价值；书籍被读者阅读，就能实现使用价值。

1. 占有

占有某种物质产品，是实现其使用价值的重要方式。占有是物质产品使用价值的起点，并可能是终点。占有了，就是发现、承认、接受、使用了产品的使用价值，比如，黄金是公认的财富，这是黄金的一种使用价值，拥有、占有了黄金，就拥有、占有了财富。但黄金还可以继续流通，它的使用价值还可以继续发挥。

2. 接受

接受某种物质产品，是实现其使用价值的重要方式。接受了某种物质产品，就接受了该物质产品的使用价值和劳动价值。比如，玫瑰是爱情的象征，这是玫瑰的使用价值，男士向女士送玫瑰，就表示该男士爱上了该女士；女士接受男士送的玫瑰，就表示接受了他的爱。

3. 吸收

吸收有物质上的吸收，也有知识、精神上的吸收。

吸收某种物质产品，是实现其使用价值的重要方式。吸收了饮料，就是吸收了饮料的使用价值和劳动价值，就变成了劳动力的生产和再生产，就是把饮料的使用价值和劳动价值变成了劳动力的使用价值和劳动价值的构成部分。吸收了新知识、新经验，就是把新知识、新经验的使用价值和劳动价值变成了自己的劳动力，变成了劳动力扩大的生产和再生产。

4. 直接或间接使用

① 直接使用。比如，直接用面粉做馒头，就是直接使用了面粉的使用价值和劳动价值。

② 间接使用。观察、借鉴、外部性等，都涉及间接使用；抵押、质押、出租、出借等，也可归入此类。抵押了房产，就是使用了房产具有的所有权，表现了房产权所具有的使用价值；质押了首饰，就是使用了首饰所有权具有的使用价值。

5. 观察、学习、借鉴

主要是观察、学习、借鉴生产者在物质产品上应用的信息、知识、方法、技能、经验等，劳动产品都具有使用价值和劳动价值，比如，观看文物展示、新产品展览。观看、学习、借鉴的，主要是使用价值，也有部分的劳动价值。

街头立的一件石雕作品，只要你能从其身上感受到美好，能得到某种启发、激励，那么，它的使用价值也就实现了，该使用价值所承载的劳动价值也就被你吸收了。也就是说，它的价值的实现方式并不是交换，而是你的观察、学习、借鉴，得到某种感受、启发等，这是一种普遍存在的价值实现方式。

6. 外部效应

① 影响、刺激。物质产品对外部有较明显的影响和刺激，这是外部性使用价值的表现。受到这种影响和刺激，就是承受了其使用价值。受到好的影响，就是吸收、承受了正外部性；受到不良的影响，就是吸收、承受了负外部性。

② 回避、避免。回避他人的危害、避免与他人类似的失败，从他人的危害和失败中汲取经验、教训等，都是利用了别人劳动实践外部效应的使用价值。

四、货币的使用价值

1. 货币的使用价值很多

货币作为公共物品和一般等价物，它的使用价值包括交换媒介、价值尺度、财富储藏、支付功能、促进社会价值一致和有序运转等。

这里特别提示，货币具有促进社会价值一致和有序运转的功能。现代社会组织及活动，要依靠货币这一资源和工具。没有货币做支撑，经济就无法运转。认同相同货币就是认同共同价值，就能减少矛盾，增强社会一致性和有序性。

2. 货币需要使用

作为公共物品，货币越被使用，其使用价值发挥得就越显著。否则，货币的使用价值就是低水平的。

第七节　使用价值可以衡量

使用价值有大小、优劣之分，是可以比较、衡量的。一元货币，只有一元货币的使用价值；一百元货币的使用价值，就是一元货币使用价值的一百倍。

一、使用价值的衡量方法

对使用价值的衡量，可以采用类比法，也就是用相同或类似的使用价值进行比较和衡量，比如，机器与人工进行比较，看使用一台机器相当于使用多少劳动力，可以节约多少劳动力。

使用价值衡量也可以用标准法，也就是将衡量对象换算成标准产品，比如，一吨铀的发热量是多少，一吨标准煤的发热量是多少，那么，一吨铀相当于多少吨标准煤，是可以换算的。

就机器换人来说，至少需要考虑如下几个方面。

① 数量方面的比较。分析一台机器可代替的劳动力数量。

② 质量方面的比较。分析机器生产的产品能否达到人工产品的质量水平，达到什么程度等，这是可以量化、测量的。

③ 时间方面的比较。分析生产同样的产品，机器所花的时间与人工所花的时间相比是否更少，并可以把时间换算成价值。

④ 成本方面的比较。分析机器生产的成本与人工生产的成本哪个更低，机器有无优势；分析机器的运营维护成本与人工的再生产及组织管理成本哪个更低？

⑤ 管理方面的比较。分析管理机器与管理人工，哪个更简单，这是可以进行价值测算的。

⑥ 外部效应方面的比较。分析机器生产的正外部效应与人工生产的正外部效应哪个更高，负外部效应哪个更低。率先使用先进机器所具有的正外部效应与普及时采用机器的正外部效应是不同的。率先使用先进机器会引起人们的关注，通常有较高的外部广告效应。

对使用价值进行比较，可以应用价值工程学、数量经济学等，需要建立标准和模型；需要把一些定性指标进行分解、细化、量化，转化为定量指标，应用数学、统计方面的知识进行量化评价分析。

二、使用价值比较的意义

没有比较，就没有鉴别。进行使用价值比较，可以为公平交换提供参考和依据，可为机器换人、节约劳动、把人类从繁重的体力和脑力劳动中解放出来，为提高生产率和全社会的经济效益，提供理论参考。

第十一章

知识的使用价值

知识是人的劳动产品，可以供人使用，有使用价值。知识的价值在于被使用；不被使用，知识也就毫无意义，毫无价值。与一般的物质产品的使用价值相比，知识产品的使用价值又有其特殊性。

第一节　什么是知识的使用价值

知识的使用价值是指知识对人有益、有意义，能被人使用，有利于人进行生产生活和满足精神需要。知识的使用价值无穷无尽，这里简单举几个例子。

① 增加人对世界的了解，消除不确定性。知识是人在实践中产生的对世界的认识和了解。有了某种知识，就是认识和了解了世界某方面的信息。香农的信息论认为，信息是用来消除某种不确定性的。这一表述包含着对信息的使用价值的揭示，“消除某种不确定性”就是一种使用价值指向。因此，信息的使用价值，就是知识的使用价值。有了知识，就可以消除某种不确定性，就可以使人更明确做什么或不做什么。

② 提高人的决策的正确性和行动的有效性。掌握了某方面足够的知识、信息，就消除了一些不确定性，提高了辨识力，就会敢于决策和行动，而不至于畏畏缩缩，决策就不是盲目的，做出的决策就会有一定的实践依据和正确性，行动的有效性就会提高，无效性就会下降。所谓“知己知彼，百战不殆”“知之深则行愈达”，都反映了这个道理。

③ 增强人的劳动能力。人掌握了某种知识，就可能掌握了某种技能，就可以拥有某种劳动能力。增长了某种知识，提高了某种知识水平，就可能增长某种劳动能力，增强某种劳动效果。不同的知识决定着不同的劳动能力；不同的人拥有不同的劳动能力，从根本上说是因为不同的人拥有不同的知识。

④ 使人自信。掌握了某种知识或掌握了更多知识的人，对事物规律、情理等就更通晓，在开展活动、应对事情时，就会胸有成竹、自信满满。

⑤ 促进创新。知识体现的是人对世界某方面的了解。随着“实践—认识”的发展，人类对世界的了解越来越广泛、深入，知识也就越来越多，可产生新知识的点、线、面就越多。同时，知识越多，可产生的知识新组合就越多，人的思维就越活跃，从而促进创造新的知识组合和新的实践，并在新的实践中产生更新的知识。

⑥ 使人精神充实、愉悦。

⑦ 提升人的亲和力、影响力。

⑧ 提升人对生活的满足感、幸福感。

⑨ 促进个人和社会共同发展进步。

“实践—认识—提高”，是人类社会认识与实践之间关系，以及实践和认识发展的基本模式。个人知识的增加，可以促进个人发展；集体知识的增加，可以促进集体发展；社会知识的增加，可以促进社会发展。

当然，以上只是阐述知识被良性使用时所具有的良性的使用价值。如果知识被不良使用，也可能适得其反，造成对使用者或他人的伤害。从宏观视角看，知识被不良使用造成对使用者或社会的伤害，也属于“实践—认识—再实践—再认识—不断进步”的范畴，可以通过这个范畴得到解决。

第二节　知识使用价值有哪些基本特性

知识使用价值有很多特性，难以全部罗列，但是，知识使用价值的普适性、载体性、显性与隐性、不灭性、积累性、复制性、增力性、增量性、节约性、止损性、准确性、收益性、正反性等值得关注。

1. 普适性

知识的使用价值具有普遍适用性。只要使用条件允许，知识就可以被广泛地使用。这种普遍适用的特性，又可引申出知识的复制特性，知识的复制只不过是知识使用价值的复制，而不是知识所凝结的劳动即劳动价值的复制。

由于人类实践的主要对象是自然和社会，人类的实践就是要认识自然和社会、改造自然和社会，以获得生存和发展，而科学知识揭示的正是自然规律和社会规律，人类认识自然和社会、掌握自然规律和社会规律，就希望知识也有利于人类改造自然、改造社会，因此，知识对全人类社会和全自然界具有普遍的使用价值即普遍适用性。

2. 载体性

也可称为“依托性”。知识是无形的，需要借助于载体才能呈现。知识的使用价值本身也是隐形的，只有通过载体，并且只有在使用中才能更好地呈现出来，让人更好地感知，并得以发挥。

知识的载体有两种：一种是人；一种是物质产品。

（1）人的大脑是知识的首要载体

没有人的大脑，一切知识都是无用的，都无法呈现。人通过记忆、使用知识，进行知识化思维，被“知识化”“文化”。人的言、行呈现了所掌握的知识，呈现了知识的使用价值。

（2）物质产品是知识的另一种重要载体

物质产品通常有具体的形态、结构、成分、功能、运动状态等，而形成这些，都是应用知识的结果，这直接体现了生产者的知识技能和知识技能的使用价值。人类还发明了专门用于存贮知识的书籍、磁盘、光盘等。

（3）知识使用价值在物质产品被使用时呈现

物质产品在被使用中，还会呈现知识的某种使用功能，比如，智能手机可以共享位置信息，可以播放视频等，生产者把知识技能“赋予”手机，手机也物化了知识技能。这些功能也是手机在被使用时呈现的。手机的这些功能就是知识技能的呈现，是手机的综合使用价值。发挥这些功能，就发挥了它的这些综合使用价值。

（4）有些知识的使用价值通常不能直观呈现

有些物质产品的使用价值可以直观地让人感受、判断，比如，在品质相同的情况下，一大包面粉和一小包面粉，它们的使用价值肯定是不同的。如果允许人们无偿选择，人们会很自然地选择使用价值大的大包面粉，而不是使用价值小的小包面粉。几栋大小不一的房子、几沓厚薄不同的同等面值的货币等，也是如此。但是，知识却不一样，知识及其使用价值有时具有隐形性，比如，两本书，一本厚些，一本薄些，你不知道它们里面是什么知识，有什么使用价值，哪个使用价值更大些，哪个使用价值更适合你。你不能仅凭书的厚薄来判断书本知识的使用价值。你只有在读了它们、理解了它们之后，才能对它们的使用价值差异做出合理的判断。

3. 显性与隐性

（1）显性

所谓显性，是指知识的存在及其使用价值可以通过人的使用客观地呈现出来。比如，电力技术可以通过电灯泡、电动机等的工作而具体地呈现出来。知识使用价值的这种客观性是不容否定的。再比如，苹果手机蕴含了较多的创新知识，虽然价格较高，但是消费者仍然要排队购买。使用苹果手机，不仅可以真正体验到它的高性能，还可以获得某种额外的荣誉感。这种额外的荣誉感，既是其外部性的体现，也是其使用价值的体现。这种为消费者增加的荣誉感，是苹果手机设计者、生产者有意为消费者设计创造的结果。

（2）隐性

由于知识是无形产品，其具有一定的隐蔽性，并且，知识需要借助于载体才能呈现。人们往往只看到载体的客观物质性，却看不到客观载体所承载的知识。只有深入物质的内部，或借助于一定的技术、知识、技能、方式方法，去观察、分析、使用该物质，才能找到、打开、呈现知识使用价值的客观性。这就是知识使用价值的隐蔽性。例如，曾夺得运算速度世界第一的中国超级计算机“神威·太湖之光”，一般用户在使用它时，只需要得到它的运算结果，并不需要了解它到底是如何运算的。普通消费者在使用手机时，只需要使用手机的具体功能，并不需要知道手机的内部如何运行。

有些价值如空气一般地服务着我们，我们一刻也离不开它们。我们时刻在享受着它们，却并没有感知到它们的存在，没有意识到它们对我们有多重要，有多珍贵，只有在失去它们时，才会意识到它们对我们有多重要，有多珍贵。

4. 不灭性

知识在使用中不会消失，本身也不会发生物理和化学上的变化。知识被人使用得越多，其使用价值就越大。知识被应用于物质产品的生产中，改变了物质产品的形态、结构、成分、功能、化学和物理性质等，但是，唯一不改变的是知识自身。知识在使用中不会改进自己，除非被改进。

5. 积累性

“不积跬步，无以至千里；不积小流，无以成江海。”知识在于积累。没有哪种知识不是一点点积累而成的。高级知识是由低级知识不断积累而成的，量的变化积累多了就会发生质的变化。知识需要积累，可以积累，知识的使用价值同样也是可以积累的。一个搞研究的人，开始一段时间是在积累知识，搜集、占有大量的第一手知识性、信息性材料；当知识积累到一定的程度，就会由量变发生质变，研究成果就成熟了。当知识还很少时，其使用价值一时还难以显现出来；当知识积累得足够多时，其使用价值就会清晰地展现出来。科学家都是善于学习知识、搜集知识、积累知识的人。

6. 复制性

知识可以无限复制，知识的使用价值也可以无限复制、使用，这是物质和劳动所没有的特性。知识的可复制性，是由物质和实践的相同性、广泛性决定的。物质和劳动是不可复制的，只有知识才是可以复制的。这种复制，既体现在多人可以共同学习上，又体现在大家都有共同的实践、认识，应用相同的技术，生产相同的产品上。知识的复制，是知识产品使用价值的复制，而不是知识产品所凝结的劳动的复制。知识每被复制一次，其所凝结的原创者的劳动就被分摊一次。

7. 增力性

知识反映了自然规律、自然力量，凝结了一般人类劳动，使用自然知识就是使用自然规律、自然力量。使用知识可以增强人的力量，节约人的劳动量，这是知识最基本、最显著，也最重要的特性。“知识就是力量。”某些知识的使用价值可以延伸、增强人的体力，增强人的脑力、智力，可以提高人的劳动生产力。比如中国山东烟台一台名为“泰山”的起重机，提升重量达2万吨，这是任何个人都无法做到的。先进起重机物化了先进科学技术的使用价值，使用了强大的电力、机械力，因而，可以增强人的体力，放大人的体力。2016年，中国自主研发制造的超级计算机“神威・太湖之光”的运算速度达到每秒12.5亿亿次，是当年世界上运算速度最快的超级计算机。同年，谷歌公司生产的围棋机器人阿尔法狗，已经战胜了国际上围棋顶尖高手。到2022年，中国和美国的量子计算机已多次实现了“量子优越”。

8. 增量性

物质遵循不灭定律。但是，人类通过社会实践创造的知识却越来越多、起来越丰富。图书馆里的书越来越多，网络上的信息越来越多，即人类创造的知识越来越多。使用知识，不但不会使知识消失，还会产生新的知识，从而增加知识量。只要知识在，只要人掌握了知识，一切都可以再生产出来。比如：小麦吃完了，只要人掌握了生产小麦的技术，可以再生产出小麦；做馒头的人把馒头卖掉了，而做馒头的技术还在他的大脑里，并没有被卖掉，卖馒头的人还会在做馒头和卖馒头的实践中获得一些新的相关知识和信息，因为，卖馒头的新实践又产生了新的知识。

9. 节约性

使用有效的知识可以节约人的劳动。比如：供电部门使用先进的智能电表系统，实现远程抄表，再不必到电表的现场抄表，可以减少抄表人员，从而节省了人的劳动和人力成本；我们现在维修电脑等，也可以实现远程维修，而不必请维修人员上门维修；无人驾驶汽车可以节约我们的开车劳动。类似的应用正大步地、全面地进入我们的生产和生活领域，无人车间正在大量出现。使用别人的知识，可以节约自己的劳动；使用已有的知识，可以节约现在和今后的劳动。比如：别人测绘出了地图，我们只需要拿来使用，不需要亲自去测绘；别人发明了乘法口诀表，我们只需要拿来使用，不需要再去研制，这些都节约了我们的劳动。使用别人发明的知识可以节约我们的劳动量，这是人类最初使用知识的功效，也是知识基本的使用价值。

10. 止损性

广义的知识包括信息。知识、信息的一个重要功能是可以消除不确定性，可以使我们将事物过去的情况、现状及未来发展看得更清楚，我们的行动就不会盲目，就可以减少失误，避免劳动损失。掌握了规律，就不会去对抗规律，就可以避免被规律惩罚。“以史为镜，可以知兴替；以人为镜，可以明得失。”

11. 准确性

“知己知彼，百战不殆。”搞市场经济，掌握了足够的知识、信息，就知道该生产什么、该怎么生产、为谁生产等，这就可以提高我们生产目的的针对性、行动的准确性，我们就知道自己产品的市场在哪里、该卖给谁、该怎么卖。没有知识、信息，或知识、信息不足、不准，目标和行动就是盲目的。

12. 收益性

在其他条件相同的情况下，应用某些知识，可以增加应用者的收益，这是知识使用价值最具吸引力的地方。比如，使用先进的捕鱼工具，渔民就可以捕到更多的鱼，卖更多的钱。企业采用先进的设备，就可以提高劳动生产力和生产率，从而获得更多的收益。

13. 正反性

知识使用得当，就可以为人类造福；如果使用不当，就可能造成失败，或对人类造成伤害，这就是知识的正反性。

第三节 知识使用价值具有放大效应

知识使用价值的放大效应，就是知识可以被广泛地使用，可以产生很强的应用效果。

1. 知识本身具有巨大的“内涵”力量

知识是对自然规律、自然力量的揭示、反映，使得知识“内涵”了自然规律、自然力量。当人应用知识改造自然时，可以借助于知识“内涵”的自然力量来改造自然，实现“借力打力”的效果，使知识的使用价值显现出来。另外，借助于科学知识，人能够转化、约束、引导自然力量，把自然力量引向为人服务、为人造福的方向和路径上。自然的力量有多大，知识“内涵”的力量就有多大，在应用中所能显现的力量就可能有多大。使用“内涵”力量很大的知识，就可能放大知识显性的使用价值，放大劳动者的力量，这是知识使用价值的放大效应。

2. 积累性影响知识的使用价值

知识通常都有积累的过程，是长期、广泛、反复实践积累的结果。知识的积累性越强，积累的知识越多，知识的有效性就越强，使用价值就越大。

3. 大知识有大使用价值

普遍的实践产生普适性规律知识，宏观的实践产生揭示宏观规律的知识，规律性实践产生规律性知识，科学实践产生科学知识。知识使用价值的放大效应取决于知识具有的普遍适用性、宏观性、规律性、科学性等。应用普遍适用的知识、宏观的知识、规律性知识、科学知识，就会产生相应的放大效应。

4. 知识可无限复制

知识具有普遍的适用性，使得知识可以被“无限”地复制和使用，在数量上、在应用领域上被“无限”放大，也会产生知识使用价值的放大效应。

5. 知识能提高劳动生产力

使用知识，可以提高人的劳动生产力。人通过学习，掌握和应用科学技术知识，从而延伸、提高劳动能力，提高劳动生产力。这也是劳动力扩大的生产和再生产。

人运用扩大了的劳动力，可以生产出更多、更好的劳动产品。

6. 应用知识可以提高产品使用价值

知识可以化腐朽为神奇。通过应用知识，对原料进行加工，可以把人无法直接使用的原料变成人可以直接使用的产品，使产品对人有使用价值；可以把使用价值小的原料变成使用价值大的产品，让产品的使用价值大于原料的使用价值。

7. 应用非商品知识可产生商品价值放大效应

人运用所掌握的知识、信息、技能等，可以吸收更多的非商品，掌握更多的非商品，运用更多的非商品。

人可以搜集、掌握、运用更多的非商品，进行商品生产活动，把非商品转化成商品，把非商品价值转化成商品价值，从而能以更少的商品性成本，取得更多的商品性收益，赚更多的商品性利润。比如，服装企业老板、设计人员等，可多方搜集顾客需求信息，掌握服装流行趋势，指导服装生产经营，生产出畅销的产品，从而赚得更多的利润，就是把从市场中得到的非商品性信息转化成商品生产资源，转化成商品的价值和生产经营利润。电商企业运用大数据技术搜集上网用户的有关信息，并向这些用户精准推送广告，以此扩大销售，获得利润。

知识使用价值的衡量以知识能解决实践中的具体问题、满足具体需要为依据，以社会和市场认同为准则。不同的知识，可以解决不同的问题。不同的问题，存在于不同的实践，具有不同的意义。因此，知识使用价值以知识对实践的使用价值为归属和衡量条件。衡量知识的使用价值，就要看它在指导实践中的位置、准确程度、作用大小，看它是否能准确把握和指导实践，能否解决实践中的具体问题。问题有多重要，有多大，知识的使用价值就有多重要、多大。

第四节　商品知识和非商品知识的使用价值的相互转化

人们通常所说的财富，其实是指对人有使用价值、能用于交换的东西。在有的人眼中是财富的，在其他人眼中可能并不是财富。这种差别，既取决于事物的本身，又取决于人们对事物的认识水平和利用能力。为什么不同的人从市场上看到了不同的商业机会？就是因为人们有不同的实践和需要，对市场、财富、社会的使用价值等有不同的认识。

一、商品知识使用价值通过交换实现

商品知识，是需要进行交换才能得到的知识。这种知识通常有具体、明确的使用价值，能够为购买者和使用者解决具体、现实的问题，满足其具体、现实的需要。这种知识在使用中，其所凝结的一般人类劳动和生产成本通常会被转化到新的产品中去，构成新产品的成本和一般人类劳动。这种转化，通常遵循劳动量不灭定律。

对购买者来说，商品知识如果解决了购买者的问题，达到了购买者的目的，它的使用价值就实现了。如果没有达到目的，也不能说该商品知识就一定没有使用价值，有可能是使用者不当使用导致了这样的情况。

利用商品知识的使用价值进行生产活动，其使用价值有可能部分转化到，或者全部转化到，或全部不能转化到新商品中，生产出的产品也不一定是，或不一定全部是商品。商品知识及其在使用中呈现的外部性就不是商品。商品知识被应用到非商品生产中，相应地，商品知识的使用价值和所凝结的劳动也就部分或全部转化成了非商品的使用价值和所凝结的劳动；商品知识被应用到商品生产中，相应地，商品知识的使用价值和所凝结的劳动也就部分或全部地转化到新商品中，构成新商品的使用价值和所凝结的劳动。

二、非商品知识使用价值不需要通过交换就可以实现

非商品知识，是指不通过交换就能得到的知识。非商品知识的使用价值与商品知识的使用价值一样，只要被人使用了、学习了、借鉴了、吸收了，它就有了使用价值，它的使用价值就实现了。

取得非商品知识不需要通过交换，不需要付出交换成本和交换代价，这会节约使用者的生产成本。这有时也成为非商品知识的一种“使用价值”，成为人们获得非商品知识的一个重要原因。比如，发明人在进行发明活动之前，先要搞清楚该技术是不是已有其他人研究出来了，其他研究者的技术思路如何，成果怎么样，技术水平、性能如何，自己可以在此基础上做什么改进，有什么新的发明思路，如何让他人的知识融入自己的发明创造之中。这就是汲取他人的劳动成果，汲取他人劳动知识的使用价值，甚至劳动价值。这种汲取通常是非商品性的，主要是吸收他人知识的非商品性使用价值，有些也包含他人凝结在该知识中的一些劳动。每一个新知识的创造人、贡献人，都会汲取前人、

他人知识的使用价值。只有这样，才能掌握知识的现状，找准自己的劳动方向、突破方向，才能高效地创造出有用的新知识。这就是人们所说的“知己知彼”“站在巨人的肩膀上”，在别人研究成果的基础上前进。

三、两种知识使用价值的相互转化

1. 商品知识的使用价值转化成非商品知识的使用价值

用购买的专利生产出某种新产品，深受市场欢迎，并有着显著的正外部性，其他生产者因此纷纷仿效，进行生产。这种被人仿效的正外部性就是非商品知识、信息的使用价值。

农技人员自费购买农技书籍，进行学习，并将学习到的知识无偿传授给农民，就是将商品知识的使用价值转化为非商品知识的使用价值。

媒体收取商家广告费，又花钱搜集、播放大量信息，让不特定公众免费消费，就是将商品信息的使用价值转化为非商品知识、信息的使用价值。

政府推行义务教育，办免费的公共图书馆，为此花费了大量公共经费，就是要将商品知识的使用价值转化成非商品知识的使用价值。

2. 非商品知识的使用价值转化成商品知识的使用价值

以下情况都属于将非商品知识的使用价值转化成商品知识的使用价值。

① 广泛收集市场供求信息，将其出售给市场需求者。

② 收集整理民间故事，编辑出版出售故事书。

③ 收集同行信息、同类产品信息，研究发明出新的专利技术。

④ 听取他人意见建议，修改自己的论文、专著、专利、决策，改善生产经营等。

3. 原料、劳动、产品三者关系

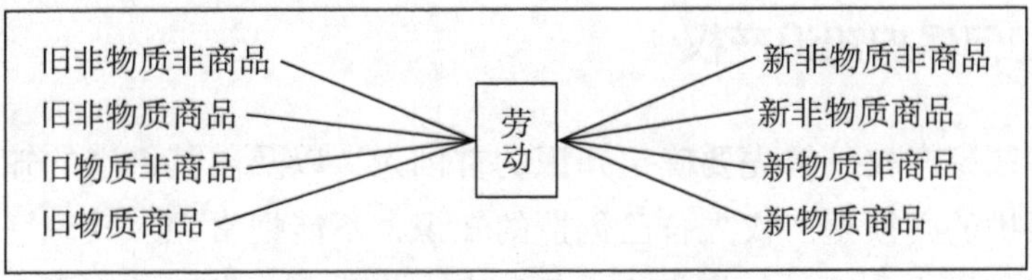

图 1　原料、劳动、产品三者关系

人的劳动都是在人的大脑思维支配下进行的，而人的大脑思维又受人的知识的限定。如果没有知识，人的行为就与动物没有任何区别，就没有所谓的人的劳动。劳动只属于人的行为，与动物行为有着根本区别，这个区别就在于劳动应用了大量的复杂知识。正是有了丰富多彩、不断发展的知识，人类才生产出了丰富多彩、不断发展的产品。人通过应用知识进行劳动，将一种原料改变成了另一种新的产品，供人使用。产品与原料在使用对象、使用价值、产品形态、运动状态等方面，都有不同。

把一种知识的使用价值转化成另一种知识的使用价值，前后知识的使用价值通常在使用对象、使用领域、使用方式、使用目的、使用效果等方面多多少少会有所不同。同时，非商品知识的使用价值如果不被使用，就会自动消失。

第五节　知识产权保护必须科学

知识产权保护的主要是知识生产者的所有权、使用权、收益权等，其中，所有权是根本，使用权是关键，收益权是目的。未经产权人同意，不得使用他人有合法产权的知识。

一、为什么要保护知识产权

知识是人的劳动产品，对人类社会有使用价值，能改善人类福利，是个人和社会财富的重要组成部分。保护知识产权就是保护劳动者创造的劳动成果，是对首创者劳动的承认、保护和激励，是对科技创新、生产力发展的保护和激励，是对公平正义的保护和激励，有利于保护人们创造社会财富的积极性，有利于更好地发挥知识服务于人类社会的使用价值。

二、如何保护知识产权

保护好知识产权，首先要确定知识的首创人，以及由其创造的知识。知识产权保护，保护的必须是产权人自己创造的知识，不能把常识、共识登记为自己的产权，不能把别人创造的知识据为自己所有，作为自己发明的知识。政府要制定知识产权保护法律和规章制度，建立保护机构，对知识产权进行依法登记。对登记的知识产权，设定合理的核心知识保护对象和边界，不能泛泛保护、超边界保护，不能扩大保护范围和保护对象，不能把无主的、游离的知识纳入保护范围；设定合理的保护时限和保护方式；为产权方和使用需求方搭建信息交流和产权交易的平台，探索知识多种使用途径和使用方式，鼓励产权人与需求主体按照市场原则依法开展平等合作，实现互利共赢，使知识能在实践中得到应用，使知识的价值得到充分的发挥；制定知识产权侵权惩罚条款，对侵犯知识产权的行为依法进行惩罚。

三、知识产权保护面对的问题

知识产权需要保护，但是目前的情况是，有些知识产权不明晰。例如，数据是知识的一种形态，人们上网、逛街、进行其他日常活动时产生的不涉密、不涉隐私的大数据，其产权归属就需要法律来明晰。同时，知识产权还有保护不足和过度、过滥保护的问题。不同的国家，情况不尽相同。某些发达国家或强大企业为了从落后国家或地区的使用者那里获得超额利益，存在过度保护的情况；而某些欠发达国家或企业因为对知识产权保护规则不熟悉，又存在一定的保护不足的情况；也有的国家，为了保护本国落后的生产力、生产方式、生产者，保护本国部分国民暂时的就业和经济利益，而限制先进产权知识进入本国市场，对国外先进技术进入本国市场设置很多技术壁垒、关税壁垒等，使本国人民无法享受国外先进技术、知识的福利。就全球来说，知识产权保护中存在的问题主要是不当和过度保护，表现为保护时限过长、使用费用过高，政府为公众提供公共知识福利意识不强、实效不足等。一些发达国家通过对知识产权的过度、过滥保护，扭曲了全球价值体系，使全球价值从欠发达国家向其大量转移、流动，对全球价值形成了巨大的磁吸效应，使流出国出现“失血”“贫血”状况，并在流入国形成了价值泡沫、资产泡沫，形成了不正确的财富观、价值观，这造成了世界经济进一步的不均衡、不平衡、不合理的发展，激化了贫富不均和社会矛盾，为全球经济和金融危机积累了风险。

还有些人钻技术研发和专利制度的空子。比如，看到别人在研发某项新技术，自己虽然不研发相关技术，或者自己也研发相关技术，但是研究成果并没有达到他人的研究水准，为了获得不当利益，自己就提前设置专利陷阱，把一些概念性、名称性、构思性、设想性知识申请为自己的知识产权，使别人的研发成果掉入自己设置的专利陷阱中。这种行为是不道德、不正义的，有违科学精神，应当受到法律的制约。

1. 不当保护不利于知识的推广应用

知识的生命在于应用。由于知识更新换代加快，许多知识，包括一些专利知识通常只有短暂的生命周期。知识必须能尽快被使用，才能为产权人创造效益，使用的人越多，使用得越快，产权人的有形收益和无形收益就越高；只有尽快被更多的人使用，才能造福人类。使用的人越多，受益的人越多，产权人的收益也越大，这是高度正相关的。如果不使用，知识就没有使用价值，产权人就没有收益，甚至是负收益，人类社会也因此无法受益。如果不当保护、过度保护，或者专利使用费过高，就不利于知识的推广应用，产权人也就没有相应的收益，就会抑制知识的推广使用，损害知识创新者的积极性，人类社会也无法享受应有的知识福利。因此，知识产权保护像一把双刃剑，应当依法设置科学合理的保护时限、保护方式、保护目标、使用费用等，最佳的目标是既有利于产权人，又有利于社会。

2. 不当保护不符合共同实践创造知识的规律

人类社会成员的实践之间有着千丝万缕的联系，许多新知识不是某个人单独生产出来的，而是社会共同实践的结晶。不当保护知识产权，与社会共同实践创造知识的知识生产一般规律有矛盾，与知识生产中需要汲取他人智慧的知识现实生产条件和生产情况有矛盾。这种矛盾的存在，势必影响知识的使用，势必影响社会的公平正义，势必影响所有各方的正当权益。

3. 不当保护造成了价值的不合理分配和流动

通过不当保护获得的收益属于泡沫收益、不当收益，这使经济价值秩序、社会价值秩序被扭曲，会增大社会经济运行的内耗，从而不利于经济均衡、平稳、顺畅地运行，从而影响社会的和谐稳定，甚至引发经济和金融危机。

4. 不当保护不利于知识创新和发展

知识是相互联系的，许多知识的应用是相互关联、相辅相成的。保护某项知识产权，可能涉及其他公共知识的使用问题。知识产权保护不当，可能不利于拓展知识的应用领域，抑制知识的创新实践，从而不利于知识的创新和发展。比如，当某品牌的电脑操作系统占据了全球绝大部分市场的时候，其源代码仍然不公开，导致其他的拓展应用开发无法与其衔接，从而无法开发出新的应用功能、延伸产品，就抑制了相应的开发和创新。

知识总在不断地更新换代，如果知识产权保护期设置不科学、不合理，也会造成知识创新受阻。

第十二章

劳动力的使用价值及劳动力的使用

劳动力的使用价值是生产力的体现，是创造财富能力的体现。劳动力的使用价值，体现在劳动过程中和劳动结果上，体现在劳动力创造财富的能力上。劳动力的使用，就是劳动。劳动力的使用过程，就是劳动过程。劳动力的使用，需要应用知识、技能、体力、脑力，需要劳动对象、劳动资料等。这些知识、技能、劳动对象、劳动资料中，有是的商品，有的不是商品。劳动的目的是生产出可供人使用、能满足人的需要的产品、服务、外部性等广义劳动产品。这些产品中，既有有形产品，又有无形产品；既有目的性产品，又有非目的性产品；既有可以占有、交换的商品，也有难以占有、交换的非商品。

第一节　什么是劳动力的使用价值和劳动力的使用

一、劳动力

劳动力有时又称为劳动能力，是人创造物质产品和精神产品、获得生存和发展的全部能力，是人所具有的体力劳动能力和脑力劳动能力的总和，是人拥有的一切能力。人是社会性动物，因此，人的劳动力既归自己所有，又能服务社会。人可以支配自己的劳动力，又要与其他社会成员合作使用自己的劳动力。

1. 劳动力的内涵

劳动力的内涵相当丰富，包括体力劳动能力、脑力劳动能力，包括思维能力、语言能力、行为能力、社交能力等，包括创造能力、贡献能力等。

2. 劳动力的外延

人所拥有的一切能力，都是人的劳动能力，包括生产能力，也包括生活能力。

3. 劳动力有大有小

在劳动实践中，由于存在各种复杂的原因，不同的人，劳动能力通常表现出不相同、不相等的现象。这种表现，与先天的遗传基因关系不大，而与后天的学习、实践关系更紧密。有些人的劳动能力先天不足，但通过后天的学习、训练来弥补。劳动能力有大有小，在相同的时间内生产出的产品数量越多、质量越高，就表明劳动能力越强。

4. 劳动力成长于实践中

劳动力是在实践中形成的，会随着实践的发展变化而发展变化。不同的实践，会产生不同的能力。新的实践会产生新的能力。

5. 劳动力要适应新的社会实践

个人实践是由个人创造的，社会实践是由社会大众共同创造的。个人只有适应并融入新的社会实践，才能在新社会实践中找到自己生存和发展的机会，才会形成新的劳动能力。

二、劳动力的使用

劳动力的使用，就是进行劳动，是劳动力的具体呈现和运用，是人的能力的具体呈现和运用，是劳动者运用自己的体力和脑力，运用自己的知识、能力，从事劳动实践活动，创造出能够满足自己及他人生存和发展需要的产品，实现劳动力的生产和再生产。

劳动力的使用，通常既不是单纯使用体力，也不是单纯使用脑力，而是综合运用体力和脑力。

人是智慧动物，在使用自己劳动力的过程中，总会用到以前实践学习、积累的知识、经验，用这些知识、经验指导自己新的实践，把这些知识、经验，应用到新的实践中，从而使新的实践效率更高，效果更好，更能节约自己的劳动。

劳动力高效地使用好劳动工具，属于劳动力本身的使用。能否高效运用劳动工具，是劳动者的劳动能力及其使用价值的具体体现。工具通常有正常的使用效率，因高效地使用工具而创造出超常的高效率，属于劳动的效率，而不属于工具的效率。

劳动力的使用，是创造劳动价值和使用价值的活动。劳动是人类社会的价值源泉。人类社会的一切，都是人劳动创造的。没有劳动，就没有人类社会的一切。

1. 劳动力的全面使用

人的实践是多面的，人在实践中学习、积累的知识、信息、能力也是多面的。这些全面的知识、信息、能力，通常并不是在一次实践、一个方面实践，甚至不是在一个人的实践中积累、形成的，而是在长期的、多方面的，甚至是社会大众共同的、相互联系的实践中逐步汇聚、综合、积累形成的。

劳动力的全面使用，是全面使用人的体力和脑力，全面展现人的实践水平和知识水平。劳动力是人的体力和脑力的总和，劳动力的使用是人的体力和脑力的综合使用。无论是体力劳动，还是脑力劳动，都全面体现了人的实践水平和思维能力、认识水平。一件产品，通常既是人的体力能力的体现，也是人的大脑思维能力、认识能力、实践水平的全面体现。

人的实践是多方面的，这要求我们每个人要有多方面的能力、全方位的能力。如果能力有一方面的缺失，就会出现短板效应。比如，我们既要有善于创造财富的能力，又要有善于使用自己财富的能力。

2. 劳动力的非全面使用

劳动力是自主的，劳动是自主的，劳动者能自主自由支配自己的劳动力和劳动。在这样的情况下，就存在劳动力的非全面使用的情况。

人的潜能是很大的，劳动能力是多方面的，但是，我们通常并没有全部开发、使用自己的潜能、劳动能力，而只是部分开发、使用了自己的潜能、劳动能力。

人总是生活在具体的实践之中，具体实践通常具有非全面性，劳动者不需要在任何时候都全面使用自己的劳动能力，通常只需要按照自己和社会的现实需要使用部分劳动能力，在不同的实践中分别使用自己的不同的、不全面、部分的劳动能力。比如，有的人既能文又能武，但是，真正到具体的劳动中可能只需要用文或只需要用武，而不必在任何时候都同时使用文武。

人的生命、精力都是有限的，人的实践是有局限的，人的能力中通常有一个具有优势的主要能力或专业特长。只要使用了主要能力或专业特长，就可算作“人尽其才，物尽其用”了。

劳动力的使用价值，就是劳动力的可使用性及其大小、高低。它取决于使用者的目的、使用者的使用能力以及使用效果。劳动能力是客观的，且是多方面的，但是，对劳动力的具体使用，还得看有什么具体的需要和条件。

使用价值最终取决于使用效果。通常，使用效果越好，使用价值就越大；使用效果越差，使用价值就越小。有时，不同的使用，会开发出不同的潜能，会在实践中产生、积累新的能力。比如，长期从事体力搬运工作的人，可能练成大力士。有时，不同的使用方式，也会造成对劳动力的浪费。

劳动力的使用以需求为导向，以生存和发展为导向。需求是劳动力使用的先导。有什么样的需求，就有什么样的劳动力的使用。需求，有主体自己的需求，比如生存需求、志向需求，也有市场的需求、社会的需求。没有需求，就没有劳动力的使用。

3. 劳动力的简单使用

劳动力的简单使用，就是简单劳动，就是在劳动中，只需要运用简单的劳动知识、劳动技能。只付出简单的劳动，是大多数人都能胜任的劳动。

4. 劳动力的复杂使用

劳动力的复杂使用，就是复杂劳动，就是在劳动中，需要运用复杂的劳动知识、技术，需要解决常人难以解决的复杂问题，经历比简单劳动更复杂的劳动过程，运用比常人更复杂的劳动技能，是常人难以胜任的劳动。

5. 劳动力的创新使用

劳动力的创新使用，就是把劳动力投向之前没有的劳动领域、对象、过程，或采用新的工具、技术、劳动对象及不同的排列组合，使劳动者的劳动技术、劳动形态、劳动方式、劳动动作等发生变化，使劳动者产生不同的感受，创造出之前没有过的劳动能力、劳动产品，在劳动中摸索出、创造出可以使用的、有意义的新产品、新知识、新外部性等。

三、劳动创造物质产品和精神产品

人类社会的一切物质产品和精神产品，都是由人类的劳动创造的，同时，劳动还贡献外部性。人的劳动过程和劳动产品只要是公开、透明的，人就会通过劳动过程和劳动产品向外界散发信息，就会有外部效应，就会影响、刺激外部其他社会成员，会让外部其他社会成员感知到，这又为其他社会成员提供了知识、信息，提供了学习、借鉴的材料。

劳动过程及劳动产品，都可能有外部效应，这是对外部、对社会的贡献。成功了，就为社会积累了经验；即使是失败了，也会为社会积累了经验、贡献了教训。

人类的劳动，既改造物质世界，又改造精神世界。如果劳动者在劳动中既能创造出物质产品，又能提高自己的技能，提高自己的思想、知识水平，甚至提高对社会的认识水平，提高自己的精神境界，那么，这样的劳动实践，就是改造物质世界与改造精神世界的有机、有效统一。

四、劳动提高了生产力，促进了社会发展

人是最勤劳的动物，一天到晚都在不停地忙碌着、劳动着、创造着。人的生产效率很高，生产的产品可以超过自身需要。人类在工业革命开始之后所创造的

生产力、财富，已经达到过去几千年历史所创造的全部生产力、全部财富总和的不知多少倍。劳动力水平的提高，使得人类的生产力水平得到提高。

1. 产品数量在加速增长

物质产品的数量在增加，知识产品的增长速度更是惊人的，以致人们用“爆炸”“几何级数”来形容知识的增长速度。

2. 产品种类在加速增加

知识越来越细化，人类生产的产品种类也越来越多，导致人的需求越来越多，而需求越来越多，又刺激人们追求更高的创新，创新与需求形成了正向互馈、相互促进和放大效应。

3. 产品质量在加速提高

“实践—认识—提高”，每一次进步，都使知识的质量得到提升。人类的每一次生产活动，都是一次新的，提高了知识、技能水平的生产活动，每一次生产，都比过去的生产力更进步了，生产的产品质量更好了。

4. 劳动生产力在加速发展

随着科学技术、知识加速增长，人的劳动生产力也加速发展。

五、劳动力的使用价值

1. 劳动力使用价值的两种含义

第一种含义：劳动力使用价值是指劳动者的劳动创造能力，或创造价值的能力，这是劳动力理论上的使用价值。

第二种含义：劳动力使用价值是指劳动力的实际使用效果，即实际创造了多少价值，这是实际意义上的劳动力的使用价值。有的劳动者的劳动能力与其实际使用效果、劳动效果是匹配的、一致的，有多大的劳动能力，就付出了多大的劳动能力，产生了多大的劳动效果；但是，有的劳动者有很高的劳动能力，却“英雄无用武之地”，这种情况也是存在的。

两种含义的区别在于理论值与实际值有时不同。

2. 劳动力使用价值的含义需要具体问题具体分析

劳动力的使用价值到底采用哪种含义，需要结合具体的情况进行具体的分析。在竞争充分的市场经济条件下，劳动力由于存在自身与市场的互配与均衡，一般能在市场中找到适合自己、与自己的能力匹配的市场位置，因此，在这样的情况下，可把劳动者的劳动能力等同于其劳动力的使用价值，这虽然是很粗略的、不精准的，但也是可以接受的。

3. 劳动力的使用价值千差万别

不同的使用方式、方法、条件等，会导致劳动力的使用效果有差异。扬长避短，可以最大限度地发挥劳动力的长处，提高劳动效率；扬短避长，就会降低劳动效率。劳动效率、质量的高低，取决于劳动力的使用方式方法以及所掌握、运用的知识、技能、劳动理念上的差异。如果“抽象”掉方式方法、知识技能等方面的差异，劳动就没有差异了，就都是一般的体力和脑力的付出。只要一“穿上”方式方法、知识技能这个“外衣”，劳动的差异就立刻显现出来了。也就是说，劳动创造价值，不等于所有劳动创造相等的价值。

第二节　劳动力使用价值形成于劳动力生产和再生产全过程

劳动力使用价值的形成，取决于劳动力的生产和再生产。劳动力的形成靠劳动锻炼、训练和积累，靠实践积累和学习知识、技能，体现在使劳动者的体力和所掌握的知识的增长导致人的脑力变化上。劳动力吸收的劳动价值和使用价值通常构成劳动力本身的劳动价值和使用价值，当然，这并非总是一一对应的关系，比如，食量大的人，不一定劳动能力也大。但是，劳动力吸收了粮食的使用价值和劳动价值，从而使粮食的使用价值转化成了人的基本劳动力，使粮食所凝结的一般人类劳动转化为劳动力形成时所凝结的，或者劳动时所付出的一般人类劳动。知识的使用价值则是形成劳动力使用价值的关键因素，成年劳动力的不同，主要体现在其掌握的知识的不同上，而不是由其所吃的粮食数量决定的。

一、体力的形成

1. 自然生长形成体力

从幼年到成年，随着年龄的增长，人的体力也会增长。人经过生长发育，自然会形成一定的体力，成年人的体力肯定比未成年人要大。但是，成年之后，人的体力一般不会再随着年龄的增长而增长，反而会随着年龄的增长而衰减。把人的体力作为纵坐标，把人的年龄作为横坐标，那么，坐标系里呈现的基本是倒U曲线。

2. 劳动实践形成体力

除了自然生长形成体力，在一定的年龄段，主要是从幼年到成年之间，劳动实践也可以形成体力。事实上，这个时间段，人的体力的主要部分是靠劳动实践的锻炼而获得的，没有劳动实践的锻炼，人也会只长个头而不长体力，有可能“手无缚鸡之力”。有的人加强锻炼，成为大力士，我们常说“越做越有力”就是这个道理。当然，即使劳动实践能形成体力，也会有极限，这是自然规律。

3. 体力劳动的基本相同性

体力劳动基本上是相同的，可以被看成单纯的、简单的机械力或自然力的使用，只是用于改变物质的形态或运动状态。体力只有量的大小区别，而没有品种、品质、质量上的差异，没有结构、功能、形态上的差异，没有复杂与简单的差异。品种的差异源于知识、技能的差异，源于脑力的差异，而不是源于体力本身的差异。体力是有极限的，不同的人虽然体力有所不同，但是差异并不很大，至少不像知识、技能的差异那样大。

二、脑力的形成

脑力的形成小部分是由于遗传，最主要的来源是后天的实践和学习。实践和学习，是人与人的脑力差别的主要根源。

2018年瑞士苏黎世大学神经心理学教授卢茨·扬克发布了一项研究成果，该成果表明，遗传和非遗传因素的结合，不仅能够影响大脑机能，还能影响大脑解剖学特征。扬克指出，个人体验似乎能够影响大脑解剖学特征的一个例证是，职业音乐家、高尔夫球手或棋手在支撑自身专门技能的大脑区域，都具有特定的特征。同时，短期体验似乎也能改造大脑，例如，如果一个人右臂两周保持静止不动，那么，大脑负责控制这只手臂的区域的皮层厚度就会减小。扬克怀疑，这些对大脑产生影响的体验与基因组成相互作用，这样年复一年，每个人都会形成完全个性化的大脑解剖学结构。由此可见，一个人如果不愿意学习和创新，他的大脑相关区域就可能出现相应的退化；以此推之，一个国家如果长期不注重自主创新，整个国家也可能在这方面出现相应的退化，这是符合进化论逻辑的。

1. 先天的基因

人在脑力方面显然比其他动物具有优势，这是由遗传基因决定的。但是，成年人之间的脑力差异主要不是基因上的差异造成的，而是后天的实践和学习上的差异造成的。

2. 后天的实践

科学家与一般人的区别在于，科学家能够在长期的实践中持续、系统地，一丝不苟地记录实践中出现的各种细微情况，并统计、分析、归纳、总结，从中发现对人有益的，规律性的知识。科学家不会遗漏每一次实践中出现的各种信息，而是努力保留并分析研究这些信息；而一般人的实践可能除了获得物质生产资料外，很少保留过程方面的信息，每一次实践，都如过眼云烟。有科学精神的人，面对失败，坚定不移，遵循“实践—失败—再实践—再失败—重新实践”，从而不断提高的认识实践规律和路径。

3. 后天的学习

学习，是使劳动力得到快速提升的最有效的方式和途径。只要是对人有益的，能反映自然和社会的规律的科学知识，就具有普遍的适用性。一个人探索出的科学知识，可以供其他人学习和使用。学习了别人劳动实践创造的知识，就省去了自己探索知识的劳动实践过程，节约了自己的劳动，使自己掌握了别人劳动实践创造的成果。选择了学习，就选择了节约劳动，选择了提高劳动能力、劳动效率，就选择了进步。一个不断学习的人，必定是一个劳动能力不断提高的人。

4. 脑力的差异性

不同的人由于学习的情况不同，他们在脑力方面的差异是巨大的。在同一个时代，脑力极高的劳动者与脑力极低的劳动者在劳动形态和劳动产品上通常有着巨大的差异。

三、对非商品使用价值的吸收

劳动力在成长过程中，需要吸收大量的物质、能量、知识等，这些物质、能量、知识，有些是不需要等价交换，只需要不等价的交流或以无偿的方式就可以获得的。

1. 家庭抚育

家庭抚育是非商品性的，被抚育人不需要通过等价交换就可以从抚育人处获得物质、能量、知识。

① 身体抚养。抚养人对家庭成员身体的抚养，使被抚养人的身体不断成长，体力不断增强。

② 知识教育、思想教育。父母不但抚养儿女，还对其进行知识、思想、道德、劳动技能等方面的教育，教育他们树立正确的世界观、人生观、价值观，使他们能够融入社会、立足于社会、服务社会，成为有益于家庭和社会的人，成为家庭和社会中的贡献者。这是最重要的抚养。

2. 自我训练

人不但接受他人的教育，还能够主动地学习、训练自己，以提高自己的本领。

① 自学成才。自学是人生的必修课，是人的主观能动性的重要表现。人知道观察、学习、借鉴他人的实践和知识，学习古人的智慧，从书本上学、从实践中学。人有很强的观察、分析、判断的能力，知道“见贤思齐，见不贤而内自省”。

② 自我训练。人知道需要在成长中锻炼自己，在逆境中磨砺自己，这可使人进化而不是退化。人不怕磨炼，不怕挫折和失败，人把逆境当财富，知道“吃一堑，长一智”“失败是成功之母”。人知道只有平时加强训练，练出过硬本领，当真正面对劳动、面对困难和问题时，才能轻松应对。人能在实践中学习，在学

习中实践；在成长中学习，在学习中成长。

3. 实践积累

（1）人总会面对许多新的情况、新的实践

人善于在不断的新实践中不断地积累新经验、新知识、新技能、新信息，善于总结实践的经验和教训，善于把实践当作自己最好的老师，使自己的知识、经验、技能更丰富、更先进、更有效。无论是自然科学，还是社会科学，都是在实践中不断发展进步的。没有实践，就没有科学知识的进步。人掌握科学知识，是人在实践中不断探索、总结、改进、提高的结果。实践是科学知识发展的基础，科学知识是实践发展进步的阶梯。没有实践这个基础，科学知识就没有落脚点、生长点；没有科学知识这个阶梯，实践就无法一步步提高。没有新科学知识加入的实践就会是日复一日、年复一年周而复始的，是简单的循环往复；有了新科学知识加入的实践，才会向上发展。知识是推动实践向上发展的动力，正是实践中积累的科学知识反作用于实践，使得实践获得了向上发展的动力。劳动力的进步、劳动能力的提高、劳动力使用价值的提高，正是得益于人在实践中所掌握、积累的科学知识的增加。

在实践中出现、发现的知识，人如果不去记录、不去分析、不去思考，而是让它们白白流失，就是对劳动的浪费、对实践成果的浪费；反之，人就能从实践中获得“额外”的收获。这种收获并不需要人付出太多的新实践，不需要进行新的劳动，基本上是在同一劳动实践中获得的“副产品”。它是劳动者自己的劳动实践创造的产品，是非商品性的知识、技能。

（2）相互学习

人知道相互学习，取长补短，见贤思齐。人类社会是相互联系的，开放、透明的，大家都可以相互学习。聪明的人善于向他人学习。中国在改革开放过程中，报道了大量发达国家经济社会方面的新闻，让中国人对发达国家先进科学技术和发达的经济、社会保障制度、人民的生活等有所了解；向发达国家派出了大量的官员进行学习、考察、交流，派出了大量的留学生学习发达国家先进的科学技术，有大量的公民出国旅游、交流。这些人学习了发达国家的先进经验、科学知识，回来后又把学到的知识应用于中国的改革开放实践，成为推动中国发展进步的重要力量。中国不断进步，部分得益于大力学习他国先进发展经验、治国理政思想，吸收全人类共同智慧。

优秀的科学家都是思想开放、时刻关注、掌握全球科技进步动态的人。

四、对商品使用价值的吸收

劳动力成长过程中，人也会花钱去学习，如购买书籍、自费上大学，以此吸收大量的商品知识的劳动价值和使用价值。

五、劳动力的使用价值是可以衡量的

劳动力的使用价值同其他产品的使用价值一样，是可以衡量的。劳动力的使用价值可用劳动力所解决的问题、呈现出的使用价值和力量等来衡量。衡量的方式方法有很多，且在不同的情况下，不同的人，为了不同的目标，采用不同的技术、方法，可以得出不同的衡量结果。在市场经济中，劳动力的使用价值通常由市场来衡量。无论如何衡量，只要方法科学，就能得出客观公正、令人信服的衡量结果。

六、劳动力使用价值的客观性与主观性、单方面性与两方面性

1. 客观性与主观性

从劳动力使用价值的形成可以看出，劳动力的使用价值既有客观性，又有主观性。劳动力的使用价值归属人，归属劳动者自身，如果劳动者主观上不愿意呈现、发挥出自己的劳动力，那么，劳动力的使用价值就无法呈现、发挥。因此，劳动力使用价值的呈现、发挥，有赖于劳动者的主观愿望、主观能动性。比如，一个人如果总是磨洋工，出工不出力，就很麻烦。

但是，人类作为一种客观的生命物质，不受单个人的主观性影响。一个人不劳动，不代表所有人都不劳动。人类劳动力的客观物质性总会以其自然、必然的方式来呈现，这是人类赖以生存所必需的，是一种自然规律、自然力量的必然呈现。因此，劳动力的使用价值同样具有某种客观性。

2. 单方面性与两方面性

劳动力的使用价值是在劳动力的生产过程中形成的，是劳动者对自己劳动能力的一种培养，体现了劳动力生产的单方面性。并且，劳动力归劳动者自己；劳动力使用与否，根本上受劳动者自己支配，这属于劳动力使用价值的单方面性。

同时，由于劳动力的使用价值又与雇主有关，劳动力的使用价值能否发挥得好，与雇主能否正确使用有很大的关系。我们常说某人“怀才不遇”“英雄无用武之地”，就是这个意思。因此，劳动力的使用价值又取决于两方面的因素，具有两方面性。

必须明确，劳动力的使用价值即劳动能力有时是个理论性的概念，它既不等同于劳动力的生产成本，也不等同于劳动者在劳动中实际付出的劳动，还不等同于劳动力在使用过程中创造的实际价值。由于不同的使用者、使用条件影响着劳动效能，不同的知识技能影响着劳动效能，从而存在着同一劳动者在不同的劳动中有不同的劳动效能，不同的劳动者在相同或不同的劳动时空下有不同的劳动效能的情况，比如，偷懒的人即使再有劳动能力，也不能有效地使用自己的劳动能力，这就是人的复杂性。

第三节　劳动力的劳动价值形成于劳动力再生产过程和劳动过程

一、对劳动力的劳动价值的两种理解

一种理解是，劳动力的劳动价值是劳动力在自身的生产和再生产过程中所凝结的一般人类劳动；另一种理解是，劳动力的劳动价值是劳动力在使用过程中创造的劳动价值，即付出的无差别的一般人类劳动。两种理解都有道理，但是，它们的应用场景是不同的。前一种理解，是把劳动力作为一种商品看待，是劳动力在形成过程中自身吸收的，通常是在劳动力成为商品、成为雇佣劳动者的场景下才能成立的；后一种理解，是劳动力在使用过程中即在劳动过程中自身付出的劳动，通常是在劳动力没有成为商品、没有成为雇佣劳动者的场景下成立的。

二、劳动力成为商品条件下的劳动力及劳动力的劳动价值

劳动力成为商品的条件下，劳动力可以被买卖，导致劳动力成为商品。购买

者可以像购买其他物质商品一样，一口价买断劳动力“商品”，包括买断劳动力的一切劳动权利、人身权利、自由权利、经济权利等，使得劳动力成为买者的附属物，成为为买者创造财富的机器。

在劳动力成为商品的场景下，劳动力这个商品的劳动价值由劳动力商品形成过程即劳动力自身的生产和再生产过程中所凝结的人类必要劳动构成。凝结的人类必要劳动越多，劳动力商品所具有的劳动价值就越高。劳动价值至少包括三个方面：一是家庭抚养劳动（成本）构成劳动力的劳动价值，二是劳动力的自我训练、自我生产和再生产构成劳动力的劳动价值，三是劳动力在运用中付出的劳动构成劳动力的劳动价值。这种劳动价值，体现在劳动力的使用之前所吸收，以及使用之中所付出的劳动。

三、自主劳动条件下的劳动力、劳动价值

自主劳动者是自己的主人，不出卖自己的劳动力，劳动力归劳动者自己所有，不归其他任何人所有，劳动者的劳动是自主自愿的。在这样的条件下，劳动力就不再是商品，只有进行劳动才有价值产生，即只有通过劳动力的使用，才能创造劳动价值，体现劳动力的劳动价值和使用价值。这个时候，劳动价值就是劳动力在使用过程中付出的，凝结在劳动产品中的，被社会认可、接受的一般人类劳动。这其实是以劳动力的实际使用、实际付出的劳动来评价、衡量劳动力的劳动价值，是一种真正意义上的劳动价值，“按劳取酬”就是这个劳动价值的体现。

只要劳动者的合法权益在劳动中得到有效保障，劳动者能够依法支配自己的劳动力，能自主劳动，劳动能力在实践中得到提高，劳动付出能得到市场化的公平的劳动报酬，劳动力就不再是商品，劳动力的劳动价值就主要体现在劳动力的使用过程中，而不是体现在劳动力的使用之前。对于劳动力来说，没有使用价值，就没有劳动，就不能创造劳动价值。劳动力有高有低，劳动力的高低，取决于三个条件：一是劳动力的家庭教养，二是对他人知识的学习、吸收，三是在实践中积累知识、能力。这三个条件也可以归并为两个，即先天培养吸收和自我实践学习积累，换言之，是对外界劳动的吸收和自己劳动的付出。

第四节　简单劳动和复杂劳动、熟练劳动和生疏劳动

一、简单劳动

1. 劳动力的简单使用，就是简单劳动

简单劳动主要体现在劳动工艺、劳动技能等方面，简单劳动的劳动工艺、劳动技能是一般劳动力都能掌握，或者只需要简单的学习就可以掌握的。因此，简单劳动通常具有普遍性，是有大量劳动力从事的劳动。

2. 简单劳动具有相对性

不同的时期、不同的环境下，简单劳动可能有不同的标准。在今天看起来是简单的劳动，在100年前或者更早的时期，可能就是复杂劳动。现在看起来是复杂的劳动，但在过去，或许就不是复杂劳动。比如，人工烧制陶器、瓷器，人工织布、绣花、打铁、补锅等，在过去这些活动盛行的时代可算是简单劳动；但是，在今天，就算是复杂劳动了。二十年前，大量的中国人从事农业，人工插秧在当时可算是简单劳动；但是今天，从事农业的人相当少，会种庄稼的人已不多了，人工插秧就成了复杂劳动。因此，具体的简单劳动是在特定的时空下的概念，只能结合特定的时空进行具体问题具体分析。

3. 简单劳动力并不稀缺

简单劳动不需要很高、很复杂的劳动技能，是大多数劳动者都能胜任的劳动，因此，简单劳动力一般并不稀缺。

4. 简单劳动创造的使用价值简单

简单劳动解决的问题简单，生产出的产品的结构、功能等也较简单，创造的使用价值一般也较简单，是大家普遍能生产或能使用的产品，或市场竞争充分的

产品。也可把复杂产品分解成若干简单的组件，从而可以运用简单的劳动力进行简单的生产。

5. 简单劳动生产的产品并不稀缺

简单劳动创造的产品一般也较简单，属于大路货，是很多人都能生产、都在生产的产品，是大家普遍使用的产品、市场竞争充分的产品，生产量和供应量大，可选择性高，竞争激烈，不具有稀缺性。

6. 简单劳动只能维持劳动力简单的生产和再生产

简单劳动的供应量大，竞争激烈，其付出的劳动、创造的使用价值通常也都不高，因而获得的劳动报酬也不高，其劳动报酬通常只能维持劳动力简单的生产和再生产。如果能像周群飞那样在实践中加强学习、提高技能，就可成为复杂劳动的劳动者，如果简单劳动力供不应求，就可能获得超额收益。

二、复杂劳动

1. 劳动力的复杂使用就是复杂劳动

复杂劳动中，劳动工艺、劳动技能较为复杂，一般人难以掌握，并且劳动产品形态、结构、功能、技术等也较为复杂，一般人难以生产。

复杂劳动并不是人为故意搞复杂的，而是因为产品的特殊性，使得劳动工艺、技能、过程等无法简单化，是一种客观的复杂。

2. 复杂劳动技能一般要经过专门的培训

复杂劳动不是一般劳动者能胜任的，劳动者需要经过专业的培训，学习更多的、更复杂的专业知识，掌握复杂的劳动工艺、技能。相对于简单劳动力的形成而言，复杂劳动力的形成花费了更多的劳动。不经一番寒彻骨，哪有梅花扑鼻香？因此，复杂劳动通常由具有专业知识的劳动者承担。这些专业知识中，有的是商品知识，有的是不需要通过价值交换就可以无偿学习、积累的非商品知识。虽然学习者不需要通过价值交换就可以无偿学习、积累一些知识，但是，学习者需要自己付出劳动，才能学到、学好、用好这些知识。由于一般劳动者不掌握复杂的知识、技能，从而使得复杂劳动者更显稀少、珍贵。

3. 复杂劳动是复杂脑力和复杂知识的体现

复杂劳动主要表现为复杂的脑力劳动，表现在所运用的复杂知识技能上，而不是体力劳动的复杂性上，因为体力劳动是受脑力劳动支配的。体力劳动无论多么复杂，通常都是受复杂的脑力劳动支配的，体力只是实施、实现复杂的脑力支配。一个大脑受损伤的人，通常是无法从事复杂体力劳动的。随着年龄增长，正常人从事高难度复杂体力劳动的能力也呈下降趋势，这是人的身体自然衰老、脑力退化造成的。

复杂劳动与简单劳动在体能消耗上有时差异并不是很大。每个人每天都是24 小时，一般人的承受能力相差不大，是有极限的，人的体能消耗也是有极限的。因此，复杂劳动与简单劳动的差异不是体现在体能消耗上，而是体现在所运用的知识上，体现在具体的劳动形态、方式、方法、技能，以及运用的劳动对象、劳动工具、劳动资料等的差异上，体现在劳动效果、效率上，体现在产品形态、结构、功能、技术差异上，体现在产品使用价值的差异上。通常不能以体能消耗差异来区分两者在劳动及价值上的差异。

4. 复杂劳动解决复杂的问题，创造更多、更高的价值

与简单劳动相比较而言，复杂劳动能解决更复杂的问题，创造的价值要高些。有的复杂劳动可以提高劳动生产力和劳动生产率，创造更多、更好的劳动产品，可以满足人们更多、更高的需要。复杂劳动通常能获得更高的社会和市场认可，获得更高的收入。

5. 有些复杂劳动也可以简单化

某些复杂劳动，可以看成由许多简单劳动进行复杂化的组合、叠加、浓缩而成的。随着科学技术和生产力的不断发展进步，人们可以把复杂劳动分解成若干简单的劳动，通过分工与合作，可以完成复杂劳动。比如，当初工人组装汽车是一种复杂劳动，但是，当福特公司把组装工人的劳动动作进行标准化分解，再进行流水线组合作业后，复杂劳动一下子就变得简单了。这就是把复杂劳动进行分解、简单化。但是，能够把复杂劳动简单化的人，就是能够解决复杂问题的人，就是不简单的人，他的劳动属于“顶层设计”，属于复杂劳动。

以前编写电脑处理程序是个复杂劳动，只有一流大学才开设电脑编程课程。但是，在电脑和网络技术普及、编程技术不断发展进步的今天，电脑编程已越来越简单化了，技工学校一般都开设了电脑编程课程。这种“复杂劳动普遍化、从而简单

化”的情况，是因为劳动力的整体素质都提高了，科学技术进步了。这是社会劳动力整体性的发展、提高。也就是说，具体的复杂劳动也可能存在一定的相对性。

6. 简单劳动与复杂劳动创造的产品不同

简单劳动创造的产品通常是大路货、低端货；复杂劳动创造的产品通常是高端货，是精品，是稀缺产品，是只有少量的人或企业可以生产的产品。

7. 复杂劳动可以实现劳动力扩大的生产和再生产

复杂劳动创造的使用价值较高，市场稀缺性较高，产品的品质较高，正外部性较高，获得的劳动报酬较多，可以满足劳动力扩大的生产和再生产。

三、简单劳动与复杂劳动的关系

1. 有些简单劳动可以看成劳动的最基本形态和单元

有些劳动最开始通常表现为简单劳动，之后，随着实践的不断发展，知识的不断增加，技能的不断提高，分工的不断深化、细化，人们会对劳动形式、劳动过程、劳动方式、劳动技能、劳动知识等有更高、更深入的认识，劳动技能、劳动水平、劳动认识等会得到提高，从而使简单劳动变得复杂起来。比如，人们的生活中都有经济学，但是，把生活中的经济学上升到科学水平，就变成复杂的专业劳动了，这对于一般人来说是做不到的。一位普通工人，如果时刻在思考如何提高技术，如何了解大众需求，如何扩大市场需求，如何改善管理、提高效率等，那么，这位工人就可能会成长为企业家、专家。也就是说，人们的生产和生活中处处都有可以学习的知识，只是有深与浅、精与粗的差别。

2. 复杂劳动与简单劳动之间存在相互转化的关系

有些复杂劳动是由许多简单劳动一点点、一步步地积累、组合而成的，是由许多简单劳动构成的。比如，房子通常就是由简单劳动一点点、一步步地建设而成的。换句话说，有些复杂劳动可以分解成许多简单劳动。同理，也可以把有些简单劳动复杂化。把简单劳动进行更精细的分解，会呈现庞大、复杂的系统。社会分工越来越细，越来越复杂，就是这个道理。

有些复杂劳动是无法分解成许多简单劳动的，也就是说，许多简单劳动仍然无法组成复杂劳动，这通常是劳动发生了质变，而不仅是量变。比如，如果没有科学家、设计师，再多的普通工人，也无法生产出飞机、火箭、电脑等高科技产品。设计师们的复杂劳动通常很难简单化。

如果简单劳动单独生产的产品与复杂劳动单独生产的产品相同，那么，复杂劳动就可以分解成许多简单劳动。如果两者产品根本不同，复杂劳动就难以分解成简单劳动。也就是说，要看两者的劳动产品有什么差异。

3. 简单劳动与复杂劳动可能并不是绝对的，而是相对的

这与社会实践、就业结构有关。当有更多劳动力从事某种劳动时，当这种劳动又是公开透明、有很强的外部性时，这种劳动可能就成了简单劳动。当只有很少劳动力从事某种劳动，且这种劳动缺乏公开透明性时，这种劳动就可能成为相对复杂的劳动。因此，简单劳动和复杂劳动的区分又与社会结构、产业结构、就业结构及结构的变化有关。画家的子女在家里耳濡目染，通常也会有一定的绘画方面的知识、技能；藏民大多能歌善舞，因为他们从小就受到熏陶。

4. 精益求精的劳动就是复杂劳动

任何劳动，只要精益求精、做到极致，就不简单，就成了复杂劳动。例如，掌握基本的焊接技术并不是很难的，但是，如果要做到极致，就需要付出更多的脑力和体力。工匠精神就体现在这方面。真正的工匠，能把简单劳动做到极致，把简单产品做成精品，把简单劳动复杂化。行行出状元，就是这个道理。精益求精有很强的正外部性。

不是所有问题教科书上、操作手册上都有解决办法，不是所有问题上级都有预见，执行者需要在工作实践中创造性地发挥自己的智慧，创造性地解决实际工作中遇到的这样或那样的问题，做知识型、创造型劳动者。

5. 复杂劳动在有些情况下可以分解成许多的简单劳动

有些复杂劳动是由许多的简单劳动组合而成的，可以看成 n 个简单劳动的相加。福特把复杂的汽车装配工作分解、组合，用流水线代替原来的组装模式，使得组装的效率大大提高，就是把复杂的劳动分解，再组合起来。这用公式表示为：

复杂劳动 = 简单劳动 1+ 简单劳动 2+…+ 简单劳动 n= 系列简单劳动相加

复杂劳动价值 = 全部简单劳动价值相加

劳动的不同功效、产品不同的使用价值，都是由不同的知识决定的，复杂劳动是运用复杂知识的外在呈现。相对于一般的简单劳动而言，复杂劳动是应用了

更多知识、更高技能的劳动，因此，在某些情况下，复杂劳动又可以看成简单劳动加复杂知识的劳动。有个未经证实的故事说，美国某公司一台关键机器出了故障，请来了德国工程师进行诊断。德国工程师经过诊断，用粉笔在机壳上画了一道线，给出了解决方案，要价 100000 美元。美国人嫌贵了，德国工程师解释说，画一道线值 1 美元，而知道为什么画线、在哪里画线值 99999 美元。德国工程师的劳动可以被看成复杂劳动，这个复杂劳动由简单劳动加复杂知识组成，“画一道线”是简单劳动；而知道为什么画线、在哪里画线、画线有什么作用，就是复杂知识的运用和呈现。这用公式表示为：

复杂劳动 = 简单劳动 + 复杂知识

复杂劳动创造的价值 = 简单劳动创造的价值 + 复杂知识的价值

有些复杂劳动在形式上可能相似或相同，如大学教授与小学老师的劳动很相似，但是，由于他们所运用的复杂知识并不相同，这导致他们劳动的目的、产品不同，创造的使用价值和价值不同，获得的报酬也不相同。

四、熟练劳动与生疏劳动

1. 熟练劳动与生疏劳动的含义

熟练劳动是指劳动者对劳动很熟悉、熟练，不生疏，一拿来就能做，能胜任工作。生疏劳动是指劳动者对劳动不熟悉、不熟练，一拿来时有点儿陌生，不能胜任工作，需要有一个熟悉、熟练的过程。

2. 熟练劳动的形成

熟练劳动技能是在实践中形成的，不是天生的。只有多实践，劳动者才能熟练劳动。熟练劳动靠的是脑力和体力的训练，靠的是经验的积累，靠的是“熟能生巧”。

五、熟练工与生疏工的使用价值差异

1. 熟练工的使用价值较生疏工高

熟练工一般速度快、质量好，这有利于节约生产成本，有利于生产活动的快速进行。生疏工的使用价值就不如熟练工。

2. 熟练工的正外部性较生疏工高

熟练劳动有较高的正外部性，其他人（包括生疏工）通常可以无偿学习、借鉴。一家企业如果有大量的熟练劳动力，就有了宝贵的人力资源财富。企业培养更多的熟练工对企业是有利的，如果有行业内的“尖子”，那就是企业的“金字招牌”，就能为企业创造巨大的品牌价值、无形财富。

第五节　创新劳动的关键是知识技能创新

劳动者在劳动条件、劳动对象、劳动场所、劳动资料、劳动组织、劳动形态、劳动方法、劳动工艺、劳动技能、劳动产品等方面，较之前或他人，有一个方面或几个方面是新的，这种新，是劳动者主动创造、主动作为的，是劳动者自己创造的。这样的劳动，就是创新劳动。例如，四川有个“拉面哥”，把千年不变的拉面动作改成了舞蹈，吸引了大量的消费者，拉面销量大增，这就是劳动创新及创新的效果。

创新是人类的基本追求，喜新厌旧是人类的基本特性，也是推动人类社会发展进步的内在动因。一切创新都是由人追求、实施和实现的。善于创新的人会受到社会的广泛关注和尊敬，其创造的劳动产品的劳动价值和使用价值以及外部性会受到市场和社会的肯定。

一、创新劳动的方方面面

创新劳动涉及方方面面，难以全部罗列，包括但不限于劳动条件创新、劳动对象创新、劳动场所创新、劳动资料创新、劳动组织创新、劳动形态创新、劳动工艺创新、劳动工具创新、劳动技能创新、劳动产品创新。

所有创新，都可以看成产品创新，包括具体的物质产品和非物质产品，包括劳动成果和劳动过程、劳动行为的外部性等。

二、创新的关键是知识创新

人的劳动是受人的大脑思维支配的。大脑思维就是认识活动，就是知识劳动。人类的一切创新，都是认识的创新、观念的创新、知识的创新。物质的基本粒子是不变的，人类的劳动可以改变的只是物质的规模、形态、成分、结构、功能和运动状态，改变的只是自己的思想认识、观念、行动。人要创新产品，只有首先创新观念、创新知识、创新技能、创新劳动实践，才能改变物质的规模、形态、成分、结构、功能和运动状态，才能创造出新产品。

三、创新的落脚点是使用价值和收益

创新劳动，必须体现在产品的使用价值上，包括物质产品使用价值和非物质产品使用价值。使新产品有新的使用价值，能给自己或他人创造新的感受、新的体验、新的效率、新的收获等，能满足人们丰富多彩、不断发展变化的需要。只有让人们看到、感受到新的产品，从创新产品中收获新的、实实在在的使用价值，创新劳动才是有效的，才有价值。有没有新的使用价值、有多大新的使用价值，是衡量创新劳动有效性的核心要素。

有效的创新能够创造更多的收益。

四、追求劳动创新的意义

创新是为了更好地满足人的丰富和发展的需要，是发展生产力，能贡献正外部性，促进人的解放，创造更多收益。

五、使用价值生产、劳动价值生产与劳动力提升统一于劳动过程中

劳动过程是价值创造的过程，劳动过程就是劳动者知识增长和劳动能力提升的过程，是增进社会关系的过程。

六、劳动力的劳动价值的衡量

对劳动力的劳动价值有两种理解。其一，劳动力的劳动价值由生产该劳动力

所付出的社会必要时间或劳动量决定，换句话说，劳动力所凝结的生产它的社会必要劳动时间或劳动量决定劳动力的劳动价值；其二，劳动力的劳动价值由劳动力在劳动过程中所付出的社会必要劳动时间或劳动量决定。无论哪种情景，所付出、凝结的社会必要劳动时间或劳动量都是可以比较、衡量的。社会必要劳动时间，是指在现有社会正常生产条件下，在社会平均熟练程度和劳动强度下，生产某种使用价值所需要的劳动时间。而“现有社会正常生产条件”是指现时某一生产部门大多数产品生产者已达到的技术装备水平。

劳动力的劳动价值的衡量方式、方法多种多样，不同的人、不同的情景会有不同的衡量需要和侧重，会采用不同的衡量方式方法、技术。在市场经济下，劳动力的劳动价值是按照市场法则衡量的。只要方法科学，标准一致，无论采用什么方式方法，总能得出一个客观公平公正、令人信服的衡量结果。

从技术、市场均衡的角度看，所有劳动者在单位劳动时间内所付出的一般人类劳动差别不大，甚至可以说基本上是等量的。如果每个人一生的劳动时间相同，那么，每个人一生付出的劳动量是相同的，创造的劳动价值是相同的。当然，这是在假定市场竞争充分的条件下的推断。

七、不同的具体劳动为什么会生产出不同的产品

产品有差别，是因为生产它的劳动有差别。劳动有差别，产品就会有不同的功能和使用价值，就会传递不同的信息、知识、理念、美感等。产品不同，是由于生产它的劳动的不同，关键是生产者生产目的、生产原料、生产技术以及理念和审美等方面的不同。

1. 生产目的不同，导致产品的使用价值不同

生产目的决定了产品的使用价值。是生产机器，还是生产粮食，目的是不同的，产品的使用价值也是不同的。为了生产机器，生产出的产品就是机器；为了生产粮食，生产出来的产品就是粮食。

2. 知识、技能、文化不同，导致产品的使用价值不同

木工的生产技能，决定了他一般从事以木材为劳动资料和劳动对象的家具制作、木屋建造等劳动；泥工的生产技能，决定了他一般从事砌墙、粉墙、贴瓷砖等工作；焊工的技能，决定了他一般从事金属焊接工作。他们的技能不同，创造的使用价值就不同。

不同民族、地域，有不同的文化，因此有不同的产品，这为社会提供了丰富多彩的需求选择。

拥有并使用更多的知识，就可以创造更多的产品，创造更多的使用价值。有了超过一般的知识，就可以创造出超过一般产品的使用价值，从而拥有超过一般的价值。

3. 不同的生产资料有不同的使用价值

木料用于生产家具，铁矿用于冶炼钢铁，石油用作燃料，面粉用于做馒头、面包等，这都是考虑了生产资料特有的物理和化学性能，做到物尽其用。

4. 劳动的吸收与转化

劳动者吸收物质非商品、物质商品、非物质商品、非物质非商品等“原料”，通过应用知识进行劳动，转化成新的物质非商品、物质商品、非物质商品、非物质非商品等产品。不同的劳动，所吸收的“原料”不同，应用的知识不同，所转化成的产品也不同。

八、如何减轻人的劳动消耗

追求舒适、追求美好、追求进步是人的天性，人总是千方百计地节约自己的劳动，提高自己的劳动效率，以减少劳动消耗，并取得较多较好的劳动成果。这是人类社会生产力发展的根本动力。

个人如何节约自己的劳动？只有靠科学技术进步，而不能靠掠夺他人的劳动成果。你掠夺来，他掠夺去，最终是两败俱伤、人财两空。社会如何节约劳动？只能靠科学技术进步，靠生产力进步。电力和机械力代替了一部分人力，电脑代替了一部分脑力，这一切，都是科技进步的结果。创新创造就是为了制造差异，就是为了创造出比他人、比过去更高的生产力。人总是通过自己发明的技术、制造的机器等工具，来延伸、放大、代替、节约自己的体力和脑力，使自己的劳动和生活变得更轻松、惬意。

生命是运动的，适当的劳动有益于生命健康，有益于人生幸福，这是体育锻炼的使用价值。

第十三章

劳动价值——商品的劳动价值和非商品的劳动价值

人类社会的一切都是人类劳动创造的，没有劳动创造，就没有人类社会的一切。

第一节　劳动价值是凝结在劳动产品中的被人接受的无差别的一般人类劳动

劳动价值，是劳动产品中所凝结的无差别的一般人类劳动，表现了人们对人类无差别劳动的认同、接受、吸收、利用。劳动价值是人的劳动凝结，是人的劳动在产品中的物化，它与产品的使用价值既有紧密的联系，又有一定的差别。联系在于，使用价值与劳动价值是同一劳动创造的，而且，使用价值是指劳动价值的载体，获得了产品的使用价值，也就获得了产品的劳动价值。差别在于，使用价值是产品可供人使用的属性，而劳动价值是产品所凝结的无差别的一般人类劳动。当然，甲的劳动代替乙的劳动，也是甲的劳动的一种使用价值，因为，“代替”属于一种使用方式。

只有劳动产品对人类有使用价值，生产它的劳动才是对人类有益的、有价值的，才是有效劳动，是有价值的劳动。劳动价值因此就是产品所凝结的劳动中对人类有益的部分，无益的部分通常没有劳动价值。

劳动至少有这几个方面的使用价值：可以锻炼身体、增强体质、促进健康、延续生命；可以满足需要、丰富生活；可以充实思想、避免空虚；可以增加知识、提升认识、助力发展进步；可以促进交流合作、避免孤独寂寞。劳动还可以替代劳动，比如，昨天的劳动可以替代今天的劳动，甲的劳动可以替代乙的劳动。

劳动价值是对劳动者的体力与脑力消耗的一种补偿，劳动者不能有体力和脑力的消耗，而没有相应的补偿。

劳动价值通常是生产者为自己创造的，而不是为他人创造的，生产者通常是不把自己创造的劳动价值送给他人的。劳动价值可以被劳动者自己获得，比如自己种菜自己吃。与他人交换产品，通常自己的劳动价值在交换中并没有损失，只是把自己产品的使用价值移交给了别人，虽然自己凝结在产品中的劳动价值也一并被转移了，但与此同时，自己也从对方那里获得了自己需要的使用价值及与自己产品劳动价值等量的劳动价值。自己在交换中并没有损失劳动价值，但使用价值改变了。

但是，劳动价值不一定是被自己获得，也有可能是被别人获得、为别人创造的、为社会创造的，是奉献给别人、奉献给社会的。比如，劳动的外部性、产品的外部性等。猎人打猎时产生的脚印的使用价值和劳动价值可能会被别人利用。

劳动价值依附于产品的使用价值，产品具有使用价值，劳动价值才有载体，否则，劳动价值就没有载体。皮之不存，毛将焉附？没有使用价值，也就没有劳动价值。劳动产品只要被获得、被应用了，对人类有益，劳动产品的使用价值也就被获得、被应用了，劳动价值也就随之实现了。而获得的方式、使用的方式、应用的方式有很多种，不能只看到常用的方式、惯用的方式，不能“只见树木，不见森林”，而应当全面地看到产品的各种获得方式、应用方式。当产品有对人类有益的使用价值，这个使用价值能被人类认同、接受、使用、吸收了，它所凝结的一般人类劳动也就能被人类认同、接受、使用、吸收了，生产它的劳动就有了劳动价值。这个劳动价值就是产品中被认同、接受、使用、吸收的一般人类劳动。劳动价值就是指对人类有使用价值的产品中所凝结的对人类有益的一般人类劳动或社会劳动，或者说，是人类对劳动中有益部分的认可、接受、吸收、使用。

对产品的使用有很多种方式，难以全部罗列。占有、使用、运用、采用、学习、借鉴、认可、认同、接受、吸收等，都是对产品的使用方式，也就是产品使用价值的实现方式。对产品的使用，既包括行动上的占有、使用、运用、采用、学习、借鉴、认可、认同、接受、吸收等，也包括思想认识上的占有、使用、运用、采用、学习、借鉴、认可、认同、接受、吸收等。如果不包括后者，人类就不需要创造知识，就没有科学知识的发展。只要是人的劳动产品，只要这个劳动产品被人占有、使用、运用、采用、学习、借鉴、认可、认同、接受、吸收了，这个劳动产品的使用价值和劳动价值也就实现了。

所谓认同，这里是指人们在思想上对产品的使用价值产生了认可，增加、增强了人们对世界的认识，消除了人们对他人劳动及产品的疑虑，消除了人们对客观世界、主观世界以及社会的疑虑和某种不确定性，增强了人们对世界的明确性，同时也就实现了对产品的劳动价值和使用价值的认可。

所谓接受，这里是指人们在思想认识或行动上对产品的使用价值产生了接受，把他人劳动产品记忆到自己的大脑中，存储到自己的大脑中，构成自己占有和掌握的知识的一部分，构成自己占有的使用价值的一部分，同时也就实现了对产品的劳动价值和使用价值的接受。

所谓使用，这里是指人们在思想认识或行动上对产品的使用价值产生了认识、识别，并吸收、使用了该产品，从而使用了该产品的劳动价值和使用价值。例如，看到别人的船曾在那儿触礁，自己就会意识到此处的危险，就不从那儿走。这就是在思想上、行动上使用了别人“沉船”的劳动价值和使用价值。

所谓吸收，这里是指人们在思想认识或行动上认可、接受、承认、运用了产品的使用价值和劳动价值。例如，看到路上有车辆正常行驶的痕迹，认识到这条道路可以行驶车辆，并打算采取这样的行动，就是使用了别人的劳动产品——他人的外部性的劳动价值和使用价值。

1. 内涵

劳动价值由无差别的一般人类劳动决定，劳动量就是劳动的付出量、凝结量。劳动付出量包括体力劳动量和脑力劳动量。

① 体力劳动量。就是人类为生产该产品所付出的一般体力劳动量。

② 脑力劳动量。就是人类为生产该产品所付出的一般脑力劳动量。

③ 综合性劳动量。就是人类为生产该产品所付出的一般体力劳动量和一般脑力劳动量的总和。人很少有单纯的体力劳动或单纯的脑力劳动，通常是体力劳动与脑力劳动共同付出，才能从事具体的劳动，完成具体的劳动，生产出具体的劳动产品。因此，人生产的产品，通常是人的体力劳动和脑力劳动共同的产物，是综合性劳动的产品。

在同一市场上生产同一产品，其所凝结的体力劳动量和脑力劳动量通常有一个一般化的总劳动量和一般化的体力劳动量与脑力劳动量的比例，这就是无差别的一般人类劳动量。这个无差别的劳动量，由在现实社会正常生产条件下，在社会一般劳动强度和熟练程度下，大多数生产者生产该产品所需要的社会必要劳动时间决定。从统计学角度看，这个“大多数”就是众数。

通常情况下，付出的劳动量越多，得到的劳动价值也越多；得到的劳动价值越多，说明付出的劳动量越多。付出的劳动量越多，人就越辛苦，因此，劳动价值可以说是劳动者的辛苦指数。劳动价值越大，辛苦指数也就越高，说明劳动者付出的辛苦越多。

2. 外延

人类生产和占有的一切物品，都可以看成人类的劳动产品，都凝结了人类的劳动，都对人类有劳动价值和使用价值。

占有本身是人的一种行为。对自然资源的占有权是受社会制度保障的一种权利，是人类实践的产物，有利于对自然资源价值的发现、保护、利用。并且，合法占有权也有使用价值，能够促进人类社会的有序运行，能够增进人类社会的福利。这也是制度的使用价值和劳动价值的体现。

对自己的劳动产品享有占有权，是人类社会制度保障劳动者的基本权利，是人类文明的体现。

3. 价值与劳动价值不是一码事

劳动价值是劳动产品所凝结的一般人类劳动，它的核心是劳动。价值是对人有用的属性，它的核心是对人的有用性。它们的核心是不同的。

价值体现的是人与人之间或人与事物之间的利益关系，有用就有价值，没有用就没有价值，这种关系，既可建立在劳动价值基础上，也可建立在使用价值及其他价值基础上。劳动价值体现的是人为生产该产品所付出的劳动，这个劳动一定程度上可以替代他人为生产该产品所应付出的劳动。商业为什么有价值？主要是因为商业劳动者的劳动能够替代或节约消费者的劳动，这本身就是在为消费者提供使用价值。

价值包括劳动价值、使用价值、效用价值、稀缺性价值、外部性价值等，它的范畴远大于劳动价值。劳动价值只是价值范畴中的一部分，是价值大集合中的一个子集合、小集合。

4. 劳动价值不可复制

劳动价值是由人的劳动构成的，是人的劳动的凝结，它同物质、能量一样，是一个客观的物理量，是不可复制的。

第二节 具体劳动由劳动者的知识技能决定，抽象劳动凝结成产品无差别的劳动即劳动价值

一、具体劳动

1. 劳动有具体的形态、方式

具体劳动，是指有具体形态、方式，包括具体的知识、技能、劳动场所、劳

动组织、劳动工具、劳动对象、劳动资料如原辅材料等具体条件和具体运用的劳动。劳动形态、方式及其产品的千差万别，就是由具体劳动决定的，也体现了具体劳动的差别。例如，生产钢铁的具体劳动形态、方式、知识、技能、场所、原辅料，与生产粮食的具体劳动形态、方式、知识、技能、场所、原辅料是不同的。运用机器插秧与人工插秧，在形态、方式、知识、技能等方面是不同的。

体力劳动与脑力劳动、简单劳动与复杂劳动都存在具体的劳动，承载于、寓于具体的劳动形态、劳动方式之中。在不同的劳动中，都会有不同的、具体的呈现。

不同的具体劳动，由不同的知识、技能决定，也体现了不同的知识、技能。不同的知识、技能，决定了不同的具体劳动。具体劳动抽象掉具体的知识、技能，就成了无差别的抽象劳动了。

2. 不同的具体劳动生产出不同质和量的产品即不同的使用价值

不同质和量的产品及其不同的使用价值是由不同的具体劳动生产、创造的。具体劳动创造具有不同品质、性能、功能和不同使用价值的具体产品。例如：钢铁是由钢铁厂的钢铁工人生产出来的，钢铁有钢铁的具体功能；粮食是由农民在土地上种出来的，粮食有粮食的具体功能。两种产品的具体功能是不同的，这不同的功能是由不同的具体劳动决定的。不同的具体劳动不仅体现在宏观方面，还体现在微观、细小、隐性的技术方面，有些细小、隐性的技术会导致产品在品质、性能、功能上有巨大的差异。比如，用葡萄酿酒，如果温度有差异，就会导致葡萄是腐烂变质还是变成美酒的不同结果。鳄鱼蛋在孵化时的不同温度，直接决定了鳄鱼的雌雄性别。这说明，一些细小的技术上的差异，会导致产品在品质等方面有很大的差异；这也反证一些细小的技术改进其实有着相当艰难的发展历程，蕴含着大量的劳动和使用价值。

3. 产品的实际功效、稀缺性、外部性等也是由具体劳动形成的

产品的实际功效、稀缺性、外部性等取决于生产者的生产观念、技术水平、生产能力、生产形态（如公开或封闭）、对市场的认识和判断、生产规模等，受生产者内在知识、观念决定的，是具体劳动的具体呈现，是知识使用价值的外部呈现。具体劳动决定着具体的外部性，不同的具体劳动决定着不同的外部效应。

二、抽象劳动

1. 抽象劳动的一般含义

撇开劳动的具体形态、方式等方面的差别，即撇开知识、技能差异，所有劳动都是劳动者无差别的劳动的付出，劳动者都会把无差别的劳动凝结到劳动产品中。每件劳动产品所凝结的无差别的一般人类劳动，就是由抽象的劳动构成的。抽象劳动是撇开了劳动的具体形态和形式、方式、知识、技能，撇开体力劳动与脑力劳动、简单劳动与复杂劳动的具体形态和方式，把不同的劳动转化成抽象的、标准相同的、可以相互比较的劳动。比如，抽象掉炼钢劳动与种粮劳动的具体形态、方式、知识、技能等方面的差异，"抽象"掉小学教师、大学教师的劳动的具体形态、方式、知识技能等方面的差异，就都只剩下无差别的抽象劳动了。所有具体劳动经过抽象化后，只剩下劳动量的差异。工人、农民与知识分子、企业家、管理人员等付出的劳动量并没有多大的差异，但是，他们所运用的知识、技术等有很大的差异。

2. 抽象劳动量构成产品劳动量

抽象劳动量构成产品所凝结的无差别的劳动的量。抽象劳动使具体劳动转化为无差别的一般社会劳动。许多不同的产品之所以能够进行交换，就是因为它们都凝结了人类无差别的一般劳动，具体劳动都能转化成一般人类劳动，从而可以进行劳动量的比较，实行等量劳动交换，或劳动量的等价交换。

3. 抽象劳动是劳动价值交换的重要基础

许多不同的劳动之所以能进行比较、交换，就是借助于抽象劳动这个统一的标准。简单劳动之间的产品交换，通常较容易区别各自产品劳动量的差异。而复杂劳动与简单劳动进行比较和交换，则需要把复杂劳动分解为，或抽象化为许多的简单劳动，再进行简单劳动与简单劳动之间的比较。

劳动的等量交换与等价交换含义不同。劳动的等量交换，是指劳动量完全相等，如换工；而等价交换则是指只需要双方认为所交换的产品所凝结的抽象劳动是等价的，即可进行交换。一方凝结的劳动可能较少，但效率、质量更高，而另一方凝结的劳动可能较多，但效率、质量较低，但双方的抽象劳动是等价的。等量劳动交换把交换条件限制在产品所凝结的劳动量相等上；而等价交换则没有这个交换条件，扩大了交换范围，把质量、效率、使用价值、效用价值、稀缺性价值、外部性价值等都纳入了等价交换的范畴，只要双方认为是等价的，即可实现交换。因此等量劳动相交换是等价交换，而等价交换则不一定是等量劳动相交换。

4. 具体劳动抽象化是市场化比较的结果

把具体劳动抽象化，需要抽象掉具体劳动的知识、技能、形态、方式等，具体劳动要被分解、细化、抽象、统一到同一个标准上，才能进行比较，才有可比性。这个标准化、可比化的过程就是市场化比较的过程，是市场在长期的运行实践中，借助于大数法则、比较法则，通过大量的具体的观察、交换、比较而形成的，而非行政命令的统一。这就是“货比货”“货比三家”“人人心中都有一杆秤”。因此，把具体劳动抽象化，是人们追求劳动平等的重要方式和途径。

5. 劳动价值不等于劳动创造的价值

劳动价值是产品中包含的一般人类劳动，核心是劳动。

劳动创造的价值是指劳动创造的全部价值，包括劳动数量，也包括劳动质量，包括在劳动的具体形态、方式方法下形成的产品的使用价值、效用价值、稀缺性价值、外部性价值等。

劳动创造的价值，既包含着具体劳动的价值，也包含着抽象劳动的价值。而劳动价值只包含抽象劳动的价值，不包含具体劳动的价值。

三、既要重视劳动的抽象性，又要重视劳动的具体性

抽象劳动是为了消除劳动的差异性，而具体劳动要反映劳动的差异性。没有具体劳动，就没有人类劳动生产的丰富性、多样性、发展性；而没有抽象劳动，就没有交换的统一性。

就现实来看，没有具体劳动，就没有产品具体和不同的使用价值，就体现不出劳动者不同的劳动技能、劳动效果和社会产品，社会财富的丰富多彩，就体现不出劳动能力的差异。不能用劳动的抽象性代替、弱化、掩盖劳动的具体性。只有具体的劳动才能生产出满足人们不同的、追求美好生活需要的具体产品，才能发展生产力。

第三节　如何衡量劳动价值

商品生产者可能会夸大自己为生产该商品所付出的劳动量，并夸大该商品的使用价值，以期在交换中获得更多的收益。从理论角度看，劳动价值可以衡量，因为，劳动价值是由人创造的，每个人生命的长度，决定了他一生付出的劳动量和创造的劳动价值的最大限度。

一、进行劳动比较

劳动价值比较是建立在劳动比较基础上的。没有劳动的比较，就没有劳动价值的比较和衡量。

作为劳动价值合理内核的抽象劳动，必须是无差别的一般人类劳动。所谓无差别的一般人类劳动，必须是标准化的、可比较的劳动。比如，生产大米的劳动，大家的产品质量没有差异，那么，大家可以就生产大米所花费的劳动内容、劳动时间、劳动强度、劳动技术熟练程度、劳动条件等情况进行罗列，并进行相互之间的统一比较，把不同的劳动内容、劳动时间、劳动强度、劳动技术熟练程度、劳动条件等进行标准化。大家都要撇开具体劳动的差异，在千差万别的具体劳动中，找到一种无差别的、标准化的一般人类劳动，或取中等情况，或取大多数生产者的情况，或按照大家共同要求的情况。在撇开了劳动的具体差异之后，就可以形成一种大米生产的标准化劳动，以此作为判断所有大米生产所需要的无差别的一般人类劳动的依据。

标准化的劳动就是无差别的一般人类劳动，基于公开、透明、竞争充分的市场条件，基于大数法则。没有市场的充分竞争，没有众多的生产者，就难以形成大数法则，难以找到可比较的标准化的、无差别的一般人类劳动，只能依具体劳动、个别劳动来确定。

由于知识、技术不同，各商品凝结的劳动量也会不同。谁的技术先进，谁的劳动量就低于标准劳动量，谁就能获得良好收益，这种收益有利于促进技术进步。

二、进行劳动量比较与衡量

在确定了标准化的劳动之后，就可以把不同的劳动、有差异的具体劳动转化为标准劳动，就可以用标准劳动来衡量不同产品所凝结的无差别的一般人类劳动，就可以把有差异的产品生产劳动量化、转化为标准劳动。这种比较，有横向与其他同类生产者进行的比较，也有纵向的与自己过去的生产情况进行的比较，还有内向的与劳动力的生产和再生产成本进行的比较。

三、进行劳动价值比较与衡量

有了标准劳动，并将不同商品生产的具体劳动转化为标准劳动，就可以得出不同商品所花费的无差别的一般人类劳动量。劳动价值就是凝结在商品中的无差别的一般人类劳动。

四、创新劳动创造需求

不同的、具体的劳动，是社会自然分工形成的，是基于人类的需要的。如果没有人类的需要，就没有不同具体劳动存在的可能。因此，具体劳动本身存在于实践之中，是实践的重要组成部分，是人类实践需要的结果，具有实践的客观性、必然性、必要性、可行性。

人类的需要是动态的、发展的，而不是静止的。创新劳动既能创造供给，也能创造需求；而一般的、简单的劳动只能满足因循守旧式的需要，是无法刺激新需求、创造新需求的。只有紧紧抓住新需求、刺激新需求、创造新需求，供给才是有效的。实践的求新需要，给予创新劳动存在的新空间，同时，创新劳动也会在实践中创造自己的存在空间。

五、已物化的劳动不会变化

物质产品一旦被生产出来，它所凝结的无差别的一般人类劳动就是物化的、固定的、不可能变化的。劳动价值是社会必要劳动时间的代名词，劳动价值量是对劳动量的必要的、最低的劳动交换量、回报量、补偿量，是实现劳动力的生产和再生产需要的最低的劳动交换量、回报量、补偿量。劳动价值如果得不到必要补偿，劳动力的生产和再生产就会难以为继，就会影响未来的劳动。供求关系通常直接影响的只是产品的价格、交换价值、市场价值，影响未发生的劳动，而不会影响产品已经凝结的无差别的一般人类劳动。物质产品所凝结的劳动的量已经是一个客观物理量，对这个客观物理量，你可以取舍，可以无视，却不能抹杀。

第四节　劳动价值可通过交换方式和非交换方式实现

一、什么是劳动价值实现

劳动价值实现，是指劳动被人认同、接受、使用、吸收，能够替代人的劳动。

劳动价值实现的最终归宿是自己的劳动被自己或他人吸收了，能够替代人的劳动，能够为人节约劳动，为人提供智慧和力量，有利于人的生存和发展，有益于自己和社会。比如：妈妈做饭给我们吃，我们就不需要再做饭了，就节约了我们自己做饭的劳动；妈妈操持了家务，我们就不需要重复操持家务了，就节约了我们操持家务的劳动。因此，劳动价值的实现，就是可以替代别（人）的劳动。只要能够替代别（人）的劳动，不需要别的主体再来重复做同样的劳动，那么，这个劳动价值就实现了。

交换只是劳动价值多种实现方式和途径中的一种，而不是全部或唯一的方式和途径。

二、不同的市场

1. 充分竞争的市场

市场充分竞争，是指市场是公开、透明的，供方和需方都有众多的参与者，供需双方可在不受非市场因素限制的条件下进行交流和交易。

① 产品能够被占有。这是实现交换的首要条件。要交换，必须能够占有产

品。产品如果不能被占有，就无须也无法实现交换。

② 市场是开放的。允许任何正常人依法依规自由进入和退出，任何正常人依法依规进入和退出不受限制。法律和规章是公开的，一视同仁的，没有歧视的。

③ 市场是公开、透明的。任何人想获得产品的外部性、生产技术、产品标准、市场规则、市场信息等，都是非常容易的，不受限制的。如村内市场。

④ 有众多的生产者和需求者。市场上有大量的同类商品、替代品，商品是大路货、大众货，而不是“小路货”、小众货。生产量、供给量、供给频率，以及消费量、消费频率都很大，生产和消费周期都很短。

⑤ 商品范围很广。几乎所有产品都可进入市场流通，商品和价值流通活跃、便捷，是大市场，而不是小市场，没有人为的市场分割、阻碍。

市场公开、透明，供需进出自由，商品数量多，交易自由、频繁，就容易形成生产者与购买者之间的力量均衡，新知识、新技术的垄断所产生的不开放、不共享、不均衡的情况，会因市场公开透明、可自由进入而逐渐变得开放、共享，进而均衡，从而容易实现供应方的劳动价值与需求方愿意支付的劳动价值之间的均衡、匹配。在这样的条件下，市场上同类产品的劳动价值就会因为生产与需求的均衡而凸现，这有利于实现劳动价值的等价交换。

2. 不充分竞争的市场

市场通常是有局限的，不公开、不透明的，供求不充分、不对等，是有限的市场、局部的市场、区域性的市场，这导致供求双方都难以最大化地实现自己商品的使用价值和劳动价值。

3. 供求平衡关系与市场竞争充分与否的关系

市场充分竞争不代表供求平衡，供求不平衡也可能是市场充分竞争的表现和作用的结果。

市场不充分竞争不代表供求一定不平衡，有时市场不充分竞争，但是供求也是平衡的，比如，低水平的供求平衡、垄断下的平衡、计划经济下的供求平衡。

三、劳动价值实现的基本条件、方式

1. 劳动价值实现的基本条件

劳动价值体现在劳动产品之中，体现在劳动没有浪费，为人类发挥了作用上，体现在使用价值之中，以使用价值、产品为载体，以社会和市场为平台，以被认识、认可、认同、学习、借鉴、接收、使用、吸收为实现方式。

不同的劳动，其劳动价值和使用价值的实现条件是不同的。不同的条件，导致劳动价值和使用价值的实现方式、程度也不同。

（1）劳动价值与使用价值的统一

产品劳动价值的实现与产品使用价值的实现是统一的，不可分离。产品的使用价值实现了，产品的劳动价值也就全部或部分实现了。例如，自己穿了一件漂亮的衣服，得到同事们的夸赞，那么，自己穿漂亮衣服的使用价值就部分实现了。

（2）公开透明是劳动价值实现的重要条件

只有劳动过程和产品公开、透明，有外部性，劳动产品才能被人感知、观察、认识、识别、理解，劳动产品的使用价值才能被人发现，需求才能被刺激，占有、交换、接受、使用产品的行为才能因此而产生，劳动价值才能得到实现。

（3）存在于社会关系之中

价值本身是一种利益关系，只有建立起利益关系，才有价值。劳动价值以建立、建构、形成社会关系为实现方式和条件。没有社会关系，也就不存在劳动价值，以及劳动价值的实现。有供也有求，有产也有用，建立起供与求的社会关系，才能使劳动价值有实现的可能。社会关系既包含一般的纯社会关系，也包含市场关系；既存在于社会中，也存在于市场中。供求关系既是市场关系，也是社会关系。劳动价值在供求关系中呈现，既体现了市场关系，也体现了社会关系；既可能是市场关系的体现，也可能是社会关系的体现。

2. 劳动价值实现的基本方式

使用价值的实现方式就是劳动价值的实现方式。使用价值的使用方式就是使用价值的实现方式，也是劳动价值的实现方式。

① 交换方式。有些劳动价值只有通过劳动产品的交换才能实现劳动价值，这是商品社会普遍存在的显性的劳动价值实现方式。

② 非交换方式。也可称为非商品方式，是指不需要通过交换就可以实现劳动产品的劳动价值，这种方式主要存在于非商品的劳动价值实现方面，主要是非商品知识劳动价值实现方式。非商品方式通常是单方面的，不需要双方进行产品交换。

非商品方式有很多种，学习、借鉴、认可、认同、接受、占有、运用、采用、使用、吸收等，都是非商品方式。劳动产品只要被人单方面学习、借鉴、认可、认同、接受、占有、运用、采用、使用、吸收，产品的劳动价值和使用价值就实现了。这种方式可以是单方面的，比如，单方面学习了别人的经验，别人经验的使用价值和劳动价值也就实现了。学习、借鉴、认可、认同、接受、占有、运用、采用、使用、吸收别人的劳动产品，也就把别人劳动产品中的劳动一并学习、借鉴、认可、认同、接受、占有、运用、采用、使用和吸收了。一般地，不能说只使用了别人产品的使用价值，而没有使用别人产品的劳动价值。

被感知、观察、学习、借鉴、认可、认同、接受、占有、运用、采用、使用、吸收等，是使用价值的实现方式。但是，由于使用价值是劳动价值的载体，使用价值被使用了、被实现了，劳动价值也就自然被使用、被实现了。因此，这些方式方法同样是劳动价值的实现方式和方法。有些产品，由于被大量复制、传播和使用，已成为无主的知识、产品了，导致其原创者的劳动量被摊薄，可能已经只有使用价值，而没有原创者的劳动含量，没有原创者的劳动价值了，因为劳动量是不能被复制的，只能被摊薄。

③ 交换方式包含非交换方式，因为交换方式同样需要认同、接受、使用等行为，与非交换方式的行为完全一致。没有认同、接受，就不会有交换行为发生。交换方式可看成价值实现的显性方式，而非交换方式可看成价值实现的隐性方式。

四、劳动价值的几种非交换实现方式

1. 被学习

人的劳动实践被他人学习了，成为别人学习的榜样，这个劳动的劳动价值和使用价值就全部或部分实现了。例如，师傅的劳动技能、品德被徒弟学到手了，那么，师傅教徒弟的劳动价值和使用价值就实现了。

2. 被借鉴

人的劳动实践成为他人的借鉴，为他人劳动提供了经验、技能、信息等，那么，这个劳动的劳动价值和使用价值就全部或部分实现了。如果前车之辙能够成为后车之鉴，那么，前车之辙就有了劳动价值和使用价值，前车的劳动价值和使用价值也就部分实现了。法律规章中所凝结的劳动价值和使用价值就体现在实践的应用上。

3. 被认可

所谓被认可，就是劳动产品被人认识、承认。劳动产品的使用价值和凝结的一般人类劳动被人认可，被人认定为对自己是有益的，是正确的、善意的、友好的，那么，该产品的劳动价值和使用价值就算全部或部分实现了。

4. 被认同

人的劳动实践能够被别人认可、赞同、学习、借鉴、模仿，别人也跟着进行同样的劳动实践，那么，这个劳动实践的劳动价值和使用价值也就全部或部分实现了。一个人的实践，最终成为群体性的实践，这个带头人可以说是个创造者、领路人。敢第一个吃螃蟹的人就是英雄，就能获得别人的尊敬。被尊敬也是价值实现的方式和表现。

5. 被接受

所谓被接受，就是劳动产品被人接受、收藏或占有了，甚至能构成接受者的财富、能力的一部分。劳动产品如果被接受，该产品的劳动价值和使用价值就算全部或部分实现了。

6. 被使用

劳动产品如果被人使用、运用、消费了，那么，它的使用价值也就全部或部分实现了，其劳动价值也就全部或部分实现了。

7. 被吸收

产品被认可、被接受、被使用之后，产品的劳动价值就被认可者、接受者、使用者吸收、利用了，能够替代认可者、接受者、使用者的劳动，不需要吸收者再重复劳动，那么，产品的劳动价值就算是全部或部分实现了。

那些不被他人认可、接受、使用、吸收的劳动产品，其劳动价值和使用价值也可能通过其内部性，通过经验教训、反思、自省等方式被生产者自己部分或全部实现。

这里需要注意的是，产品的劳动价值和使用价值存在全部和部分实现的现象。有些产品，其使用价值很多，例如，一台电脑有很多功能，但是，这些功能不一定被使用者全部使用，可能只是部分使用，那么，这台电脑的使用价值也就是部分实现了，其劳动价值也只有部分被使用、吸收了，其余的就算是“正常”浪费了。

五、劳动价值的一般实现途径

1. 劳动者的自我实现

劳动价值可以供人使用，首先是可以供生产者自己使用。自己生产的产品供自己使用，自我满足，同样是劳动价值的实现方式。体育锻炼、自我修行、自找快乐等，都是劳动者的劳动价值的一种自我实现方式，它最终使自己的身体更健美、精神更愉快、品德更高尚、言行更受人尊重。

劳动者的劳动价值的自我实现，是对自我劳动的自我感知、自我认可、自我接受、自我使用和自我吸收的结果。

2. 外部性途径实现

学习、借鉴、认可、认同、接受、使用、吸收别人的劳动产品，使得别人的劳动产品没有被浪费，劳动价值没有被浪费，产品的使用价值没有被浪费，并且，使得自己获得了一份使用价值和劳动量即劳动价值，这也是部分劳动价值的实现方式，是帮助别人部分实现了劳动产品的劳动价值和使用价值。

一部先进机器、一个先进人物、一栋风格别致的小楼、一篇佳作……引来很多人学习、欣赏，这是他（它）们的外部性的使用价值被使用，是他（它）们的部分劳动价值被吸收，是他（它）们的部分劳动价值的实现方式。有些人，我们总能从他们身上感受到某种正能量，感受到某种智慧，跟他们交往，总感到是自己的荣耀，总能激发自己的上进心。这就是我们从他们身上吸收的正外部性，也就是吸收了他们正外部性的劳动价值和使用价值，这也是他们的价值实现方式。

3. 交流方式实现

我们常常与人进行语言上的交流，在这种交流中，劳动价值的流动并不一定是对等的。有时，我们能够从他人的语言中获得更多的益处，所谓“听君一席话，胜读十年书”，就是这个意思。如果人与人之间的交流都是劳动价值对等、等价的，都能从对方获得相同的益处，那么，就没有“听君一席话，胜读十年书”这种感受和说法。如果“君”的话真的能够被听者认同、接受、使用和吸收，那么，“君”谈话的劳动价值和使用价值也就实现了。“君”不指望能够从听者处获得多少价值报酬，但是，“君”会指望听者能够认真听，能够按照自己的话去做，如果这个目的达到了，那么，“君”讲话的劳动价值和劳动产品的使用价值就实现了。

我们常常与人进行文化交流。比如，我国到国外去演出国粹京剧，而国外到中国来演出摇滚音乐、现代音乐等。一个是现代文化，一个是传统文化，两者给人的感受是不一样的，人们对两者的喜爱程度也是不一样的，这不是对等的文化交换，而是文化交流。文化的使用价值和劳动价值各不相同，观众的喜爱程度不同，演出的效果不同，很难说是对等的交换，只能是进行交流。

我们常常与人进行感情交流。甲对乙感情深厚，愿意为乙付出一切，而乙可能对甲并没有对等的感情。父母愿意为子女付出一切，又有多少子女能够这样对待父母呢？

我们常常与人进行物质上的交流。例如，中国向美国出口服装等，美国向中国出口芯片等，两者所蕴含的劳动量、知识、技术是不对等的。改革开放之初，中国从发达国家学习先进知识、接收信息，比发达国家从中国学习的知识、接收的信息相对来说要多些。

4. 交换方式实现

交换是实现劳动价值和使用价值的显性方式。比如，在物物交换社会，一个农民以一筐大米，与一个铁匠交换一把镰刀。按照传统政治经济学观点，这样的交换，双方遵循的是劳动量即劳动价值相等原则，使得双方的劳动价值和使用价值都得到对方承认，这就叫等价交换，这种交换的社会背景是社会开放透明、市场充分竞争，但技术进步缓慢。在今天这样的货币社会，消费者在商店里购买纯净水，消费者支付了 1 元货币，商店给付了 1 瓶纯净水，双方交换的劳动量同样是相等的。这两种交换都是在公开透明、竞争充分的市场条件下进行的，交易双方都有大量的参与者，交易意愿和交易行为没有受到非市场因素的限制。

5. 生产工人劳动价值的实现

没有参与企业经营决策和管理的流水线上的生产工人，只是按照决策管理者的要求进行相应的简单劳动。只要他们按照决策管理者的要求完成了相应质和量的工作，企业决策管理层就应当承认他们的劳动价值和使用价值，就必须向他们支付劳动报酬。企业决策管理层不得以产品没有卖出去为理由而不向流水线上的生产工人支付工资。也就是说，流水线上的工人获得工资的权利不受产品销售与否的影响。

6. 高端决策管理者劳动价值的实现

企业的生产经营活动是企业决策管理者组织，受决策管理者支配，为了实现决策管理者的目标需要，按照决策管理者的要求而进行的。企业的产品能否得到市场的认可，取决于决策管理者的劳动。只有产品得到了市场的认可，被市场接受，决策管理者的劳动价值才能得到实现。如果产品得不到市场的承认、接受，决策管理者的劳动就是无效劳动，就必须自己承担自己的劳动责任，而不能向工人、向外部消费者、向国家转嫁自己的责任。

第五节　商品的劳动价值与非商品的劳动价值可以相互转化

一、商品的劳动价值

1. 商品的劳动价值，是商品所凝结的一般人类劳动

普通商品的劳动价值以交换为实现方式。在市场充分竞争的情况下，由于交换的目的是获得普通商品的使用价值，而购买者愿意支付的也是这个使用价值所承载的劳动价值，因此，普通商品的这部分劳动价值也就成为商品交换价值的主体部分。比如，在市场充分竞争的情况下，1 瓶普通的纯净水的劳动价值与 1 元货币的劳动价值是相等的，1 瓶纯净水的劳动价值就是该水的交换价值。

2. 有些商品同时存在非商品价值即外部效应

许多商品不只有交换价值，也就是不只有商品价值，同样有外部性，有非商品价值，因此也有非商品性的劳动价值和使用价值部分。不能忽视了商品所产生的这部分非商品性劳动价值和使用价值，比如，商品良好的外观设计、性能、品质等，都是商品的正外部性，有非商品价值。

3. 商品的价值有时不等于商品的劳动价值

商品的劳动价值是指商品所凝结的、被人认可吸收的无差别的一般人类劳动。商品的价值通常是指商品所具有的劳动价值、交换价值、效用价值、稀缺性价值、外部性价值等的综合。理论上，商品的价值包括商品的劳动价值，商品的劳动价值只是商品价值构成中的一部分，而不是全部。

二、非商品的劳动价值

1. 非商品的劳动价值

非商品也是人类的劳动产品。非商品的劳动价值是指非商品所凝结的人类一般劳动。除了商品具有非商品的外部效应外，许多劳动产品因为不能被占有、不能被交换，成为非商品，成为向社会贡献的无主的、游离状态的产品。这些非商品也能被人使用，同样具有使用价值。理论上，非商品的劳动价值也只是非商品全部价值构成中的一部分，而不是全部。

2. 非商品价值实现方式

非商品的使用价值和劳动价值的实现，通常以被学习、借鉴、认可、认同、接受、使用、吸收为主要方式。并且，通常是被无偿学习、借鉴、认可、认同、接受、使用和吸收的，不需要遵守等价交换原则。比如，其他手机生产者学习苹果手机的制造经验，并不需要为此付费。

3. 非商品劳动价值同样可以被吸收、转化

非商品被吸收、应用到商品生产活动中，非商品的劳动价值和使用价值就会被转化到商品的劳动价值和使用价值之中。比如，某手机生产商学习苹果手机的营销方式，也取得了成功，获得了可观的利润，就是学习、吸收了苹果公司生产经营活动外溢的非商品性的价值，并把这种非商品性的价值转化成了属于自己的商品性的价值。

第六节 本书劳动价值论承认存在非商品价值

传统政治经济学认为，商品是用来交换的劳动产品，商品的价值即商品的劳动价值，是凝结在商品中的无差别的社会必要劳动时间或劳动。这就把劳动价值限定在商品范畴内。只有商品才有劳动价值；不是商品，就没有劳动价值；只有实现了交换，商品的劳动价值才能实现；等价交换是指劳动价值的等价交换。本书的观点与此有同有异。

一、相同点

（1）劳动价值是指产品所凝结的无差别的一般人类劳动

劳动是劳动价值的合理内核，是劳动价值的实体部分。没有凝结一般人类劳动，就没有劳动价值。

（2）都以使用价值为载体

劳动价值以使用价值为载体，依使用价值而存在，依使用价值而被感知，依使用价值实现而实现。没有使用价值，就没有劳动价值。

（3）依存关系相同

有劳动价值，就一定有使用价值；有使用价值，不一定有劳动价值。

二、不同点

1. 占有方式不同

传统政治经济学认为，通过交换实现产品的劳动价值和使用价值的，必须能够占有所交换的产品。本书观点认为，可以通过非交换、非接触、非占有的方式，比如，可以通过非接触的观察、学习等方式使用该产品的外部性等，而不需要考虑是否占有或交换该产品，也可实现产品的劳动价值和使用价值。比如，道路、路标、灯塔等公共服务设施，我们并不占有它们，但我们都使用它们。

占有该产品可以实现产品的劳动价值和使用价值，不占有该产品也能通过其他方式实现其劳动价值和使用价值，比如通过吸收外部性等方式实现产品的劳动价值和使用价值。

不被占有的产品，通常具有公有、共享的特性，包括外部性，如，科学家们发表的论文，目的就是要公开，让全人类共享知识成果。

2. 实现方式不同

传统政治经济学认为，劳动价值的实现方式是交换，并且，必须有交换双方，必须遵循劳动价值相等的交换原则。只有交换，且双方都遵循劳动价值相等的交换原则，才能实现劳动价值。

本书认为，劳动价值还可以以被学习、被借鉴、被认可、被认同、被接受、被使用、被吸收等作为实现方式。这种实现方式，是在全社会范围的实现，体现了产品和价值的社会公共性。交换只是劳动价值众多实现方式中的一种，而不是全部和唯一的方式。在非交换方式下，劳动价值的实现，可能是单方面的，是不需要交换就可以实现的。父母对子女的爱，不需要交换就可以实现。产品的外部性不需要交换，就可以被他人认同、接受、使用和吸收。许多人写文章，常常适量引用他人的观点，这些引用并没有向原创作者支付任何劳动报酬，是单方面地引用、单方面地吸收原创者的劳动价值和使用价值。使用价值实现了，被使用了，劳动价值自然就实现了。

3. 实现内容不同

本书所指劳动价值实现内容，既包括商品的劳动价值，也包括非商品的劳动价值。而传统政治经济学只考虑商品价值的实现，没有考虑非商品价值的实现。

4. 遵循原则不同

本书所指的劳动价值实现方式，不一定遵循劳动价值等价交换的原则。有的人以为自己生产的产品没有使用价值，就遗弃了该产品。但是，自己认为没有使用价值，其他人可能觉得该产品还是有使用价值的，就把它们拿去使用。例如，开矿产生的尾矿，有的人认为那是没有使用价值的东西，但是，有的人能用废弃的尾矿生产建筑材料。中复神鹰碳纤维有限公司董事长张国良博士介绍，高端碳纤维没有“废品”的说法，所有“废品”都有用。某些产品对一家企业来说是无用的，但是，对另一家企业来说，可能就是有用的。不同的人、不同的企业，有不同的认识和技术水平，有不同的需要（即使用价值）和要求

（即标准），对产品使用价值的认识、利用情况是不同的。猎人打猎时，在雪地上留下了一串脚印。对留下脚印的猎人来说，这是没有使用价值的；但是，对其他猎人来说，这是有使用价值的，他们以此为重要信息。

5. 适用范围不同

传统理论中的劳动价值主要适用于重复劳动，需要有大量的同类样本，是大数法则下的劳动价值；而高效、创新劳动没有大量的样本，没有所谓的社会平均的必要劳动时间，只有个别劳动时间。如果以平均的或大众的或个别的劳动时间来判定高效、创新劳动所创造的价值，不公平，不科学，不利于激发高效、创新动力，不利于社会发展。因此，不能用劳动付出量作为判定高效、创新劳动所创造的价值及其应得回报的依据。

传统劳动价值论能很好地解释简单劳动创造的价值，却难以解释高效、创新劳动所创造的价值。高效、创新劳动所创造的价值不能仅以劳动者所付出的无差别的一般人类劳动或社会必要劳动时间来判定，还必须以其所创造的使用价值、外部性价值等来判定。只有鼓励劳动者创造更多、更新、更好的产品，降低人的劳动强度，节约人的劳动量，提高人的劳动效率，让人类不断摆脱自然束缚，满足人类对美好生活的需要，才能让更多的劳动者投入高效、创新劳动，促进人类社会发展。有时，高效、创新劳动所付出的劳动量虽然不多，但是，其使用价值却很大，这是重复劳动与高效、创新劳动在价值创造上的差异。这种差异是客观的，也是公平、合理的。社会发展体现在创新上，高效、创新是驱动社会发展的关键力量。

三、不能在劳动创造价值与劳动价值之间画等号

劳动价值是产品中所凝结的，被人类认同、接收、吸收的一般人类劳动，是一种对劳动价值量的衡量的表述。劳动创造价值是对价值生产过程、状态、条件的描述，是一种定性表述，并不是对价值量、劳动价值量的衡量，不是定量表述。

劳动创造价值的过程能否发生、效果如何，取决于具体劳动，取决于劳动者掌握的具体的知识、技能。相同的劳动对象、劳动资料，对于掌握了不同知识、技能的劳动者而言，会生产出不同的劳动产品，会创造出不同的使用价值、劳动价值。虽然劳动对象、劳动资料也参与劳动过程，没有它们，劳动的开展、劳动效率等会受到限制，但是，劳动对象、劳动资料不是主动

地参与到劳动过程中，而是受到劳动者的劳动支配，是被动地参与到劳动过程中的。在这个过程中，起组织、支配、根本性、主动性、能动性作用的是劳动者的知识、技能，是人的具体劳动，而非劳动对象、劳动资料。只有人的活劳动、主动性劳动的付出，才决定着劳动对象、劳动资料的组织形式、参与方式、参与质效等。在这个过程中，劳动对象、劳动资料只是劳动者的劳动支配的对象、劳动施加的对象，而不是劳动产品创造者。如何把劳动对象、劳动资料转化成有不同使用价值的劳动产品，不是由劳动对象、劳动资料决定的、主动作为的，而是由劳动者主动作为的，是由劳动者及其知识、技能决定的。劳动对象、劳动资料通常是客观的，不能、不会主动地变成人所需要的劳动产品，而必须由劳动者按照其主观愿望、设想，按照其知识、技能、意志等，去改造，被制造成人所需要的劳动产品。劳动对象、劳动资料能否变成对人类有用处的产品，有什么用处，有多大用处，完全取决于劳动者的主观能动性，取决于劳动者所掌握的知识、技能等。也就是说，产品的价值是人创造的，物只是价值创造的必要条件，而非充分条件，因为价值是对人才有用的。

与价值创造类似的一个问题是价值发现。某个客观事物，一般人可能都不认为它对人有什么价值，但是，如果你发现了它对人很有价值，并把它嵌入人类社会的价值体系中，那么，它的价值（即使用价值）就进入了人类社会价值体系，它对人类社会就有了使用价值。它的使用价值又取决于你的发现。发现也是人的一种劳动，发现事物对人类社会有使用价值，就是“发现”这种劳动创造价值的过程、表现。比如，在农民眼里，野生稻属于野草，对他们并没有什么价值；而在袁院士眼里，野生稻是无价之宝。

即使“发现”也是人的一种劳动，仍然不能把发现事物使用价值这种劳动的劳动价值与事物具有的使用价值画等号，即，不能把事物对人类具有的使用价值与发现这种使用价值的劳动的劳动价值画等号。打个比方，就是不能把袁隆平发现杂交稻的劳动价值，与杂交稻技术的使用价值画等号。劳动创造的价值，可能大于、等于、小于劳动价值。换句话说，劳动价值也可能大于、等于、小于劳动创造的价值。

用一句话表述就是，不同的劳动，创造的使用价值是不同的，而人需要的是产品的使用价值，而不是其劳动价值。

四、不能在劳动价值与交换价值之间画等号

劳动价值是商品所凝结的无差别的一般人类劳动，交换价值是需求者为取得该商品而愿意付出的价值量，两者含义不同。交换价值容易受供求关系变化影响。劳动价值是物化在商品中的无差别的人类劳动，一般不会发生变化。但是，交换双方为了保障自己的劳动力再生产能得到简单维持，交换价值通常至少要等于自己付出的劳动价值。也就是说，劳动价值通常是交换价值的底线。

第七节　劳动是劳动价值唯一构成

一、产品的劳动价值构成

本书的劳动价值构成，与传统政治经济学所讲的劳动价值构成相同，主要包括活劳动和物化劳动。

劳动价值量＝活劳动量＋物化劳动量

物化劳动量就是原料所凝结的一般人类劳动量，它其实仍然是由活劳动转化、固化而来的。因此，这个公式的初始状态是：

劳动价值量＝活劳动量

需要说明的是，产品所凝结的全部劳动并不一定等于产品全部劳动价值，这是由于使用者存在不同的取舍。比如，某件产品，凝结了100分的人类一般劳动，但是，使用者可能只取其中的80分，剩余的20分就可能浪费了，成为无效劳动。

1. 活劳动投入

活劳动投入，又包括两个方面。

① 劳动者自身的活劳动的投入。即在收集、加工、流转过程中自己所付出的新的劳动。

② 劳动者吸收自己或别人的劳动、产品（如知识、信息）后，这个劳动及产品就转化成劳动者的生产能力，并通过劳动者的活劳动这个载体、工具投入、转化到新的劳动中。吸收的劳动，包括吸收自己的劳动，也包括吸收别人的劳动；包括花钱购买、吸收的商品性劳动，也包括没有花钱购买而吸收的非商品性劳动。比如，商人请咨询公司进行营销策划，取得了成功，就是商人吸收了咨询公司的劳动价值和使用价值；小贩按照高人的指点去做，取得了成功，就是吸收了高人的劳动价值和使用价值。看到他人吃力地拉板车，你顺手推一把，他就吸收了你的非商品性的活劳动。周群飞在劳动实践中自学、钻研技术，劳动能力得到了很大的提高，她又把这个提高了的能力应用到自己新的生产实践中，从而创造出了比其他工人高很多的生产效率。她在这个过程中，大量吸收了自己探索、积累的劳动经验。

2. 物化劳动投入

物化劳动是指已凝结在产品中的一般人类劳动，包括两个方面。

① 吸收物化在商品中的劳动。在劳动实践中，常常要购买和应用其他人生产的商品。应用别人出售的商品，就必然应用了别人商品的使用价值和物化在该商品中的一般人类劳动即劳动价值。

② 吸收物化在非商品中的劳动。除了等价购买和应用别人的劳动价值外，通常也会通过非交换的方式，吸收一些非商品的劳动价值。比如，通过市场调研，掌握竞争对手信息等，与竞争对手开展差异化的市场竞争，这也是一种市场分工与合作。通过学习别人的经验，改进生产工艺、流程等；通过观察别人的产品，分析自己产品的特征或落后之处，并对自己的产品加以改进。对手的信息可能是非商品性的，有非商品性的劳动价值和使用价值。

3. 考虑了商品和非商品的劳动价值构成

考虑到物化劳动价值包括物化在商品中的劳动价值和物化在非商品中的劳动价值，那么：

劳动量 = 商品性劳动量 + 非商品性劳动量

劳动价值 = 商品性劳动价值 + 非商品性劳动价值

产品的劳动价值 = 活劳动价值 + 应用的商品性劳动价值 + 应用的非商品性劳动价值

二、劳动价值转化

劳动价值转化，就是把凝结在原料、知识、技术、信息等生产要素上的物化劳动，通过人的活劳动加工，转化到新产品中去，使之成为新产品劳动价值的组成部分。劳动价值转化就是劳动的转化，一般遵循不灭定律，除非对劳动价值量有取舍。

到目前为止，劳动价值转化主要靠活劳动来实施。即使是全自动化的生产企业，也必须有工程师、程序员、市场研究人员、决策者等来制订和实施企业的生产计划，即价值创造计划，由他们编制程序、确定算法、操作机器来完成企业的采购、生产、销售、资金回笼等工作。因为目前只有人，才能进行生产的计划、设计、组织等工作。在这样的企业里，产品的劳动价值就是由这些人员的劳动及他们吸收的劳动转化、合成的。随着人工智能技术水平的不断提高，将来能“读心”的人工智能机器也许能主动分析、判断和把握人的需要、社会的需要、市场的需要，能自主制订生产经营决策和计划、从事生产活动、满足人类的一切需要了。到那时，人就不再是价值创造者，而可能只是单纯的消费者了，就像人只需要单方面呼吸空气，而不必生产空气一样。

1. 不同物质产品的使用价值和劳动价值的转化

用旧物质产品生产新物质产品，那么，旧物质产品中的物质成分、使用价值和所凝结的劳动价值，一并转化到新物质产品之中，构成新物质产品的物质成分和劳动价值部分。

劳动力的生产和再生产过程中消耗的物质产品的劳动价值，在劳动中也转化到新产品之中，构成新产品的劳动价值和使用价值部分。

2. 不同知识产品的使用价值及劳动价值的转化

用旧知识生产出新知识，比如，借助于人类已发明的基因识别技术，科学家们开始研究基因编辑技术，那么，基因编辑技术就吸收、转化、融合了已有的基因识别技术，吸收、转化、融合了已有的科学家们的劳动价值和创造的基因识别技术的使用价值。

科学家们自己的劳动价值也转化到新的知识技术产品之中，与已有的科学家们的劳动价值一道，共同构成新知识技术产品的劳动价值和使用价值。

从事知识应用工作的劳动者们通常要运用自己学习、掌握的知识、技术生产出新产品，创造出新的使用价值。

3. 物质产品与知识产品的价值相互转化

物质生产实践创造了知识。物质生产实践成为知识生产实践的重要平台，该实践创造的物质产品与该实践创造的知识产品在劳动价值上相同。

知识产品以物质产品及其生产劳动的外部性为载体。没有物质产品及其生产劳动的外部性，知识就没有存附之地。

人从事劳动实践活动，身体需要消耗物质产品，从而创造知识产品。这种物质消耗，就转化成知识的使用价值和劳动价值。这是“物质变精神”。

知识生产出来之后，又可以指导人们从事物质产品生产实践，生产出物质产品，并把知识的使用价值和劳动价值转化成新物质产品的使用价值和劳动价值。这是“精神变物质”。

三、劳动与劳动价值增殖

1. 物化劳动不能增殖

劳动的付出一经形成，凝结到产品中，就成了物化的劳动，就不可变化，也无法变化。劳动价值通常不会变动。有些产品的价格在短时间内出现涨、跌双向剧烈波动，并不是该产品的劳动价值即所凝结、物化的劳动量发生了变化，而只是产品的使用价值、效用价值、稀缺性价值、外部性价值等的变化引起了交换价值发生变化。比如：2022 年春夏之际，全球石油和天然气价格因为俄乌冲突而暴涨，并随着冲突形势而有涨有跌；一双普通的运动鞋若变成工艺品、收藏品，价格就会上涨。

劳动价值转化，通常遵循价值不变原则，即吸收多少劳动价值，才能转化多少劳动价值，只可能减少，不可能增加。例如，把面粉做成馒头，面粉的劳动价值就转化到馒头中去了，这种转化不会增加面粉本身的劳动价值，通常也不会减少面粉本身的劳动价值。馒头的价值大于面粉的劳动价值，是因为加工者投入了新的劳动，创造了新的劳动价值和使用价值。

有些企业，在传统市场销售不景气时，积极开拓新兴市场。在传统市场和新兴市场上，他们销售同样的产品，出现了新兴市场上的销量大于传统市场、新兴市场上的收益率高于传统市场的情况。这不能说明劳动价值在转化中实现了增加。这只能说明两点：一是开拓新兴市场，也是一种劳动，是活劳动的新投入，是有劳动价值的，是创造价值的，当然，也应有价值回报；二是新兴市场本身的市场空间、需求结构、劳动价值、使用价值、效用价值、稀缺性价值、外部性价值等，与该产品相当匹配，该产品的交换价值和价格等得到了新兴市场的高度认可。

2. 只有活劳动才能实现劳动价值增殖

活劳动是一切劳动价值的源泉。没有活劳动的投入，就没有人类的劳动价值。“大水冲来的也要人去捡”，说的就是没有不需要劳动就可以获得的财富；挂在嘴边的饼子也要人张嘴去咬，如果不张嘴去咬，还是吃不到饼子，还是会饿死。

善于发现、使用、利用使用价值，善于培育市场、积累市场，也是一种活劳动的新投入，也是一种能力，并可能是一种超强知识、信息、能力的体现和投入，是一种创造劳动价值和使用价值的劳动。只有活劳动才能实现劳动价值增殖；一切物化的劳动，最多只能等量转化，不能增殖。

3. 增殖与增值的区别

增殖是指劳动价值合理内核和实体数量的增加，即劳动量的增加，而不是价格上涨。增殖一定是源于劳动量的增加，源于劳动投入量的增加。劳动价值增殖只有一个来源，就是增加了新投入的劳动量。

增值是指价格上涨，或有价值转移，而不一定是产品所凝结的劳动价值实体量的增加。增值不一定是新投入的劳动量的增加，不一定涉及新投入劳动量的增加。增值的原因相当复杂，直观表现是商品价格上涨，这可能与新投入的劳动量有关，也可能与新投入的劳动量无关。

一种产品或商品，其价格上涨，可能是因为新投入的劳动量增加，也有可能只是单纯的价格上涨，而所投入和凝结的劳动量没有变化，因此，需要具体问题具体分析。例如，一栋房子价格上涨了，有可能只是单纯的价格上涨，也有可能是因为业主对房子进行了改造，对房子有新的投入。

第八节 为什么说创新劳动有利于劳动价值增殖

要创新，就必须对生产和再生产进行某种调整，就必须有更多的劳动投入，就必须有扩大的生产和再生产，因为创新本身是一种新的劳动，需要脱离原有的劳动形态、劳动路线和技术路线等，需要有开拓精神，有相应的知识、能力，是一种扩大的生产和再生产。

一、创新需要有新劳动投入

创新要改变原有的状态，打破原有的状态，这本身就需要投入一定的新的劳动；同时，创新劳动本身也是新劳动、新知识、新技能的投入，是活劳动的投入，只有这样才能建构新的状态。活劳动是劳动价值的源泉，增加活劳动，通常就增加了产品的劳动价值。比如，拆旧房、建新房，拆是一次劳动，建又是一次劳动。

二、创新需要吸收转化非商品价值

创新劳动吸收非商品价值，并可把这些非商品价值转化到新产品中。非商品最重要的部分是非商品知识，这里所说的非商品，既包括自己创造的非商品，比如自己的经验、教训，也包括他人创造的非商品，比如他人的知识、信息、经验、教训。非商品可以无偿使用。如果没有人使用非商品，非商品就会流失。如果吸收使用了非商品，就可以把这些非商品所凝结的一般人类劳动转化到新产品中去，构成新产品的劳动价值部分，并可节约人的活劳动，同时，非商品使用价值也得到了有效利用。

三、创新具有很强的外部性

创新劳动创造了新产品、新方法、新技术，开拓了新市场，传播了新信息，展示了新形象，贡献了新的正外部性，为人类做出了新的贡献。创新劳动会产生创新表达、创新展示等，能吸引人的眼球，从而产生创新的外部性，主要是正外部性。贡献的正外部性越强，品牌价值越大，外部性也越强，这就呈现出相互放大的效应。

四、创新劳动价值与非创新劳动价值的衡量内容、方式方法不同

创新劳动稀少，具有独创性、开创性、唯一性、先进性、引领性，它的劳动方式和产品，与非创新劳动不处于同一水平，不属于同一类型，不能简单地利用大数法则下的社会必要劳动时间来衡量创新劳动价值。

科学技术和生产力创新存在隐秘性、智慧性、跨越性、正外部性，单就劳动时间消耗来判断创新劳动创造的价值是很困难的，也是不公平的。创新劳动代表先进生产力、先进文化的前进方向，是社会的公共福利，对社会具有引领、示范作用，对这种作用，不能仅以社会必要劳动时间来衡量它的价值。

创新劳动创造的价值，通常以其产品的劳动价值、使用价值、效用价值、稀缺性价值、外部性价值等为衡量内容，既衡量它的商品性价值，又衡量它的非商品性价值；既衡量它的劳动价值，又衡量它的知识价值。这与对非创新劳动价值衡量相比，在衡量内容、衡量方式方法上是有所不同的。这种变化，是为了满足人们对更美好生活追求的需要，为了鼓励发展和创新，是社会自主进化的表现。当创新劳动不断被均衡，变成非创新劳动时，衡量的内容和方式方法就会趋同。

第九节　劳动产品与价值观有什么关系

一、劳动产品与价值观的关系

价值观是劳动实践产品，既属于哲学认识论范畴，又属于经济学范畴。

价值观属于哲学认识论范畴，是人们在长期的认识世界、改造世界的实践中

形成的，对于人生及社会真、善、美、假、丑、恶的基本观点、基本看法和基本选择，是大脑思维认识的结果。

价值观是劳动产物，又属于经济学范畴。人的一切知识、观念都来源于人的劳动实践。没有劳动实践，就没有价值观的形成。实践产生认识，认识又对人的实践有指导作用，价值观又可以指导人的实践。

劳动不仅创造财富，还创造幸福。幸福的感受不是凭空而来的，而是需要在实践中创造、感知、培养、形成的。由此形成的使人幸福的人生观、价值观等也是通过劳动实践来创造、培养、形成的。这是劳动“一举多得”中的一部分，而且是重要的部分。

二、价值观也有使用价值和劳动价值

（1）价值观有使用价值

价值观可以指导人们的实践。形成价值观的实践越广泛，价值观在实践中的应用越具有普遍性、广泛性，其使用价值也就越大。

（2）价值观有劳动价值

价值观是知识性劳动产品，凝结了一般人类劳动。没有劳动，就没有价值观的产生。价值观的形成越具有普遍性和广泛性，其所凝结的劳动也就越多，其所具有的劳动价值也就越大。

（3）价值观可以复制和传播

价值观作为知识性产品，具有使用价值，可以复制、传播。价值观的使用价值可以被复制，但是，它的劳动价值却不能被复制，只会因复制而被摊薄。

三、价值观可以转化成经济价值

（1）树立正确的价值观有利于凝聚人心

榜样的力量是无穷的。良好的榜样可以吸引更多的人，感召更多的人，提高社会影响力，让更多的人信服、尊敬、学习，引起更多人的共鸣、合力，有利于形成社会认同效应。

（2）树立正确的价值观有利于引导人们正确地从事经济活动

正确的价值观可以让企业以大众为中心，把顾客当作真正的“上帝”，有效地发现大众的需要，找准发展方向，包括生产方向、服务方向、价值方向，生产出大众喜爱的产品，增强与顾客、社区、公众的关联。

（3）正确的价值观有利于扩大市场

把正确的价值观应用到经济生产活动中，产品就会有很好的正外部性，就能得到社会和市场的广泛认同，正确的价值观就会转化成产品的使用价值、劳动价值、效用价值、稀缺性价值、外部性价值，就可以使企业的产品和服务获得更多的市场认可，从而获得更多的经济收益。在这些经济收益中，就有一部分是由正确的价值观转化而来的。科学研究表明，一个虐待猪的养殖场，尽管其猪肉质量都是合格的，但其猪肉却不受消费者欢迎；而一个善待猪的养殖场，其猪肉就大受消费者的欢迎。生产者有正确的价值观，其影响的不仅是自己，还影响到与自己合作、交往的一切人，会吸引更多的文明人。正确的价值观、高尚的道德在市场经济中就是无形的通行证。

第十节　劳动价值为什么会有守恒与不守恒现象

一、劳动价值的起点和终点

（1）人的拥有和使用是劳动价值和使用价值的起点和终点

产品必须被人拥有和使用，才能实现其劳动价值和使用价值。如果没有人拥有和使用，那么，其劳动价值和使用价值就没有实现。当一个人拥有某件产品，并自认为这件产品有价值时，其就拥有了这件产品的使用价值和劳动价值，这件产品的使用价值和劳动价值就算是实现了。即使这件产品是借来的、暂存的、储备的，其拥有者也算是承认了、实现了该产品的劳动价值和使用价值。

（2）出售是一次新的实践活动

如果这个人想出售该产品，那么，该产品使用价值和劳动价值就有了新起点、新循环。这个新起点、新循环能不能被市场认可、接受，能不能实现出售者的目标，则是另一回事。也就是说，有价值与有商品价值不是一码事。

（3）外部性也是劳动价值和使用价值的实现方式

如果劳动或劳动产品能够对外部提供正外部性，能够被外部感知，那么，这样的劳动也算是部分实现了其劳动价值和使用价值。

二、劳动价值转化存在诸多变数

（1）不全转化的变数

产品的使用价值和劳动价值转化存在全部转化、部分转化、全部没有转化三种情况。如，生产者不一定全部转化了原料的使用价值和劳动价值，有时是有取舍的，如买椟还珠。

（2）创新的风险变数

① 自主创新能力。创新是有风险的。新的生产技术是不是成熟、稳定、可靠？是不是很快就会有更新的替代性技术出现？是不是存在知识产权风险？是不是能持续地吸引投资、有可持续的财力投入？

② 市场的接受程度。新产品使用价值的市场认可度、文化认可度如何？新产品成本、技术是不是被市场接受？生产经营中是否出现了环保、社会责任、信誉等方面的问题？市场接受程度影响新产品价值转化成商品性价值或非商品性价值。接受程度高的，或许可以转化成更多的商品性价值；接受程度低的，就很难转化成更多的商品性价值。

三、劳动价值守恒

劳动价值守恒是指劳动量守恒。原料中物化的劳动，以及新投入的活劳动的劳动全部被转化到新产品中，并全部得到社会认可，就是劳动价值守恒。

一个人的失败，可能换来另一个人的成功，如，价值转移有时会表现为一个人的财富增加导致另一个人的财富减少。

劳动价值守恒是生产活动和生活活动的基本追求和遵循。这是人们的愿望，能不能实现，还要看具体情况，因为发展需要创新和突破，需要生产出能节约人的劳动量的产品，这就会打破原有的劳动价值平衡，就要打破旧的劳动价值守恒。

生产活动，或产品所具有的外部性被公众学习、借鉴、认可、接受、使用、吸收，这构成了劳动价值及使用价值的一部分。

四、劳动价值不守恒

原料中物化的和新投入的活劳动的劳动价值只被部分转化到新产品中，或只有部分得到社会认可。

有些劳动价值被身体消费了，成了人们的满足感、幸福感，成了最终的消费，就不一定守恒。

原料中物化的和新投入的活劳动的劳动价值被全部或部分转化到新产品中，但是，社会和市场不认可、不接受，或者不全认可、不全接受，就难以实现新产品的全部或部分劳动价值。如某些过剩产品，没有任何人愿意购买。

有的劳动只有很微弱的正外部性。企业生产活动如果不被社会接受，其劳动就成了无效劳动，其产品就没有劳动价值和使用价值。失败的劳动能否成为劳动者、社会的“反面教材”，能否帮助劳动者和社会积累经验和教训，还要看这个教训能够在人脑中维持多久，会不会影响下一次生产劳动。

新使用价值对旧使用价值不守恒。通常，新产品代表新的美好生活，能满足人们对更新、更美好生活追求的需要，新产品的使用价值高于旧产品的使用价值，因此，新旧产品的使用价值是不守恒的，这是价值不守恒的关键因素。

第十一节　什么是劳动价值的客观性与主观性、单方面性与两方面性

一、劳动价值的客观性与主观性

1. 劳动价值的客观性

人类的生产活动具有客观性，劳动过程及劳动的付出具有客观性。劳动价值是劳动在产品中的物化，是人与人之间结成社会关系的桥梁、纽带，是可以具体观察、量化的。

2. 劳动价值的主观性

由于劳动价值又取决于人们对劳动的认同、吸收等，这又具有一定的主观性。没有人认同、吸收，劳动就没有价值，就失去了价值。具体的劳动有多大的

劳动价值，又在很大程度上取决于需要者、使用者的主观认识、需要和意愿，这又使劳动价值无法逃脱某种主观性的制约。这就是劳动价值的主观性。

二、劳动价值的单方面性与两方面性

1. 劳动价值的单方面性

劳动产品是生产者按照自己的主观愿望独立完成的，劳动价值是生产者的劳动在产品中的物化，是生产者向产品赋予的劳动，是生产者的劳动在产品中的凝结，这说明，劳动价值具有一定的单方面性。

2. 劳动价值的两方面性

价值体现的是人在社会实践中建立起来的人与人、人与物之间关系，因此，价值天然地具有两方面性。劳动价值的实现取决于需求者、使用者的认同、吸收。没有需求者、使用者的认同、吸收，劳动价值就无法实现。而需求者的认识状况、需求程度等又影响着劳动价值被认同、吸收的程度，这又使得劳动价值存在既受到生产者的影响，又受到需求者影响的情况，这就是劳动价值的两方面性。

第十二节　劳动生产率提高与劳动价值的关系

一、劳动生产率提高的表现

劳动生产率是指在保证产品质量相同的情况下，在单位劳动时间内生产出的产品数量；或者保证在单位劳动时间内生产出相同数量产品的同时，产品的质量情况。提高劳动生产率，要么可以提高单位劳动时间内的产品数量，要么可以提高单位劳动时间内的产品质量，要么两者都能做到，三者必居其一。

二、劳动生产率对劳动价值的影响

一方面，劳动生产率的提高并不是凭空产生的，而是长期劳动，积累了丰富的经验、知识、技能的结果，是学习、应用新技术、新方法、新原料的结果。也就是说，劳动生产率的提高，通常是通过转化知识、经验、技能而得到的，否则，劳动生产率就无法得到有效的提高。

由于经验、知识、技能等都是劳动产品，都凝结了一般人类劳动，都有使用价值和劳动价值，因此，在劳动者应用经验、知识、技能提高劳动生产率的情景下，生产者的劳动就吸收、转化了经验、知识、技能所具有的劳动价值和使用价值；生产者生产的产品中所凝结的劳动，也就增加了生产者从所应用的经验、知识、技能中转化过来的劳动。这种情况下，劳动生产率的提高，并不一定降低产品所凝结的无差别的一般人类劳动量。

另一方面，由于经验、知识、技能的使用价值是可以复制的，应用经验、知识，可以改善劳动者的工作条件，降低劳动强度，对劳动者来说是一种福利。通过大量复制、应用经验、知识来提高劳动生产率，就可以降低产品所凝结的一般人类劳动量。当低劳动含量产品与高劳动含量产品在市场上同等竞争或交换的时候，低劳动含量产品就会有竞争优势，市场就会出现对低劳动含量的产品转移价值，以鼓励其生产的情况；同时，低劳动含量的产品可以利用降价方式提高竞争力，扩大销售，增加市场占有率和企业收益。

至于转化过来的劳动与复制应用使用价值两者哪个在劳动生产率提高中对产品劳动价值的影响更大，则需要对大量的实例和数据进行分析研究才能得出结论，需要具体问题具体分析。

第十四章

知识的劳动价值

知识是人类社会加速前进的关键资源。作为劳动产品，知识凝结了一般人类劳动。知识的劳动价值依附于知识的使用价值。只要知识得到了使用，知识的劳动价值就得到了实现。

第一节　知识劳动价值的含义

知识的劳动价值很多时候都被知识使用价值的光芒所抢夺。一方面，知识的使用价值更突出，有更显著的效果，是人们所需的，人们追求的就是知识的使用价值。另一方面，知识的劳动价值在知识被大量复制、重复使用之后，其所凝结的劳动价值分摊到每次复制中的分量已相当少，甚至可以忽略不计。

一、基本含义

知识的劳动价值，同其他劳动产品的劳动价值一样，是指知识产品中所凝结的被人掌握、学习、借鉴、认可、接受、使用、吸收的无差别的一般人类劳动。

由于可以被掌握、学习和借鉴是知识使用价值的重要表现，因此，当知识被掌握、学习、借鉴时，知识所凝结的劳动也就被掌握、学习和借鉴了，这样，知识的劳动价值也就实现了。掌握了知识，就可以相应地降低自己劳动的盲目性和无效性，提高自己劳动的针对性、准确性和有效性。

（1）所有劳动都可能形成知识

劳动不分种类、形态，只要是人的实践活动，人都会把自己的劳动凝结到其生产出的知识、信息中。如在现代科学技术研究中，所有协同参与方的劳动都凝聚为科技成果。有的人可能不注重总结自己的实践经验，只做简单重复的劳动。

在物质产品生产的全过程中，劳动既凝结到物质产品中，又凝结到劳动者的生产技能以及劳动者对生产资料、生产方式、生产环境、社会环境，甚至自身的新认识中。一个物质产品生产过程，可以产生很多新知识、信息，这些新知识、信息都凝结了劳动者在这个物质产品生产过程中所付出的相应的劳动。

（2）不同的判断和取舍

一项知识，可能有很大的劳动价值量，但是，需求者、使用者可能只认同、学习、借鉴、接受、使用、吸收其中的一部分，而不是知识所凝结的全部的一般人类劳动量。这种对知识产品所凝结的全部劳动量的取舍，通常与需求者、使用者对知识使用价值的取舍有关。知识的使用者可能并不完全使用知识的全部使用价值，而只是使用其一部分使用价值。就知识的通用性、普适性来说，“单个”的、有限的人是无法全面、全部地使用知识所有使用价值的，只有全社会广泛使用，知识的全部使用价值才能得到全面的使用和发挥。比如，服装表演，有的人对模特身上的衣服感兴趣，有的可能对其头上的帽子、脖子上的围巾、鼻梁上的眼镜、脚上的鞋子等感兴趣。

不同的取舍，就是知识劳动价值和使用价值的具体实现。

二、拥有劳动价值的知识类别

所有的知识一开始都有使用价值和劳动价值，包括商品知识和非商品知识、生产类知识和生活类知识、自然科学知识和社会科学知识、成熟知识和不成熟知识、应用型知识与非应用型知识等，都是劳动产品，都凝结着一般人类劳动。如果某个知识经过了大量的复制，那么，最后被复制出来的知识可能就没有凝聚多少知识原创者的劳动。

三、知识劳动范围

不管是什么劳动，只要在大脑中产生知识，哪怕这个知识只存在于人的大脑中，只是人的大脑思维活动，只是人的心理活动，只是人的内心感受，只是一个“梦”，都算是产生了知识，都算是知识的生产劳动。

由于知识越来越多，人们对知识重要性的认识越来越深刻，知识的专业化生产越来越突出，专门从事知识的生产、以知识生产知识、把旧知识当原料加工成新知识的知识型劳动越来越普遍。这些劳动都是生产知识的劳动，都凝结成知识产品。

四、知识劳动价值范围

所有被人掌握、应用的知识，所有对人有益的知识，都有劳动价值。所有为知识的形成做出了贡献的劳动，都可能凝结成知识的劳动价值。

五、知识劳动价值与知识价值的关系

有时，人们把知识的劳动价值简称为知识的价值或知识价值，这并不严谨，也不恰当。知识价值其实是一个综合概念，甚至是个模糊概念，它可能指知识的劳动价值，也可能指知识的使用价值或效用价值，甚至指知识的交换价值、交换价格。从字面上看，知识的劳动价值比知识价值对劳动的指向更明确。因此，不能混淆知识价值、知识的劳动价值、知识的使用价值这三个概念。

第二节 知识的劳动价值来源具有独立性和社会性

一、知识的劳动价值来源

1. 劳动是知识劳动价值的唯一源泉

（1）活劳动投入

活劳动投入，是知识的劳动价值的唯一源泉。没有活劳动的投入，就没有知识的产生，就没有劳动被凝结到知识中，也就没有知识的劳动价值。任何劳动产品的劳动价值，最初都是由活劳动付出和凝结而成的。

（2）物化劳动转化

活劳动如果凝结到了人之外的产品之中，如知识、物质产品等，活劳动就变成了物化劳动。这里的“物”，不单指有形物，也指无形物。一种产品中的物化劳动可以转化成另一种产品中的物化劳动，也可以转化成人的劳动力的生产和再生产，也就是转化成人的劳动力，从而再转化成为活劳动。当人消费物质产品或精神产品，以生产和再生产人的劳动力的时候，当这种劳动力再次进入生产领域，进行生产劳动的时候，劳动力吸收的物化劳动也就转化成了劳动力新的活劳动，用一句通俗的话说，就是“吃了多少饭，就要干多少活”，就要把“饭”所凝结的劳动再转化出来。

2. 商品知识和非商品知识的劳动价值来源

商品知识和非商品知识的劳动价值本质、内核相同，来源相同，就是生产它们所花费的无差别的一般人类劳动。

（1）物质生产劳动生产出商品知识和非商品知识

物质产品生产劳动同时也会生产出一定的知识。这其中，有的知识可以成为商品，有的知识则没有或无法成为商品。比如：发明专利，就可以成为商品；创新行为的外部性等，则无法成为商品。

（2）非物质生产劳动生产出商品知识和非商品知识

从事非物质生产劳动的目的不是生产出物质产品，而是生产出知识、信息，提供服务等。非物质生产劳动同样生产出知识、信息，同样可以提高人们对劳动工作实践、对事物、对社会的认识。这些知识、信息、认识，有的可以被占有，可以用于交换，有的则无法被占有、无法用于交换、无法成为商品。

（3）商品生产劳动生产出商品知识和非商品知识

专门从事商品生产活动的人，既可能生产出商品知识，也可能生产出非商品知识，比如，企业的发明专利，就是企业生产出的商品知识，但是，企业的这种生产行为产生的外部性，以及专利本身的外部性、其他商品本身的外部性等，都是非商品知识。

（4）非商品生产劳动生产出商品知识和非商品知识

比如，有个退休老人在休闲垂钓中想到发明一种能让鱼不脱钩的鱼钩，依照这个构思，他发明了新鱼钩，并申请专利，创造了新商品。

上述分析说明，商品知识与非商品知识的生产活动没有明显的专业、职业实践上的界线。

二、外部性的使用价值和劳动价值归属全社会

劳动的外部性也是一种劳动产品、一种使用价值。严格地说，所有的外部性都是人创造的，都是人的思想行为的外部表现。没有人的劳动创造，就没有所谓的外部表现。

使用他人外部性创造的知识或产品，其使用价值和劳动价值如何考虑？该如何分配？是只算作研究者、获得者、观察者创造的产品和劳动价值，还是有必要考虑外部性贡献者贡献的劳动产品和劳动价值？比如，哲学社会科学工作者对社会进行大量的观察、调查和研究，得出了某种哲学社会科学理论知识，这种理论知识到底是只算作研究者的劳动成果，还是要考虑被研究对象提供外部信息的劳动？客观地说，这些外部性信息并不是产生外部性的人（即研究对象，简称“对象”）所需要，所能占有、管控的。如果对象自己不搜集、占有、吸收这些外部性信息，这些外部性信息就会自然消失。再说，这种研究成果，通常并不针对特定个体的行为，而是针对群体、社会的行为。除研究者外，研究对象中的不特定的个人不具备单独形成研究成果的能力，也不具备单独占有此研究成果的权利。这与人的肖像权不同，肖像权属于特定个体所有，别人不得侵犯。社会科学工作者需要广泛观察，搜集信息，才能排除个体的特殊性，找到社会共同性、规律性。因此，我们往往只把社会科学

研究者观察到的这些外部性信息当作研究者付出搜集、研究劳动才会产生的信息成果，只有经过他们的研究之后，这些信息才能转化成为对人可能有具体、普遍的使用价值的信息。但是，必须明确的是，作为研究对象的人，应当是研究成果的共同参与者，这正是人的社会性的重要体现，也是知识社会性的重要表现，还是社会作为价值共同体和命运共同体的重要依据。比如，统计人员对进出商场的顾客进行统计，统计结论是只算作统计人员的劳动产品，还是也应考虑顾客贡献的劳动价值和使用价值？显然，顾客是贡献了使用价值和劳动价值的，没有顾客的行为，统计人员也就无法进行统计。但是，顾客无法占有自己的外部性，也无法交换自己的外部性。如果统计人员不统计，那么，顾客行为的外部性就会消失。但是，顾客是人，而不是一般的自然物。如果是统计一般的自然物，那么，统计结果可只算作统计人员的劳动产品；而统计的对象是人，那么，统计结果就不应当只算作统计工作者的劳动产品，还应当考虑被统计的对象即顾客的共同参与，这就使得统计人员与作为统计对象的人之间建立起了价值关系，即价值共同体关系。新药研发者有时用人做临床试验，应当既让参试人承担科研失败的风险，又让他们享受成功的红利。这些与画家向模特儿支付费用是否类似？

大数据时代，我们每个人都在贡献大数据。但是，我们必须考虑个人信息和个人隐私问题，必须考虑权利许可、价值交互问题。社会科学工作者运用大数据和人工智能技术对社会进行观察和研究，通常都涉及个人信息和个人隐私。即使是最宏观、最具有理论性的社会科学研究，也必须建立在对社会具体现象、社会大量个体样本的观察基础上。我们必须考虑作为样本的人对社会科学贡献的非商品性信息的使用价值和劳动价值。回报的原则是科研成果应用应当有利于改善研究对象、社会公众的福利，有利于社会进步。

三、知识劳动价值转化

知识产品有劳动价值，这个劳动价值也可以转化成其他产品的劳动价值，比如，可以转化成物质产品的劳动价值，可以转化成商品或非商品的劳动价值。

如果把非商品知识中的劳动价值转化成商品知识中的劳动价值，就会出现商品劳动价值升溢的现象。比如，生产劳动之前，有数量为100的商品知识劳动价值和数量为100的非商品知识劳动价值，即总共有数量为200的劳动价值。如果这个非商品知识和这个商品知识融合，并一同转化成商品，在不考虑从事融合劳动的劳动者的劳动付出的情况下，商品成果的劳动价值就是200。取得商品知识需要付出等量的劳动价值，而取得非商品知识是无偿的，不需要付出等量的劳动价值。那么，通过生产结果与生产之前所占有的商品价值的比较，这个生产劳动结果就“赚”了100的商品性的劳动价值，这是由非商品的劳动价值转化而来的，因为，劳动价值在转化中通常遵循劳动价值不灭定律。当然，这个分析是基于正确吸收应用价值的情况，如果是不正确吸收应用，可能会出现价值相互抵消、相减而不是相加的情况。

把非商品知识中的劳动价值转化到物质商品中，也会有同样的效果。

四、知识劳动价值的社会性

许多知识通常是广泛社会实践的产物，需要吸收大量的社会知识、信息和智慧成果。并且，知识使用价值的应用具有普适性、广泛性、社会性。从这些角度看，知识劳动价值具有显著的社会性。

当然，不能用知识的社会性来否定知识创新者、生产者个人劳动的专有性。每个人都在贡献知识，都在贡献外部性，外部性是公共资源，大家都可以无偿使用，社会所有成员在享有、使用这一资源方面的权利是平等的，没有受到任何限制，是当今社会法律允许的。社会应当鼓励人们充分利用外部性来造福人类，这正是大数据应当发挥的功效。让大数据造福社会而不是危害社会，是大数据利用的原则。大数据的获取和运用要有正当性，而不能侵犯公民合法权益。

五、知识的复制与知识的使用价值和劳动价值

1. 复制与知识的使用价值

复制通常不会降低知识的使用价值，但会增加知识的数量，使得知识得到更广泛的使用，从而充分发挥知识的使用价值。

知识就是力量，科技就是生产力，人是生产力的掌握者，知识每被复制一次、使用一次，就是对社会的一次推进。知识只有得到广泛的应用，其使用价值才能得到充分的发挥。知识也只有被广泛使用，才能为人类社会提供更多福利，才能最大限度地解放人，使更多的人摆脱自然的束缚。

2. 复制与知识的劳动价值

知识被大量复制之后，知识所凝结的生产者的劳动价值（即一般人类劳动）就被分摊到了每份复制的知识中去了。知识每被复制应用一次，就是对应用者劳动的一次节约。如果复制量大，每份知识所分摊的劳动价值量就很少，甚至可以忽略不

计。也就是说，知识的边际劳动价值几乎为零。此时，知识就只有新的劳动价值，即传播者、复制者、学习者的劳动就凝结到了被复制的知识之中，成为被复制知识所具有的劳动量的主要来源，传播者、复制者、学习者的劳动构成了被复制知识的劳动价值，因为传播、复制、学习知识，也是一种劳动，也创造使用价值和劳动价值。

第三节　知识劳动价值的实现方式

1. 认可

知识到底怎么样，还得依据人的认可。即使知识没有得到人的认可，也可能实现了知识的某种使用价值，比如，爱迪生在寻找电灯的发光材料时，就试验了上千种材料，最终找到了钨丝这个最合适的发光材料。科学探索的道路本身就很艰难。爱迪生之前进行的上千次试验，其实也是有使用价值和劳动价值的，因为其为后来的成功积累了经验和教训，使试验有了新的研究方向。

2. 认同

人的劳动实践产生的知识到底有没有使用价值和劳动价值，需要人的认同。没有人认同，就说明其对社会没有正外部效应，就需要进行调整，需要重新实践、重新认识；认同了，就可以接着干，继续干。

3. 接受

知识被人接受了，其使用价值和劳动价值也就被人接受了，也就转化成了人的劳动力，就实现了使用价值和劳动价值。

4. 学习

学习别人的知识，或自己创造的知识被别人学习了，知识就转化成了人的劳动力，就说明这个知识是有使用价值的，其使用价值和劳动价值也就实现了。

5. 使用

知识得到使用，就是知识使用价值得到了实现，知识的劳动价值也随之得到了实现，也就转化到相应的劳动产品中了。

6. 借鉴

借鉴是众多使用方式中的一种。借鉴如同学习、使用，都是对知识使用价值的一种使用，知识的劳动价值和使用价值也随之得到实现。

7. 吸收

吸收，首要的是人的吸收，而不是物的吸收。知识只有被人吸收了，才能被有效地应用到物上，才会被物吸收。改革开放之后，中国大型水力发电机组制造行业很好地吸收了国外先进技术，并超越了国外技术。

8. 听取

"听取"，包括"听"和"取"两个字。"听"，就是了解、理解知识；"取"，就是采用、接受。听到了、理解了别人讲话的内容，传递的知识、信息，会对自己的大脑思维产生某种影响，思维会指挥自己的言行，会使自己的言行发生某种程度的变化。听取了别人的意见和建议，就是自己的思维受到了别人意见和建议的影响，接收、接受了别人的意见和建议，按照别人的意见和建议去行动，别人意见建议的劳动价值和使用价值也就实现了。

采用这些方式方法实现知识的劳动价值和使用价值，不一定需要劳动价值的等价交换，而可以是单方面的学习吸收行为，是单方面实现的。

第四节　知识的劳动价值与使用价值的递减递增关系

一、载体关系

劳动价值依附于使用价值，这是所有劳动价值的共同特性，知识也不例外。这里的载体关系，不是指知识依附于有形的物质产品，以有形物质产品为载体，而是指知识的劳动价值依附其使用价值。

二、递减递增关系

1. 递减关系

知识的使用价值是可以复制的，复制得越多，知识的使用价值越多。由于知识一经生产出来，其所凝结的劳动价值量就是固定的，如果知识仅此一份，那么，生产知识所花费的所有劳动，就全部由这份知识承载着。但是，知识的使用价值可以被复制，而知识的劳动价值是不能被复制的，这就使得知识的使用价值与其劳动价值产生了特殊的变化，知识的劳动价值被分摊到所有被复制出来的知识产品中，每份被复制的知识都可以分摊得到知识劳动价值的一部分，每份被复制的知识分摊的劳动价值含量因为复制越来越多而递减。

2. 递增关系

由于复制，使用知识的人越来越多，知识的应用范围越来越大，其使用价值也就越来越大，影响力也越来越大，就可以提高社会劳动生产力。一旦知识得到了某种新的改进，这种改进的知识的应用范围也就很大，使用价值也就很大，因社会广泛的实践而凝结的劳动价值量也就很大。也就是说，知识的劳动价值和使用价值也可能随着在实践中的广泛应用而递增。

3. 要素分析的困难

对经济活动成果进行要素分析时，往往设定一些影响经济活动成果的因素，并假定一些因素变动，而另一些因素不变动，由此来看活动成果会有什么不同。这类要素分析法，往往要求要素作用是均衡的，即相同的要素投入会有相同的回报，而事实上，要素作用往往是不均衡的。不同的人、不同的背景、不同的目的，相同数量和质量的要素投入往往会有不同的收获；而当要素投入数量不同时，特别是超过一定临界值时，会出现相反的情况。这是因为环境对于要素有个容量限制，如果超过容量，就适得其反；同时，影响经济活动结果的因素中，还有许多我们没有搞清楚的因素。由于存在认识（知识）进步和应用方面的不均衡，存在因单纯大规模地应用某种先进技术而出现产品过剩的情况，并因此不能带来相应的收益，甚至导致投入亏损，20 世纪 90 年代出现的互联网公司存续期短的情况就是如此。

三、商品知识与非商品知识的劳动价值是如何实现的

1. 商品知识劳动价值的实现

商品知识的劳动价值依附于商品知识的使用价值。一旦商品知识被出售，商品知识的使用价值和劳动价值就被购买者使用和吸收了。知识被无使用权者使用，虽然对知识产权所有者来说是一种损失，但对于社会来说，知识的使用价值和劳动价值得到了一定程度的实现，只不过，这种实现方式侵害了产权人的合法权益，是不合法、不道德的，是对价值秩序、经济秩序的一种破坏，有损于知识生产的可持续性，是应该受到法律惩罚的。

2. 非商品知识劳动价值的实现

非商品知识也是劳动产品，也能被使用，也有使用价值和劳动价值。有些非商品知识是在不知不觉中被我们吸收、使用的，是一种下意识的吸收和使用。非商品知识一旦被采用、学习、借鉴等，其使用价值和劳动价值也就被使用和吸收了，即得到了一定程度的实现。

第五节　知识劳动价值运动与劳动力再生产是如何融合的

一、知识劳动价值运动的基本过程

知识劳动价值是伴随着知识使用价值的运动而运动的。没有知识使用价值的运动，就没有知识劳动价值的运动。

1. 知识劳动价值运动的基本过程

人吸收物质、能量、信息，形成人的劳动力，使人的劳动力得到了生产和再

生产，如图 2 所示。

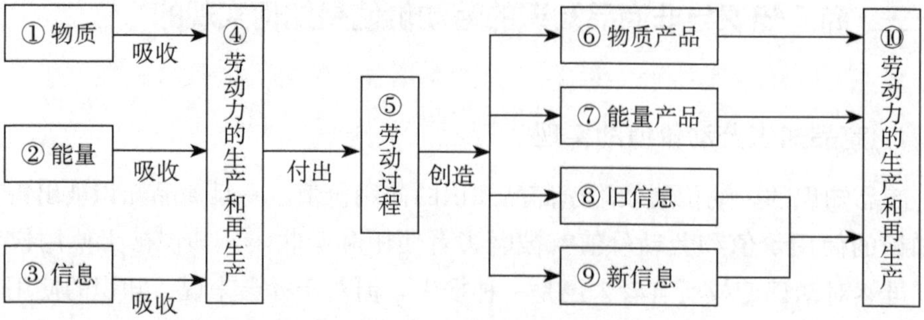

图 2　知识劳动价值运动的基本过程

① 物质，即劳动力的生产和再生产所吸收的物质。主要是人的劳动产品，如机械、工具等，也可能有非劳动产品；既可能有商品物质，也可能有非商品物质。

② 能量，即劳动力的生产和再生产所吸收的能量。主要是人的劳动生产出的能量，也可能有天然的能量；既可能有商品能量，又可能有非商品能量。

③ 广义的信息，是信息、知识、经验、技能、感知、感觉等的总称。信息既包括商品信息，也包括非商品信息。信息如果不被人占有、使用，就会消失。

④ 通过吸收物质、能量、信息等，人的劳动能力得到恢复或提高，实现劳动力的简单再生产或扩大再生产。

⑤ 劳动过程就是运用人的劳动能力，包括人的脑力和体力，进行生产劳动，使知识得到传承或增加，产品价值得到保持或提高。

⑥ 物质产品，这必然是劳动者生产出来的，而不可能是天然的，且与之前吸收的物质是不同的。物质产品构成人类社会的物质财富。人的劳动行为对环境造成的破坏也是劳动产品，只不过是对人类有害的劳动产品，是人类的负财富。

⑦ 能量产品，这必然是劳动者生产出来的，而不可能是天然的，且与之前吸收的能量是不同的。能量如果不被人及时占有和使用，就可能烟消云散。

⑧ 旧信息，与“③信息”是相同的，旧信息在人脑里留存，或存储于其他的载体。旧信息构成人类社会的精神财富。比如，做馒头的师傅卖掉了馒头，但是，做馒头的技术还留在他的大脑里，并没有被卖掉。

⑨ 新信息，是劳动者在劳动过程中生产出来的所有信息、知识、经验、技能、感知、感觉等的总称，是劳动者在劳动过程中新创造的，而不是旧的信息。劳动者经过了劳动，旧信息还留在大脑的记忆里，同时又生产出了新的信息。劳动过程使得人脑掌握的信息增加了，也就是新创造、发现、积累了许多新信息，

这是作为拥有智慧大脑的人的特有功能。

新信息可能是商品，也可能不是商品；可能被生产者占有，也可能不被生产者占有（如外部性）。新信息构成人类社会新的精神财富。

就劳动力简单的生产和再生产来说，增加一部分新信息，就会减少一部分旧信息，就像计算机存储器容量已满后，新记录的信息就会挤占最先记录的信息的存储空间，如果旧信息不减少，新信息就无法增加，或者信息增加微不足道，对再实践、再生产没有任何影响。这是劳动力简单生产和再生产的关键。

就劳动力简单的生产和再生产来说，①与⑥是相等的，②与⑦是相等的，③等于⑧+⑨，④与⑩相等。也就是说，劳动力简单的生产和再生产，导致劳动力没有任何的变化，既没有提高，也没有降低，世界也没有发生变化。

人利用自己的劳动力进行简单生产劳动，生产出知识、物质、能量。这些被人生产出来的知识、物质、能量，与其之前所吸收的知识、物质、能量是相等的，既不增加，又不减少。

劳动力简单的生产和再生产，关键是知识、信息没有任何的变化、创新和增长。

从前有座山，山上有座庙，庙里有两个人，一个老人，一个小孩，老人对小孩说“从前有座山，山上有座庙，庙里有两个人，一个老人，一个小孩，老人对小孩说‘从前有座山……’”。

这个故事中，如此简单、单调的重复，知识、信息没有一点儿增加、减少，语句结构没有任何的变化。这种特点与劳动力简单的生产和再生产十分类似。

就劳动力扩大的生产和再生产来说，人会吸收和创造足够多的新知识、新物质、新能量，借助于物化了科学知识的物质的力量，人的劳动力实现扩大的生产和再生产，也就是⑩大于④，并且，⑧+⑨大于③，这既体现在人创造的物质财富的增加上，也体现在人创造的精神财富的增加上，更重要的是体现为人的劳动力、社会生产力都得到了有效的提高。

人能利用自己的劳动力进行扩大的生产劳动，生产出比自己之前所创造、吸收的知识、物质、能量更多的知识、物质、能量。人类之所以能够成为地球的主宰者，就是因为人类的知识不断创新和增加，生产力不断提高，实现了扩大的再生产。

人生产的知识、物质、能量，有一部分能够被自己占有，也有一部分无法被自己占有，这部分无法被自己占有的知识、物质、能量中，包括外部性，以及大家相互交流的不成熟的知识、初级知识、零碎信息等非商品信息和知识，这些信息、知识共同构成了游离状态的社会公共知识财富。

2. 物化到产品中

① 使用和转化。知识被使用的时候，其所凝结的一般人类劳动也被转化到新产品中，构成新产品的劳动价值和使用价值。

② 商品知识。商品知识的使用价值和劳动价值在被使用中，会转化到新产品中，构成新产品的劳动价值和使用价值。

③ 非商品知识。非商品知识与商品一样，在被使用中，其劳动价值和使用价值也会转化到新产品中，构成新产品的劳动价值和使用价值。

3. 转化成劳动力

① 使用和转化。劳动力的生产和再生产需要吸收和使用知识，这些知识转化并构成新的劳动力，形成新劳动力的重要和合理的内核。

② 商品知识。商品知识参与劳动力的生产和再生产，被劳动力吸收，构成新的劳动力，形成新劳动力重要和合理的内核。

③ 非商品知识。劳动力不只吸收商品知识，还能吸收他人的外部性、经验、教训等非商品知识，这些非商品知识同样构成新的劳动力，形成新劳动力重要和合理的内核。

4. 知识劳动价值终止

① 使用价值终止。知识的劳动价值终止，主要是因为知识的使用价值终止了，因为知识劳动价值需要借助于使用价值才能得到体现。比如，当 5G 通信技术大规模应用后，1G、2G 技术就基本终止了。

② 知识消失。知识消失了，就不存在使用价值，也就没有了劳动价值。

③ 知识被“淹没”。当知识被“淹没”于图书馆中的书籍、档案馆中的档案等“死”的载体之中，没有显性化，没有参与新的实践运动，人们的大脑里已没有这种知识的时候，这个知识就需要再开发。再开发通常与现实实践的再需要有关，与现实社会的问题导向有关，与好奇有关。比如，今天的中国，有越来越多的人学习传统儒家文化，这是今天中国人实践的需要，也与传统儒家文化的实践应用式微有关。这种开发，其实是一种新的劳动。新开发的服饰知识，不能再算作古人的劳动产品，只是借鉴了古人服饰文化中的某种使用价值，也是当今社会共同实践、共同需要、共同思考的共同产物。

④ 知识被大量复制。当知识被大量复制、使用时，每份被复制的知识所摊得的知识原始劳动也就很少，甚至可以忽略不计。

二、知识劳动价值运动的基本规律

1. 劳动价值守恒规律

知识劳动价值的运动，同样遵循劳动量守恒的规律。知识在被使用中，其劳动量最多也只能是等量转化，而不可能发生复制、扩大的情况。劳动量不能被复制的道理同样适用于知识劳动量的运动。知识被使用得越多，其使用价值也就越大，但是，其劳动量仍然不变，并随着复制而摊薄，除非知识被改进了，凝结了新的劳动实践量。

2. 知识凝结的劳动量决定知识的劳动价值量

知识的劳动价值量在于知识所凝结的一般人类劳动量。如果知识在使用过程中被不断地改进、完善，那么，知识所凝结的劳动量也会随之不断增加。

3. 知识劳动价值和使用价值的主体化

知识的价值在于人的掌握、应用，在于人的认可、认同、接受、学习、借鉴、使用、吸收。这可能只是主体单方面的行为。只要这个行为发生了，那么，知识的使用价值和劳动价值就实现了，就会转化为、融化为主体的劳动力，从而转化成主体的福利，提高主体的劳动能力，并使主体在劳动中创造出更多的、能满足人需要的使用价值。

4. 商品知识与非商品知识的无差别转化

无论是商品知识还是非商品知识，都是知识的重要组成部分，它们所具有的使用价值和所凝结的劳动在转化方面基本没有上本质的差异，差异只是创造和应用知识的人所付出的成本。

5. 知识进步规律

知识在实践中会从无到有、从少到多地不断积累，并由肤浅向深入、由低级向高级、由不成熟向成熟、由零碎向系统、由一维向多维、由片面向全面发展。高级知识、成熟知识、系统知识、全面知识等，都包含了低级、不成熟、零碎、片面知识的劳动价值。

6. 非商品知识转化成商品

生产者把非商品知识的劳动价值转化成商品的劳动价值，可以节约生产者支出的商品成本，节约生产者付出的劳动量，提高生产者的劳动效率，改善产品品质等，从而增加生产者的商品销售量、利润率，增加生产者的生产经营利润。

第六节　如何衡量知识的劳动价值

一、知识劳动价值的客观性与主观性

1. 客观性

虽然知识是人类的主观产品，但是，人类生产知识的社会劳动实践是客观的、自然的、物质的，作为社会劳动实践生产的知识也是对客观物质世界、社会实践的客观反映，知识的使用价值是客观的。同时，知识所凝结的一般人类劳动也是客观的。无论是否认可、是否接收、是否使用、是否吸收，生产者所付出的劳动是实实在在的，知识所凝结的人类劳动是实实在在的，是不能被抹杀、掩盖、否定的。这是知识劳动价值的客观性。

2. 主观性

① 知识的真实性、科学性、实用性通常是客观的，但取决于主体（使用者）的主观认识能力，具有一定的主观性。主观认识能力强的，对知识使用价值、劳动价值的认识就会更充分；主观认识能力相对差的，对知识使用价值和劳动价值的认识也就相对差些。

② 劳动价值取决于需求者的判断水平、应用水平与需求程度、需求领域，取决于需求者的主观认识、愿望、判断能力。主观认识能力强的，对知识的劳动价值和使用价值的认识就强些；反之亦然。比如，周群飞、王麒诚们就能充分认识到实践中发现、创造、获得的知识相当重要。同样听老师讲课，有的人认为老师讲的很重要，有的人认为老师讲的不重要。

二、知识劳动价值的单方面性与两方面性

1. 单方面性

知识是由知识的生产者生产出来的，知识所凝结的一般人类劳动是由知识的生产者单方面赋予的，它通常与使用者、购买者无关，使用者、购买者并没有向知识赋予劳动，因此，从生产者角度看，知识的劳动价值通常能得到生产者自己的认可，具有单方面性，除非需求者也参与了知识的生产。

2. 两方面性

知识所凝结的一般人类劳动通常需要购买者、使用者来认可、取舍、吸收、使用，其所凝结的劳动才能转化成知识的劳动价值。而认可多少、吸收多少、转化多少，又有赖于购买者、使用者的主观意愿、需求程度、判断能力、认识能力、使用能力等，因此，这又使得知识的劳动价值具有一定的两面性。

三、知识劳动价值理论上的可衡量性

知识的劳动价值是凝结、物化在知识中的无差别的一般人类劳动。知识一经生产出来，其所凝结、物化的一般人类劳动就是不变的、恒定的，理论上由生产者付出的社会必要劳动时间决定。人的数量是有限的，人的生命是有限的，人付出的劳动是有限的，人一生中为创造知识所花费的劳动时间不会大于他生命的全部时间，这决定了知识的劳动价值理论上是有限的，是可以衡量、测量的。

四、现实中衡量知识劳动价值的复杂性

知识是社会共同实践的结晶，其形成过程有很强的广泛性，而不像某些物质产品那样，可以由一个人、一次性劳动形成，劳动的时间、空间、形式等具有有限性、可观察性、可测量性。知识可能不是由一个人、一次性劳动形成的，而可能是很多人，在长期、反复、广泛、复杂的实践中形成的，劳动者的劳动时间、空间、形式等都很复杂。理论上，知识的劳动价值是很多人在长期、反复、广泛、复杂的劳动实践中付出的劳动的凝结；同时，逐利性也影响生产者对自己劳动量的公开，这就增加了知识劳动价值衡量、测量的复杂性。

五、知识劳动价值衡量的方式方法

1. 定量衡量

对于那些在有限的时间、空间及劳动形式下，由有限的人员生产出来的知识，可以通过对这些人在有限的时间和空间内付出的无差别的一般人类劳动进行衡量，从而衡量出由其创造的知识的劳动价值。比如，科研人员进行知识生产，其劳动时间、劳动强度、劳动质量等，通常是可以衡量的，可以以此衡量其创造的知识的劳动价值量。如果衡量不恰当，就会影响创新者的创新积极性，从而不利于创新和社会发展。对创新者劳动创造的价值与非创新者劳动创造的价值，只能采用不同的方式方法进行评价。

科学家的工作在形式上虽然是独立的，但是，他们在独立的科学研究工作中也要密切关注其他科研工作者的成果动态，观察、学习、借鉴他人创造的知识，科研工作不可能是完全独立的，科研工作者不可能孤立地进行研究，而要从外界吸收知识、信息、能量等。如何认定、测量他们从外界吸收的知识、信息、能量的劳动价值？这恐怕是个难题。

2. 定性衡量

知识是社会成员在共同的实践中共同形成的，凝结了社会成员共同的劳动实践，可按社会参与的广度、深度等定性分析知识所凝结的一般人类劳动。这种定性分析并不是精准的衡量，只是一种粗略的分析、比较、判断，是模糊的。

3. 市场法衡量

尽管知识的劳动价值难以测量，但是，在社会中，在市场中，人们总能找到合理、公平、公正的衡量知识价值的方式方法，这就是市场比较法。这是最实用、最现实、让大家普遍接受的价值衡量的方式方法，既适用于对使用价值的测量，也适用于对劳动价值的测量。

在市场经济下，知识劳动价值是通过市场比较、市场交换、实际使用、市场反馈等方式方法进行衡量的，也是通过这样的方式方法实现知识的劳动价值和使用价值的。无论如何衡量知识的劳动价值，最终必须得出一个客观、公平、公正，相关方认可、接受的结果。

第十五章

效用价值

一件挂在专卖店里的时装，在被卖出之前，只有理论上的无差别的使用价值，而没有效用价值。消费者只有实际穿上这件时装，有自己的感受，有别人的评价，才知道它实际的效用价值。这就是使用价值与效用价值的区别。当然，效用价值不仅受自己和他人感觉的影响，还受商品价格的影响。如果价格过高，而实际效果一般，那么，也会影响商品的实际效用价值，因此，效用价值是可变的价值。

第一节 效用价值的基本含义

一、什么是效用和效用价值

1. 效用

所谓效用，是指使用者（主体）从所使用的产品中得到的具体的实际使用效果。效用主要是关于产品的使用价值和劳动价值对于使用者的实际使用效果，具有一定的主体性、主观性，因为同一产品对于不同的使用者来说会有不同的使用价值和使用效果。比如，饥饿的人，吃五六个馒头就吃饱了，这五六个馒头对他来说，是相当有效用的，但是，如果再给他一些馒头吃，这些馒头对他来说就是没有效用的，因为他已经吃饱了，再吃反而有损健康。再比如，感冒药对于感冒的人来说有效用价值，而对于没有感冒的人来说就没有效用价值。

2. 效用价值

所谓效用价值，是指使用者对效用价值产品的实际使用功效的主客观综合评价及衡量。效用价值既可以用货币数量，也可以用功效与成本比例评价衡量，还可以用比较法、比拟法评价衡量，此外还可以用其他方式方法。比如，用价值来评价衡量，一个工程师创造的价值相当于多少普通工人创造的价值；用当量来评价衡量，一吨优质煤相当于多少吨标准煤，一千克放射性铀相当于多少吨标准煤。效用价值衡量既需要考虑客观的使用价值、成本，又要考虑使用时的实际效果和主观感受，因此，效用价值不只是纯主观的心理感受，而是同样具有客观属性，是主观与客观有机统一的综合评价。

二、效用价值是个混合概念

效用价值通常是指产品对使用者的某种福利，是基于使用价值的，是在使用价值之后的。它既有使用价值内涵，又有劳动价值内涵，还有个人感觉、评价内涵。无论是使用价值，还是劳动价值，在使用者那里或在市场背景下，都可以转化为统一的价值。产品所具有的使用价值及产品所凝结的一般劳动最终要进入使用领域，转化为对人的效用，转化为效用价值。没有效用的劳动，是无效劳动。没有效用价值的产品是无效产品。

1. 效用价值是指对人的某种福利

效用价值通常能够改善、增加人的某种福利，但是，损害或减少人的福利的情况也是客观存在的，这就产生了负效用价值。

2. 效用价值包含使用价值

效用及效用价值的主要依据和基础是产品的使用价值，没有使用价值，就谈不上效用价值。使用价值发挥得好，效用价值就高；使用价值发挥得不好，效用价值就不高。

3. 效用价值包含劳动价值

就人类社会来说，人类享受的是自己的劳动成果。自给自足，是享受自己的劳动成果，很安心；享受交换来的产品，也是用自己的劳动交换而来的，也很自在；享受别人馈赠的非商品产品，是别人主动馈赠的，既坦然接受，又心存感激，最能体现劳动价值具有的效用价值特性，因为这种享受既是享受别人产品的使用价值，也是享受别人的劳动。别人的劳动可以代替自己的劳动，自己因此才不必再去费力地劳动。

我们常常有这样的体验，看到一个人骑着装满物品的小三轮车正吃力地爬坡，自己从旁边经过时，会自然地伸出手去推一把。这一推，不但骑车的人受益，自己心里也泛起了帮助别人的小小快乐感，这就是自己的劳动的使用价值和效用价值。如果你的力与骑车人需要的力方向相反，那么，对骑车人和你来说，你的劳动都是负效用。

4. 效用及效用价值不只是心理感受

按照西方经济学的说法，消费者在消费某种商品时所获得的心理满足程度称为效用。但是，不能片面地理解“心理满足程度”。虽然不同的人对同一产品可能会有不同的使用和评价，但是，这些都是建立在具体的使用基础上的，而不是凭空产生某种有关心理满足程度的感受。

即使是野生的果子，也需要人去摘。人不去摘，果子就无法成为人可以使用的产品。只要人去摘了，就需要人付出劳动，果子就成了人的劳动产品。即使是使用非商品，也会对人产生实实在在的利益，比如，可以节约使用者的劳动。

非商品的效用及效用价值通常被生产者甚至使用者忽视，而它确实是存在的，是能给使用者带来某种实实在在的福利的。

5. 效用价值是对产品使用价值和劳动价值的综合评价

效用价值是使用价值和劳动价值衍生和延伸出的价值，它以使用价值和劳动价值为基础，以使用者的实际使用效果为评价依据，是对两种价值实际使用效果的综合评价。

三、效用价值是个实践着的概念

1. 效用和效用价值只能在实践中得到体现

产品的效用价值是产品得到使用后的实际效果，产品的效用价值及对人的福利只有在其得到实际的使用后才能得到显现，因此，效用价值注重用户在使用中切身体验到的实际使用效果。

2. 效用需要在使用的实践中得到检验

效用是一个需要进入实践领域、在实践中才能体现的概念。没有实践中的使用，就没有效用，也就没有效用价值。

3. 效用会在实践中发展变化

同一产品，不同人的使用，会产生不同的效用和效用价值。比如，野生水稻对普通农民来说没有什么效用价值，而对于杂交水稻科学家来说，则有很重要的科研价值。同一产品，同一人，不同时间和社会背景下的不同需要，会形成不同的使用实践，以及产品不同的效用和效用价值。一只瓷碗，如果只是当作盛饭用具，它的使用价值和效用价值只能以盛饭的碗来判定；如果这只碗放了几百年，它就成了文物，其使用价值、效用和效用价值就发生了变化；如果从审美、鉴赏的角度看它的造型、图案等，它又是一件艺术品；如果从制作工艺看，它可能是一件具有工艺研究价值的工艺样品。不同的使用方式，产品的效用与效用价值是不同的。

第二节 效用价值基本衡量

一、实际使用效果

实际使用效果，按照现时的说法，就是用户体验。用户体验好，那么，商品的效用价值理论上就好。当然，不同的用户，由于具体的需求不同，所具有的知识、认识，以及所处的群体文化等情况有所不同，他们的体验可能有所不同。每件商品的具体的效用价值，每个使用者在具体的实际的使用过程中要去亲自感受，才能得出各自的效用价值。也就是说，效用价值取决于商品使用者的实际的使用效果，取决于他们在使用商品过程中的具体感受。如果感受很好，那么，他们对商品的评价就高，商品效用价值就高；如果感受不好，那么，他们对商品的评价就不高，商品的效用价值就不高。

二、供求关系影响产品效用价值和价格

1. 供求平衡

当产品的供求关系平衡时，生产供应的数量和质量与人们需要的数量和质量是吻合的，产品的使用价值和劳动价值都能得到有效的实现，产品的效用价值达到正常值。

2. 供过于求

当产品供过于求时，只有部分产品能够实现其正常的使用价值和劳动价值，过剩的那部分产品就没有效用价值，这个时候，浪费就会增加。

3. 供不应求

当人们对某种产品的需要量大，而该产品的生产和供应无法满足人们的需要，说明产品对需求者来说很有效用，该产品的效用价值就较高，这个时候，浪费就会减少。

三、边际效用

人们对某种产品的需求往往有一个正常的数量。当超过这个数量时，效用价值就会呈下降的趋势。数量超过得越多，效用价值就越低。比如：饥饿的人需要吃 5 个馒头，你给他 5 个馒头，正好能够满足他的需要；如果你给他 6 个馒头，那么，这第 6 个馒头就是过剩的，也许他能吃得下这第 6 个馒头，但是，由于这第 6 个馒头并不符合他的需要，其效用价值就会大大降低；如果你再给他第 7 个馒头，也许他根本吃不下这第 7 个馒头，吃了也会吐，那么，这第 7 个馒头就基本上没有效用价值，甚至是负效用价值。边际效用通常以正常需要量为标准，超过正常需要的，就出现效用价值下降的边际效应。

四、个性化需要

不同的人有不同的需要。比如，当红色的衣服流行的时候，有人偏偏喜欢绿色的。同一栋房子，引来众多的买者，由于该房子与其中的一位买者的家族历史有一定的关系，该买者愿意出更高的价钱购买，这种“关系”会提高该房子的效用价值。

第三节　效用价值与劳动价值、使用价值的关系

一、效用价值与使用价值之间的关系

使用价值是产品与生俱来的客观“自然”属性，它比效用价值更早出现。效用价值只有在产品的真实使用中才出现。效用及效用价值是产品的使用价值与劳动价值、客观性与主观性、社会性与自然性在市场和社会中的综合呈现。使用价值很大程度上决定着效用价值，没有使用价值就没有效用价值，有效用价值就一

定有使用价值。但是，有使用价值不一定有效用价值，因为这要看产品能否被使用：被使用了，才有效用价值；没有被使用，就没有效用价值。有较高使用价值的不一定有较高的效用价值，这要看产品能在什么情况下被有效使用，能在多大程度上被有效使用，能满足使用者什么需要。

效用价值是对产品实际使用效果的评价，因此，效用价值与产品的使用价值有紧密的关联。但是，在实际使用中，有些使用价值可能得到有效的使用，有些使用价值可能无法得到有效的使用，因此，产品的效用价值可能等于、大于产品的使用价值，也可能小于产品的使用价值。

二、效用价值与劳动价值之间的关系

劳动价值即产品所凝结的被人认可、接受、使用的无差别的一般人类劳动，是与产品同时产生的，它早于效用价值而呈现。从生产者角度看，生产者既需要考虑产品的使用价值，又需要考虑产品的劳动价值即生产成本，有时还要考虑产品能给使用者带来什么效用价值。而需求者、使用者通常不用考虑产品的生产成本，但会考虑自己得到该产品的费用，以及该产品对自己的实际效用价值。如果给自己带来的效用价值等于或大于自己支付的费用，就会认可这个产品对自己有正效用价值。

三、效用价值与产品的有效使用

效用价值与对产品的有效使用有关。有效地使用产品，则产品有效用价值。高效地使用产品，则产品的效用价值高；低效地使用产品，则产品的效用价值低；无效地使用产品，则产品就没有效用价值；负效地使用产品，产品的效用价值可能为负值。但是，无论如何使用产品，产品的使用价值依然客观地存在着，只是效用价值有不同。

1. 按照产品的使用价值和劳动价值对产品进行正常适量的使用

产品都有其特定的使用价值和劳动价值，能够满足人的某种需要。使用者按照产品的主要功能进行正常适量的使用，以满足自己的需要，那么，产品就有了正常的效用价值。这种效用价值与产品的使用价值和劳动价值是一致的，通常不会超过，也不会少于产品正常的使用价值和劳动价值。一方面，产品主要的使用价值得到了实现；另一方面，产品所凝结的一般人类劳动即劳动价值得到了实现。无论是产品的使用价值，还是产品的劳动价值，都得到了正常的使用和基本的肯定。

正常市场中，一般产品的效用价值就体现在产品的使用价值和劳动价值被正常适量地使用和吸收上。

2. 按照产品的使用价值和劳动价值对产品进行创新使用

比产品被正常使用更进一步的是产品被创新使用即寻找、开发出了产品新的使用价值。比如，艺术家用废弃的农作物秸秆制作工艺画，就是一种创新使用。把废弃物变成资源，变废为宝，都可算作对产品的创新使用，这提高了产品的效用价值。这种开发，是一次新的劳动创造，有着新知识的劳动价值和新知识的使用价值。石墨烯、石墨、金刚石等与煤炭的成分相同，都是碳元素，石墨烯具有硬度高、导电、导热、储电能力强等特性，过去，人们把煤炭当作普通的燃料，现在，人们从煤炭中提取石墨烯，使得煤炭有了新的使用价值和效用价值。

3. 对产品的使用价值和劳动价值进行非正常使用（特殊使用）

非正常使用与使用者个人的具体需要和使用直接相关，与使用者个人的实践、知识、智慧有关。对产品的非正常使用，可能会使该产品脱离原有的、正常的使用价值和劳动价值实现轨道。不同的人对同一产品可能会有不同的使用，难以一一列举，这里仅举几例。

①买椟还珠，购买者觉得椟做工好，有艺术性，可以收藏。

②把野生核桃当作文玩商品，一枚个儿大的野生核桃价格可达几百元、上千元，甚至上万元，高得让一般人惊诧。

③守财奴经常向外人炫耀自己库房里堆满的布料和大米，可他自己却舍不得吃也舍不得穿，也不愿意把布料和大米施舍给穷人。显然，他家库房里的布料、大米只是财富的象征，只满足他的虚荣心，并没有实际的使用价值。

④ 2011 年 3 月 11 日，日本发生大地震，导致日本福岛核电站遭到毁坏，出现了严重的核泄漏。坊间谣传多吃盐有利于防核辐射，部分地区掀起了抢盐风潮，当时，许多地方出现一盐难求的情况，人们不得不加价抢购，平时 1 包 1.5 元的盐卖到了 5 元，甚至 15 元。这就是非正常的、虚假的“效用”造成的。其实，抢盐行为体现的是人们对核辐射的恐惧心理，人们花钱购买的是心理安全感，盐并不具有什么防核辐射的功效。

第四节 商品和非商品的效用价值

一、商品的效用价值

商品通常具有明确的使用价值，能够满足人们某种具体的需要。但是，人们想获得的商品的使用价值并不一定是商品的全部使用价值，有可能只是其中的一部分使用价值。比如，我们经常使用的手机，可能并没有使用手机的全部功能，而只是使用其中一部分功能，手机还有很多使用价值我们并没有有效地使用。不能有效地使用商品的使用价值和劳动价值，就是对商品使用价值和劳动价值的浪费。我们有时购买很多新鲜的蔬菜回来，其中有许多因未能及时有效使用而腐烂变质、被扔掉了。因此，商品的使用价值与效用价值有时并不完全一致。

二、非商品的效用价值

非商品同商品一样，也有效用价值。非商品除了有使用价值和劳动价值外，还有一个重要的特点，就是非商品可以无偿取得。这是非商品的比较优势。如果非商品也有明确具体的用途，使用者会优先使用非商品，并会对不花钱就获得的非商品有更好的评价。

第五节 知识对效用价值的影响

使用价值通常由生产者的知识技能决定，效用价值通常受使用者的知识技能影响。

一、知识与效用价值的关系

1. 知识是效用的前提

产品是由生产者按照自己的知识生产出来的，产品的使用价值和劳动价值都体现了生产者的劳动生产力，体现了生产者的知识技能水平。生产者不同的知识、技能水平决定了产品不同的客观使用价值和供求平衡关系，使用者不同的知识、技能水平决定了产品的实际使用。

2. 知识是效用价值的基础

效用价值建立在生产者的知识基础上，建立在使用者的正确、合理的取得与使用基础上，建立在使用者对使用效果的正确认识和评价基础上。使用者掌握的知识与产品越匹配，对产品的使用就越正常、正确，对产品效用价值的认识、评价就越正常，效用价值也就越正常。如果使用者超常掌握了产品的知识，对产品进行超常使用，产品就可能有超常的效用价值。使用者知识越匮乏，认识越不正确，使用越不正确，产品的效用价值也就越难得到正常发挥和衡量。

二、知识对效用价值的影响

1. 生产者的知识奠定产品的效用

生产者有什么样的知识、技能，就会生产出什么样的产品使用价值，从而奠定了产品效用价值的基础。花费同样的时间，一个文学水平高的人写出的作品质量和效用价值就高；反之，就不高。生产者知识还影响供求关系，从而影响产品总体上的效用价值。

2. 使用者的知识影响产品的使用功效

有的人办公桌上的电脑只是个摆设，有的人用它玩游戏，有的用它辅助工作，有的人用电脑进行创作，写出了优美的文学作品。电脑的使用价值基本上相同，但是，不同的使用者及其不同的使用，导致电脑的效用价值各不相同。

3. 使用者的知识决定着对产品使用价值和劳动价值的评价

善于使用的人，可以最大限度地使用好产品的使用价值和劳动价值，评价就会相对高些；而不善于使用的人，则可能无法使用好产品的使用价值和劳动价值，评价就可能不高。有些产品，比如一本书，其效用价值可能会随着读者认识水平的提高而提高，也可能会随着读者认识水平的下降而下降。

知识水平高，思想认识客观公正，对产品效用价值的评价就会客观公正些；反之，就很难客观公正。因此，准确的评价依赖评价者自身的认识水平。

第六节 影响效用价值的因素

1. 产品本身的使用价值

产品的使用价值通常是由生产者设计好的。生产者有什么样的生产目标、知识和技能，产品就有什么样的性能、功能、用途等，这奠定了产品的效用价值。设计建造公路，就是用来跑汽车的；设计建造铁路，就是用来跑火车的。

2. 产品本身所凝结的劳动量

如果产品能够节约使用者的活劳动，代替使用者的活劳动，汇入使用者的活劳动中，比如，帮别人提一下行李，这样的劳动也是有效用价值的。从帮助者角度看，帮别人提一小时行李与帮别人提两小时行李，所付出的劳动量是不同的；从受益者的角度看，接受别人一小时的帮助与接受别人两小时的帮助，效用是不同的。因此，劳动本身也是有效用价值的。如果是“帮倒忙”，效用价值就是负值。

一个人做一点好事并不难，做一辈子好事就是大英雄，就有很大的效用价值。

3. 使用者的需要程度

一个饥饿的人，对馒头有强烈的需求；而一个吃饱了的人对于馒头就不会有什么特别的感觉。新冠疫情之前，口罩正常销售；新冠疫情来临，口罩价格飙升。当企业为赶工期而加班加点进行生产时，却突然停电，这个时候，电对于企业来说就有很高的效用价值；如果电的供应充足，企业面临的主要困难是劳动力不足时，劳动力的效用价值就会提升，给工人涨工资就是必然。

4. 使用者对产品使用价值和劳动价值的认识

效用价值与使用者的知识水平等主体主观因素有关，与使用者的实践状态有关。有的使用者认识到生产该产品不容易，就重视该产品的效用价值，这是“识货者”。

我们以几个故事来说明。

有个收购文物的人到农村去收购文物，有户人家门外拴着一条狗，旁边放着一个狗食钵。收文物人的感觉这个钵很特别，可能是个文物，就想用100元买下这个钵，这户人家认为这个钵并没有什么特别的，卖100元很值得。

南方有个农民，家中有一个多年用于放置柴草的木棚子，有人看到这个木棚子，表示愿意花大价钱收购，农民也乐意卖给他，开价二十万元，买者欣然付款。原来，这棚子是由黄花梨木搭建起来的，农民并不认识黄花梨，更不知道当时黄花梨的市场价格。

有个外国人到中国来拜访朋友，看到中国朋友的茶缸内壁是厚厚黑黑的茶垢，就提出要收藏这个茶缸，朋友看到对方如此喜爱，就花了很大的功夫把茶缸擦洗得干干净净，那些厚厚黑黑的茶垢也被擦洗得不见踪迹。对方一看，愣了半天说不出话来，因为他看中的正是那厚厚的茶垢，没有那厚厚的茶垢，茶缸就没有特殊的使用价值和效用价值。

5. 使用者的使用方式方法

使用者只有掌握正确的使用方式方法，才能有效地使用产品，产品的使用价值才能有效地发挥，产品的使用价值与效用价值才能高度一致，否则，产品的使用价值高于产品的效用价值。比如，电饭煲刚在中国市场上出现时，人们还不知道如何安全使用电饭煲，此时，电饭煲对于许多中国人来说，效用价值是不高的。

6. 产品适用的环境条件

产品能否在不同自然、经济、人文环境下得到正常使用，会影响其效用价值。

7. 使用者对产品使用价值和劳动价值的开发程度

同样是《红楼梦》，有人将其当作文学作品进行阅读和欣赏，而有人把它当作研究资料。逛街者的外部性对一般人来说是“无用”的，但对做市场调查的人来说可能是有用的，这显然与使用者的开发有关。

8. 产品的技术复杂程度

有些产品，由于其技术相当复杂，导致一般人无法使用。如果把这类产品交给一般人使用，其实际使用效果就不好，产品的效用价值就大大低于其具有的使用价值。

9. 产品的稀缺性与替代品、相关品

供不应求，产品很稀缺，效用价值就高；反之，就低。

替代品越多，产品的供求关系就受到影响，效用价值就受到影响。城市中心的房子价格过高，许多人就会到郊区去购买房产。城市里空气污染越来越严重，许多城里人就到农村去居住。

10. 生产者提供的服务

生产者为使用者提供的服务，很大程度上影响着产品的推广使用、影响着产品的实际效用价值。如果生产者能为产品使用者提供很贴心的服务，让使用者能很好地使用产品，那么，产品的使用价值就能有效地发挥出来，产品的效用价值就高；否则，产品的效用价值就低。

第七节 效用价值衡量

一、衡量的方法

1. 定性分析法与定量分析法

客观、公平、公正的效用价值，既有赖于科学有效的衡量方式方法，又需要呈现具体的公平、公正的衡量数值。对产品效用价值的衡量，既可采用定性分析的方法，又可采用定量分析的方法，通常是两种方法结合使用。只进行一种分析可能无法正确判断和有效说明产品的效用价值。

在具体测算中，可采用系数调整法或数值增减法，这两种方法在资产估价中常用到，能使复杂的判断和计算简单明了，便于理解和求解。

举例说明系数调整法用于效用价值的计算。若商品的使用价值为 1，其实际效用能达到正常水平，既没有提升使用价值，也没有减损使用价值，在此状态下，效用价值对使用价值的修正系数为 1，两者组合就是 $1\times1=1$。

举例说明数值增减法用于效用价值的计算。若商品的使用价值是 1，其实际效用能达到正常水平，对使用价值既不形成增加，也不构成减少，那么，数值修正值就是 0，两者组合，就是 $1+0=1$。

由于效用价值是基于使用价值的，是对使用价值的某种增减或升降，因此，完全可以采用系数调整法或数值增减法进行测算。

2. 单面分析法与全面分析法

一方面，产品生产环境稳定单纯，产品一经生产出来，其功能、用途等都是固定的；另一方面，产品的使用环境丰富多变，使用者对产品的使用价值和劳动价值有取舍。因此，既要站在产品生产方角度分析产品理论上的效用价值，更要从产品使用方角度了解和分析产品实际的效用价值，生产者需要从市场需求者角度来对待产品的设计与生产、服务等，才能生产出能够满足市场需要的好产品。

3. 静态分析法与动态分析法

产品的效用价值需要在实践中得到体现，而实践不是静止的，而是动态的。同一产品，在其全寿命周期内的不同阶段，对于不同的使用者，在不同的使用背景、环境、目的、方法下，会产生不同的效用价值，同时，由于科技进步，产品会由先进产品变成不先进产品，这可能影响对产品效用价值的评价。

4. 价格法与数值法

价格法就是用货币数量来衡量效用价值，这是最常见也最简单的方法，是市场经济下大家普遍使用的方法。在市场经济背景下，效用价值是价格的重要基础，离开效用价值就没有所谓的价格。但是，价格不一定能准确衡量效用价值，既不一定能衡量和反映非商品的全部使用价值和劳动价值，同样也不一定能衡量和反映商品的全部使用价值和劳动价值。效用价值通常是从使用者的角度衡量，往往是有取舍的衡量。即使是最客观公正的衡量者，也往往会因为需求的程度、实践和认识上的个性，而出现衡量上的偏差。

数值法是用基数或序数来衡量和反映产品的效用价值，这是专家、学者常用的方法。比如，用百分比，或用等级来衡量。价值工程学中通常采用基数法或序数法等对产品或部件等进行功能、成本、效用方面的分析，衡量其效用价值。

二、衡量的意义

效用价值衡量可以判断人的行为、产品对人的有效性，避免或减少低效劳动、无效劳动，节约社会资源，促进微观与宏观匹配和均衡发展，提高人们的幸福指数，进而促进社会发展。

第十六章

交换价值

社会化、专业化生产条件下，人们通常是为满足社会的需要而进行生产的，就出现了产品交换，产品就变成了商品，产品的价值就从之前主要由生产领域单方面决定的价值变成了主要由交换双方共同决定的交换价值。交换价值是商品价值在交换市场中的具体呈现。与知识相同，交换也是人类社会特有的现象，体现了人类的文明与理性。有交换，就必然有交换价值——价格。交换价值是对商品使用价值、劳动价值、效用价值、稀缺性价值、外部性价值等的综合评价，是市场经济中的重要现象。

第一节　交换价值与哪些价值高度相关

一、什么是交换价值

1. 交换价值的基本含义

交换价值是不同商品相互交换所呈现出的某种数量比例关系。

比如，一斤大米可以换半斤苹果，那么，一斤大米与半斤苹果的交换价值就是相等的。如果把1斤大米作为价格计量标准，那么，苹果的单价（每斤）就是2斤大米。如果用人民币计价，大米每斤1元，那么，苹果的价格就是每斤2元。因此，交换价值是有客观表现的，是可观察、可测量的。商品的质量会影响交换的比例关系。但是，为了便于探讨，这里把质量看成能够满足对方需要的一般质量。

交换价值是双方价值匹配的结果。交换双方都有自己的价值物，又都需要换来对方的价值物，只有一方的价值物能得到另一方的认同、认可、接受，与自己的价值需要、价值观念、价值判断、价值认同一致，才能实现交换。

交换价值是双方价值合意的结果。交换双方是自主决策、自主选择的，没有自主决策、自主选择，就谈不上交换。在自主决策、自由选择条件下，双方意愿达成了一致，形成了合意，交换就可实现。因此，交换价值体现了双方的一致性。

2. 交换是商品生产经营活动全过程中的重要组成部分

进行商品生产，目的是满足别人的需要，因此，交换是商品生产活动必要的组成部分。商品生产者要时刻牢记，自己生产的产品不是为自己而生产的，而是为别人而生产的。只有符合他人的需要，得到他人的认同、接受，自己生产的商品才能与别人的商品实现交换，只有通过交换，自己付出的劳动才能得到回报，才不至于损失。

3. 交换目的

“天下熙熙，皆为利来；天下攘攘，皆为利往。”与他人进行商品交换，一方面是为了获得对方产品的使用价值、效用价值、稀缺性价值、外部性价值等，而不只是为了获得对方商品的劳动价值。对方商品的劳动价值、使用价值、效用价值、稀缺性价值、外部性价值必须能满足自己的需要，并且符合自己的劳动交换底线。如果交换只是为了获得劳动价值，自己的产品中本就有自己的劳动价值，只要直接占有、使用自己的产品即可，没有必要进行交换。如果交换价值只考虑商品所凝结的一般人类劳动即劳动价值上的差异，而不考虑商品所具有的使用价值上的差异即不同的使用价值，那么，交换同样无法发生，也没有必要发生。人们进行交换，主要是为了获得对方商品所具有的、与自己的商品所不同的使用价值。不同的使用价值，必然会在交换中、在交换价值上体现出来。客观事实是，交换主要是为了获得对方商品的使用价值，以满足自己的需要。

与他人进行商品交换，另一方面，是为了获得利润。只有获得超过自己劳动价值的交换价值，才能获得利润。自己商品所凝结的劳动量越低，而其使用价值等越高，才有获得利润的优势。只有借助于商品的使用价值、效用价值、稀缺性价值、外部性价值等，而不是商品的劳动价值，才能在交换中呈现出让人信服的优势，才能获得超过自己劳动价值的交换价值。商品所凝结的劳动价值越大，通常越难以成为获得利润的优势，反而会成为获得利润的劣势。

4. 交换的基本类型

（1）不同形态商品的交换

商品有多种形态，如劳动、物质商品、非物质商品、货币、正外部性等，使得交换相当丰富。

① 劳动与劳动的交换，农忙时农民之间换工就属此类交换。

② 物与物的交换。在货币出现之前，人们常常以物换物，以换取自己需要的物品。

③ 以货币为媒介的交换。

（2）不同档次商品的交换

① 高档商品与高档商品交换。两者通常有相似的劳动价值、使用价值、效用价值、稀缺性价值、外部性价值比重，但是，两者具体的使用价值、效用价值、稀缺价值、外部价值的内容是不同的，这使得不同的高档商品是可以实现交换的。

② 高档商品与低档商品交换。高档商品的劳动价值、使用价值、效用价值、稀缺性价值、外部性价值的比重通常比较高，而低档商品则相对低些。两者交换，也是各取所需。特别是在某些情况下，对高档商品的需求，有助于提高需求者的知识技能水平、品位，促进劳动力扩大再生产，促进劳动生产力提高，促进

社会生产力均衡。

③ 低档商品与低档商品交换。两者劳动价值、使用价值、效用价值、稀缺性价值、外部性价值的比重基本相近，但是，具体内容不同。

现实中、实践中，还有很多类型的交换，难以一一列举。

需要说明的是，上述交换类型只是理论上的、单纯的，现实的交换可能是多种类型的复合、混合，交换价值是这种复合、混合结果的呈现。

5. 影响交换的因素

影响交换的因素很多，难以全部罗列，主要有：社会化生产力不发达，商品不丰富，市场不公开，信息不透明，交换不便利、不安全等。

6. 影响交换价值的因素

（1）成本

成本即为生产和销售该商品所耗费的一切资源，包括劳动、原料、燃料、辅料、土地、货币资本、机器设备、工具、知识技能等。这些资源有些是生产经营者自有的，有些则是从外面采购回来的。无论是哪种情况，这些资源都是有交换价值的，是可以变现的。

成本中有一部分是所消耗的劳动，即商品所花费的社会必要劳动时间。交换价值必须能够弥补生产者为生产商品所付出的一般人类劳动，否则，劳动力再生产就难以为继，生产者或需求者就不愿意交换。比如，农民种粮食，如果交换价值无法弥补他付出的劳动、生产成本，他就不会去种粮食。

（2）使用价值

获得使用价值是生产和交换的主要目的，是影响交换价值的主要因素。通常使用价值越大，交换价值也就越大；反之亦然。正如北京大学晏智杰教授在其《劳动价值学说新探》中说的："使用价值与交换价值成正比增加""使用价值从一开始就是交换价值的前提，没有使用价值就说不上任何交换价值了"。[①] 从这一点上讲，在交换和交换价值中，具体劳动始终是在场的。

（3）效用价值

商品的使用价值是理论上的，而商品实际上还有一个效用价值，即实际的使用效果。如果实际使用效果好，商品的交换价值就高；如果实际使用效果不好，那么，商品的交换价值也就不高。商品的使用价值能否得到充分运用、发

① 晏智杰．劳动价值学说新探 [M]. 北京：北京大学出版社，2001:14.

挥，既取决于生产者，也取决于使用者，取决于使用环境、使用成本等诸多方面的因素。

（4）稀缺性价值

物以稀为贵。当商品的需求大于商品的生产和供给，导致商品供不应求，就出现稀缺的状况，在市场经济中，会出现价高者得的现象。

（5）外部性价值

不同的商品有不同的外部性，有的外部性好，有的外部性差，有的甚至是负外部性。外部性好的商品，其交换价值自然会相对高些；外部性差的商品，其交换价值自然会相对低些。

（6）交换双方的情况

交换价值由交换双方的具体情况共同决定，包括双方的交换意愿、承受能力、交易技巧、价值观念、情感等。

产品一旦进入交换领域、变成商品，其所具有的价值就转化成了交换价值、商品价值。交换价值不再由生产方单方面决定，而是由供给方与需求方共同决定；不再由该商品的生产者及其付出的劳动量单方、单因素决定，而是由交换双方、多因素共同决定。劳动量不再是商品交换价值的唯一影响因素，而只是众多影响因素中的一种。需求方对商品使用价值、效用价值、稀缺性价值、外部性价值和劳动量的认识、判断情况，需求层次、需求程度，承受能力等，都决定着交换价值。生产商品的劳动量大的，交换价值不一定就高；劳动量小的，交换价值不一定就低。商品各有所长，买卖双方各有所需，就看双方需要的价值能否对接上。当年，马云到肯德基去应聘，24 个应聘者中，只有他被淘汰，这不能说马云没有价值，而只能说马云所展示的价值不是肯德基所需要的。

7. 交换价值的构成

交换价值对需求方来讲，是必须有的可使用的价值；对生产方来讲，是自己的劳动付出能够得到合理回报的价值。商品具有的成本、使用价值、效用价值、稀缺性价值、外部性价值等对需求方有价值、有意义，因此，它们才是交换价值的构成部分，如图 3 所示。

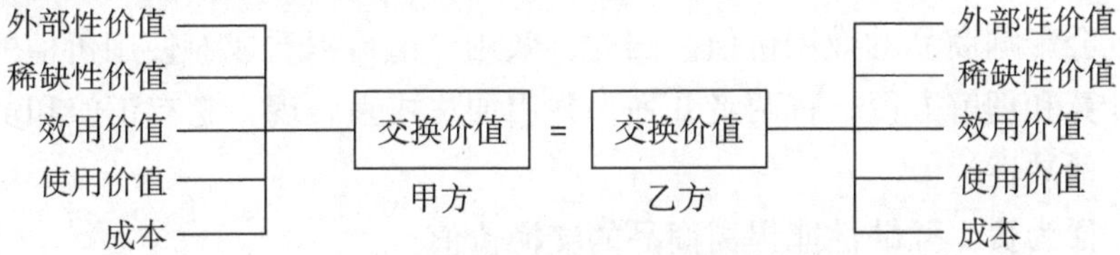

图 3　交换价值的构成

用系数法表示为：

交换价值 =（成本 + 使用价值）× 效用价值 × 稀缺性价值 × 外部性价值

其中：（成本 + 使用价值）表示的是，交换的一方不仅需要看中商品的成本或劳动价值，还需要看中商品的使用价值，成本或劳动价值是交换价值的底线。

用数值法表示为：

交换价值 = 成本 + 使用价值 + 效用价值 + 稀缺性价值 + 外部性价值

（1）成本

成本包括付出的劳动及原料、燃料、辅料、土地、资本、知识技能价值等。商品的劳动价值即生产该商品所消耗的无差别的一般人类劳动。商品是由人的劳动生产出来的，可以代替他人的劳动、节约他人的劳动。劳动价值是劳动的实际付出，是交换价值底线，低于这个底线，交换就很难发生，或很难继续发生。对于同种商品，劳动价值即劳动含量越低，越具有竞争优势。劳动量即劳动力所使用的体力与脑力劳动量，可由劳动力的生产和再生产成本来衡量，即可以把生产该商品所耗费的劳动转化成劳动力的生产和再生产成本。

（2）使用价值

商品有具体的用途、功能，能够满足他人的需要，对购买者有使用价值，且他人又无法生产，即使能生产，也可能成本过高、不经济。使用价值是价值的重要组成部分。交换的目的就是获得商品的使用价值。好东西就要卖得贵。使用价值是交换者的需求，是交换者的目标，是交换者的追求，使用价值直接影响交换价值，构成交换价值的主体部分。优质的使用价值在交换中可以转化成理想的交换价值。

（3）效用价值

商品对需求者来讲是有某种实际效用的，而不是"摆设"。效用价值与使用价值不同，使用价值是商品与生俱来的客观属性，而效用价值还取决于需求者的需求程度和使用程度。效用价值要求商品生产供应要适量，供过于求或供不应求都会影响商品的效用价值；要便于使用，注重改善用户体验；使用要适当，不当的使用也会影响商品的效用价值。因此，效用价值可以看成对使用价值的某种函数，为计算和理解方便，将两者并列，并用加法式来表现，它有正值和负值。

（4）稀缺性价值

物以稀为贵。稀缺性能提高商品的交换价值。

（5）外部性价值

商品供应者（生产者）有良好的社会声誉，价值观念与需求者一致，能给需求者带来认同感、荣誉感、自豪感等。外部性价值越正向、越高，商品的交换价值也就越高。

劳动价值和使用价值是交换价值之源，是效用价值、稀缺性价值、外部性价值的根本。效用价值、稀缺性价值、外部性价值是劳动价值和使用价值的延伸、衍生。

二、交换价值与相关价值的关系

1. 与使用价值的关系

使用价值是商品与生俱来的客观“天然”的属性，具有使用价值是具有交换价值的前提和条件。商品若没有使用价值，也就不可能被用于交换，也就没有交换价值。在市场经济中，交换的一方为获得理想的使用价值，达成自己的目标，就必须付出相应的交换价值；否则，无法获得理想的使用价值。这就是交换法则。在这个法则的支配下，使用价值就转化成了交换价值。使用价值越优良，交换价值就越大。

2. 与劳动价值的关系

没有劳动，就没有商品，就没有交换的发生。劳动价值是商品所凝结的一般人类劳动，它早于交换价值而呈现。劳动价值是确保劳动力能够实现自身简单的生产和再生产的最低补偿，是商品交换价值底线，因而具有很强的刚性。低于这个底线，就会出现亏损，交换就会停止，就没有人愿意生产商品，商品生产与供应就会停止。正常情况下，优质商品的交换价值会高于劳动价值，能使生产者的收入越来越高，生产越做越大，生活越来越好。

3. 与效用价值、稀缺性价值、外部性价值的关系

交换者不仅看商品的使用价值，还要看商品的效用价值、稀缺性价值、外部性价值等，这些价值在交换中也能转化成交换价值，成为交换价值的重要构成因素。

虽然交换价值大多早于效用价值而呈现，但是，效用价值也是交换价值的基础，因为有时购买者或使用者，会对商品先试一试、尝一尝，看看对自己有什么

具体的使用价值和效用价值，再决定是否购买、使用。效用价值越大，交换就越多；反之亦然。

相对于需求来说，如果有效供应不足，就会造成商品的稀缺性加强，商品价格上涨、交换价值提高。也就是说，稀缺性价值会在交换中转化成交换价值，从而刺激生产和供应，最大可能地满足人们的需要，造福于需要的人们。

正外部性价值在市场中同样可以转化成商品的交换价值。中央电视台农业节目曾报道，河南夏邑县有个叫王飞的青年农民，用野生毛桃作为砧木，嫁接金太阳杏，结出了个大味美的桃杏。王飞本以为桃杏可以卖个好价钱，可是，市场并不认同，消费者以为他施用了激素——果实膨大剂。当年，果子只能免费送人吃。经过他广泛的宣传，第二年，桃杏才被市场接受。在市场中，商品拥有正外部性价值可以满足人们的某种精神文化需要，可以吸引人们对该商品产生需求，从而使外部性价值转化为商品交换价值的一部分，转化为商品价值。正外部性越强，商品的交换价值越大，这种正向的互馈机制甚至有很强的放大性。正外部性转化成交换价值，可以鼓励人们为社会创造更多的正外部性价值，为社会创造更多的正能量。

交换的目的通常是具体、明确的，就是获得对方商品的使用价值、效用价值、稀缺性价值、外部性价值。交换价值通常是以劳动价值、使用价值、效用价值、稀缺性价值、外部性价值为基础的，是劳动及商品的使用价值、劳动价值、效用价值、稀缺性价值、外部性价值的重要实现方式。有些情况下，交换者只考虑获得自己想要的某种使用价值或效用价值，而忽视了商品的其他使用价值或效用价值；只看到商品的使用价值、效用价值中的“树木”，而没有看到商品的劳动价值、使用价值、效用价值、稀缺性价值、外部性价值的“森林”。也就是说，交换价值有可能体现的是商品的全部使用价值、劳动价值、效用价值、稀缺性价值、外部性价值，也有可能只是体现商品的部分劳动价值、使用价值、效用价值、稀缺性价值、外部性价值。即使是在交换时以商品的全部劳动价值、使用价值、效用价值、稀缺性价值、外部性价值为交换对象，在使用时也不一定完全使用了该商品的全部劳动价值、使用价值、效用价值、稀缺性价值、外部性价值，比如，餐桌上的浪费。

效用价值是商品实际使用后的实际作用、效果和使用者的感受，因此，交换价值通常是发生在效用价值产生之前，而不是之后。这就造成了效用价值与交换价值脱节的情况，两者可能不完全一致。实际的效用价值可能大于、等于，也可能小于交换时预想的效用价值，三种情况都可能存在。许多情况下，交换价值中的效用价值也只是预想的效用价值，而不是实际的效用价值。

尽管使用价值是人类的追求，是交换价值的前提，但是，劳动价值仍然是人类生存和发展的基础条件，是人类一切财富的源泉，劳动价值通常会对价格发生基础性作用。

4. 与非商品价值的关系

非商品价值一旦被商品生产活动吸收和使用，就会融合到商品生产和商品价值中，再也难以再从商品的交换价值中分离出来。

① 非商品价值被劳动者吸收，构成了劳动者的劳动能力、劳动生产力和劳动效率，影响劳动者的劳动生产能力和劳动生产效率，影响劳动者的产品生产成本，并在生产产品时，转化和构成商品价值，构成商品的交换价值。在以货币为商品交换媒介时，卖方可能认识到自己商品所凝结的非商品价值，就会以较有利于自己的价格出售；而买方如果看到对方商品所具有的某种超值的非商品价值，也可能愿意支付更多的货币以获得该商品的非商品价值。

② 非商品价值形成商品品质优势。比如，生产者对产品进行了更多的人性化设计，将社会审美观、价值观、道德观等融入产品设计、生产中，从而增加商品的社会亲和力。

③ 非商品价值形成价值增值优势，也就是形成使用价值、效用价值、稀缺性价值、外部性价值等方面的优势。

④ 非商品价值形成成本优势。利用更多的非商品价值进行商品生产，会降低自己的商品生产成本，从而形成成本和价格优势。

⑤ 非商品价值形成市场优势。如，把准了政策和市场机遇，利用政策和市场风口，获得了政策支持，抓住了市场需求，从而使产品被市场接纳。

⑥ 非商品价值成为利润的重要部分。运用非商品价值去生产某种商品，可能产生商品使用价值优势、交换价值优势、价格优势，并可能形成利润优势。

⑦ 非商品价值可能成为交换实力的一部分。

⑧ 非商品价值可以让交换者找到理想的交换对象。非商品性市场信息、外部性宣传、交换方式方法等通常有利于交换者找到理想的交换对象，从而可以让非商品价值融入交换价值中。

三、交换中的比较——交换价值形成的重要机制

1. 横向比较

① 与同类生产者比较。生产者会观察学习同行、货比三家、价比三家、博采众

长，会与同类商品的其他生产者进行比较，既观察、比较商品质量、性能、价格等，又比较生产成本、生产工艺、生产效率等，在观察中比较，在交流中比较，在比较中借鉴，在比较中判断。

② 与同类销售者比较。看同类商品的质量、技术水平、优势与劣势、销售策略、价格策略等。

③ 了解需求者的评价。即了解购买者、使用者的意见和建议、对同类商品的比较，看他们对同类商品的实际使用效果、价格、售后服务等情况如何评价。

2. 纵向比较

看新商品与旧商品之间的功能差异、技术差异、劳动差异、市场差异等，从而分析判断新商品可能的交换价值。

3. 内向比较

即与自己的生产能力、承受能力进行比较，与自己的需求目标进行比较。

4. 比较是交换价值的形成机制

交换价值既不由生产者决定，也不由需求者决定，而是由供求双方，甚至包括无利害关系的第三方等在市场中反复比较后达成的共识，这就是交换价值形成的机制。这个机制与劳动价值形成的机制不同。产品进入市场，进入交换领域，既要遵循劳动价值由商品所凝结的无差别的一般人类劳动决定的劳动价值形成机制，又要遵循商品的市场价值、交换价值由多方共同决定的市场机制，尊重商品不同的使用价值、效用价值、稀缺性价值、外部性价值对价格的影响，并把两种机制、多元价值有机地统一起来、融合起来。

第二节　交换价值实现的条件是什么

1. 有交换的现实需求

因为资源禀赋不同、个人因素不同，因为有社会分工，劳动者们生产出了不同的商品。为了获得与自己的商品有所不同的商品，满足自己的某种需要，人们需要进行商品交换。就需求方而言，如果对某种商品需求越强烈，而自己又无法生产该商品，那么，就会愿意付出更多的交换价值；就出售方而言，如果出售的意愿相对更强烈些，就会降低交换价值出售。但是，劳动者都希望交换后，自己付出的劳动没有损失，这就是底线；否则，就觉得亏了。

2. 有产品所有权、处置权

如果不拥有产品所有权、处置权，就不能进行交换。

3. 有可供交换的商品

可供交换的商品就是交换的对象，也是交换价值的载体。有了交换对象和交换价值载体，交换价值才有落脚点，才有依存物，才可以进行实实在在的交换。

4. 有差异的使用价值

如果商品之间没有差异，就不需要交换。买卖双方的商品必须具有不同的使用价值或效用价值，能满足对方的实际需要。有些商品，即使有很好的使用价值，如果不能满足对方的需要，也无法实现其交换价值。

专业化的生产有利于提高商品质量和生产效率，降低商品成本，从而产生质量和成本方面的比较优势，有利于交换的发生。

5. 有交换双方

交换必须有交换双方，交换价值只有在双方都认可、接受的情况下才能实现，因此，交换价值是交换双方博弈的结果。在市场交换这个大环境下，交换双方必须都对对方的商品感兴趣、有需求。如果仅有一方，交换就无法发生，交换价值也就无法实现。

6. 有信息扩散（外部性）和必要的交换知识技能

交换双方应当有适当的表达交换意愿的方式、合适的交换方式和适度的交换成本。卖方要能知道有买方，买方要能知道有卖方。卖方的交换信息要能够抵达买方，买方的交换信息要能够抵达卖方，双方相互理解交换意愿，了解彼此的产品。交换双方的意愿、产品要有外部性，即向外部表达交换的真实意愿、交换意愿信息能够得到有效的对外扩散，双方的产品要能够让对方认识、了解。如果一方不了解、不理解另一方的交换意愿，表达内容得不到对方的理解，交换也难以进行。小微企业要规范管理，提升正外部性，为融资创造条件。交换成本也要适度。

交换双方都要掌握相应的交换知识、信息、技能等，以便能更好地实现交换。

7. 有交换场所

让交换双方有场所表达自己的交换意愿，有场所进行商品交换，有一定的交换媒介，有一定的方式完成交换，是交换场所必须具有的功能。交换场所必须有助于交换的进行，必须便于交换。

过去，“一手交钱、一手交货”；今天，交换场所、交换方式已发生了巨大的变化，手机看货、订货、支付、结算、工厂发货、快递送货……商流、物流、资金流、信息流相互融合，出现了许多商业“新物种”。

交换场所通常以方便交换、降低交换成本（包括风险）为目标。

8. 对商品的相互了解

交换双方通常不是盲目的，而是需要对对方商品有某种程度的了解，才进行交换。如果双方都对对方的商品不了解，就不会进行交换。

9. 有双方互信

商品经济就是诚信经济，双方互信是交换成功的重要条件。谁先交付商品，谁后交付商品，商品如何使用，商品的质量、性能是否有保障，商品出现质量问题之后如何处理，等等，这些问题的处理都需要建立在互信基础上。互信不是凭空而来的，而是需要实践的积累，需要经过实践检验的。

10. 法律制度

随着交换的扩大，交换规则就出现了。市场经济是法治经济，必须有各种各样的规则，必须有法可依、有法必依、违法必究。所有人都要遵守市场中的法律制度，否则，市场经济将是混乱的。政府要健全法律制度，完善市场机制，当好市场经济的守护神，促进市场公平有序健康发展。市场的秩序、法治状况如何，体现的是政府对自己职责履行得如何。

第三节　交换有什么失与得

一、交换的失

商品拥有者在交换的时候，需要把自己拥有的商品移交给对方，交换双方就会失去自己原来拥有的商品，而换得对方拥有的商品，因此，“失”的是自己原来拥有的商品，只有这样，才能得到对方的商品。

二、交换的不失

有的时候，交换并没有使自己失去交换对象。

1. 劳动量不失

甲用普通大米与乙交换普通苹果，他们所付出的劳动都没有损失，而是通过换得的商品继续拥有着，因为，它们的交换价值中包含的主要是劳动价值，它们的交换一般遵循劳动价值相等的交换原则。

劳动不损失，还可以看成成本不损失，必须能够全部回收，否则，再生产就不得不缩小，长此以往，再生产就难以为继。

2. 知识不失

比如，专利技术拥有者把专利技术卖给他人，卖技术的人其实并没有失去专利技术，只是卖者不得把专利技术再卖给他人。涉及知识信息等的交换，通常不会让知识信息的出售者失去其所拥有的知识信息，因为知识是可以复制的。要想获得知识真正的所有权，还得自己创造知识。

3. 付出的商品成本不失

通过交换，把自己付出的成本收回来了。

4. 知识递增、能力递增

劳动力在实践中获得的知识是递增的，同时，原有劳动能力还是能保持的，甚至能新增部分劳动能力，使劳动能力呈递增态势。有的工人为老板打工，付出了自己的劳动，不但获得了工资报酬，还学到了技术，增长了才干，实现了知识的增长和能力的提升。

5. 有利于扩大生产

如果从交换中得到自己想要而又无法生产的东西，得到比自己生产要更好、更高效、更划算的东西，得到对自己有益的东西，如知识、信息、技能等，这样的交换，有利于扩大的生产和再生产。

三、交换的得

1. 得到需要的价值

通过交换，双方都得到了对方商品的劳动价值、使用价值、效用价值、稀缺性价值、外部性价值等，特别是得到了对方商品的使用价值。

2. 得到对方的知识

通过交换，得到了对方商品所承载的知识、技术、信息等的使用价值和劳动价值，得到对方商品的外部性、行为的外部性，得到了对方的价值观；增进了双方的相互了解；并在交换过程中得到了经验、体验，得到市场信息等，增长了自己的知识。从事低端劳动的劳动力，通过产品或劳动交换，熟悉并学习他人商品中的知识，就有可能成为高端的、扩大的劳动力，如许振超、窦铁成。

3. 获得盈利

通过交换，把自己的劳动转化成货币财富，在扣除成本后，还可能有一定的盈余。

四、交换价值构成的非对称性

交换双方都是为了获得对方商品的某种价值而进行交换的，虽然双方遵循市场交换价值相等的等价交换原则，但是，双方商品的价值构成，即交换双方各自商品的劳动价值、使用价值、效用价值、稀缺性价值、外部性价值等，不一定是一一对应等价的，而可能是非对称、非对应、非等价的，即可能存在某个或某些项目价值比重高，而另外一些项目价值比重低的情况。至于哪次交换是非对称、非对应、非等价交换，需要具体问题具体分析。比如，水果苹果与苹果手机的交换，双方在劳动价值、使用价值、效用价值、稀缺性价值、外部性价值等方面不会是一一对应等价的，而是有差异的。通常，大路货的劳动价值比重要高些，新产品、稀缺产品的使用价值、稀缺性价值、外部性价值等的比重要高些。总体上看，用常见商品交换新商品，获得新商品的一方得到的使用价值、效用价值、稀缺性价值、外部性价值等要多些，而得到常见商品的一方获得的劳动价值会相对多些。而且，不对称、不等价交换通常不是静止的、固定的、稳定的，而是运动的、变化的、发展的，是不断被均衡的。因而，对于不对称交换，还必须发展地看、动态地看、长时间地看。也就是说，等价交换的两种商品，虽然交换价值上是相等的，但是它们在劳动价值、使用价值、效用价值、稀缺性价值、外部性价值方面可能是不相等的，这可称为“等价不等效”。最典型的“等价不等效”是“一字值千金”。“字”与“金”是不同的产品，“金”历来都是很贵重的产品，但是有时，比黄金更贵重的是“字”，是知识，两者在使用价值、效用价值、稀缺性价值、外部性价值等方面是不同的。

“等价不等效”体现在处理发展教育与发展经济的关系上，就是“再穷不能穷教育，再苦不能苦孩子”。中国人知道学习他人知识的重要性，知道教育的重要性。许多贫穷的家庭非常重视子女的教育，知道“知识能改变命运”的道理，即使砸锅卖铁，也要送孩子去上学。“锅”“铁”与知识是“等价不等效”的。锅是生活必需品，但是，为了取得知识的使用价值、效用价值、稀缺性价值、外部性价值，宁愿用其换取知识。

第四节 交换价值隐含了哪些内容

一、交换价值隐含了生产者的劳动

商品凝结了生产者付出的劳动，交换价值中包含了生产者付出的物化劳动，即具有劳动价值。通过交换，生产者的物化劳动被转化成商品性财富，转化成货币收入。也就是说，通过交换，交换者的劳动转换了表现形式。

二、交换价值隐含了商品成本

交换价值包含着生产者为生产该商品所花费的商品性成本，比如，面包里一定包含着面粉的成本。交换价值只有包含生产成本，才能符合生产者的基本要求，才符合价值不损的要求。如果面包里不包含或不全包含所使用面粉的成本，那么，生产经营活动就可能出现损失，劳动力的生产和再生产就无法持续循环，生产和交换就会停止。

三、交换价值隐含了利润来源

交换价值的形成不仅要依据商品所凝结的劳动，还要依据商品的使用价值、效用价值、稀缺性价值、外部性价值等，以获得更多的回报。这个更多的回报就是利润。利润不是公开、单独呈现的，而是隐含在交换价值之中的，是交换价值大于活劳动价值与物化劳动价值之和的部分。

交换是一种利益博弈活动。交换价值中有无利润，既取决于生产者的生产经营管理水平，又取决于双方的博弈，取决于市场供求关系等外部环境因素。只有既善于生产，又善于交换的交换者，才可能获得理想的利润；否则，很难获得理想的利润，甚至连投入的活劳动和物化劳动成本都难以收回。也就是说，在市场经济中，利润并不一定向着资本所有者流动，资本所有者并不一定就有从市场交换中获得利润的优势，特别是产品由短缺变成过剩、市场由竞争不充分变成竞争充分时。商品拥有较高的使用价值、效用价值、稀缺性价值、外部性价值等，交换者又善于在交换中展现自己的优势、利用自己优势，才有可能从交换中获得盈余。

第五节 什么是等价交换

一、交换价值等价交换

1. 交换价值相等

在市场经济条件下，交换价值由商品生产成本、使用价值、效用价值、稀缺性价值、外部性价值构成，其中，商品所凝结的一般人类劳动即劳动价值和其他货币化成本是商品生产成本的重要组成部分。商品的劳动价值、使用价值、效用价值、稀缺性价值、外部性价值同商品的劳动价值一道，都可以转化为交换价值。只要交换双方的交换价值相等，就是遵循了等价交换原则。

2. 交换价值构成项目不一定对应等价

交换双方可以根据各自的需要，从对方那里获得自己需要的价值项目，比如，甲方需要更高的使用价值，或更高的劳动价值，或更高的效用价值，或更高的稀缺性价值，或更高的外部性价值；乙方需要得到更多的能流通的货币。有的人喜欢手工绣品，认为这体现了人的劳动价值；而有的人认为机器绣品更美观，质量更高。

也就是说，即使是交换价值相等，交换价值的构成项目可能并不完全一一对应等价；即使是生产成本构成项目，也难以一一对应等价。不同的商品，其交换价值可能有不同的构成项目和构成比例，但是，双方商品的交换价值总和是相等的，否则就难以成交。

二、劳动价值等价交换

双方商品所凝结的无差别的一般人类劳动量相等，没有差异。这种交换，不考虑双方商品在使用价值、效用价值、稀缺性价值、外部性价值方面的差异，只考虑双方商品所凝结的一般人类劳动量是否相等，以商品所凝结的一般人类劳动量相等为交换原则。这种交换，只要所凝结的劳动量不相等，就难以实现。农民换工就遵循这一原则。

三、两种等价交换原则适用的环境通常不同

1. 交换价值等价交换原则适用于技术不充分均衡的市场

按交换价值实行等价交换的，适用于技术不均衡，一方存在某种技术优势的情况。比如，一方有先进的技术、良好的管理优势等，导致商品的质量更高，性能更优良，商品的附加价值高；而另一方生产的只是大路货，商品的附加价值低，导致双方商品的交换价值构成具有一定的不同。

市场通常是不均衡的，这主要是创新优势造成的，是人的劳动效率、劳动能力、创新能力不均衡造成的。在目前的情况下，人类社会不能抑制创新造成的差异，也就难以做到完全的均衡。

2. 劳动价值等价交换原则适用于技术充分均衡的市场

劳动价值等价交换适用于市场公开透明、竞争充分、技术均衡的情况。比如，农民互换产品，交换双方相互了解，劳动公开透明，甚至相互帮工，相互学习技术并不困难，技术均衡的实现没有障碍。

市场总是由不均衡向均衡发展变化的。创新的生产者一开始都有自己的优势，这种优势在市场上就表现为市场不均衡。当竞争导致这种优势被市场均衡之后，商品的使用价值、效用价值、稀缺性价值、外部性价值等附加价值优势就逐渐丧失，商品的交换价值就回归到商品所凝结的一般人类劳动这个层面。这个时候，交换双方就遵循劳动价值等价交换的原则。比如：在很少有人生产纯净水的时候，生产纯净水就有技术优势，产品附加价值也较高；当满街都是瓶装纯净水时，纯净水的附加价值就相当低，其交换价值主要构成就是其所凝结的无差别的一般人类劳动，这个时候，等价交换就遵循劳动价值相等的原则。

第六节　交换双方有哪些考虑

在货币媒介下，持有货币的一方需要用货币购买商品，称为买方；持有商品的一方需要将商品出售以换回货币，称为卖方。

一、卖方的考虑

卖方需要考虑两个方面。

一方面，要考虑自己投入的生产成本即物化的劳动价值和新付出的劳动即活劳动价值能否收回，能否实现劳动力简单的生产和再生产。如果可能，还希望换回更多的价值，让自己的生产劳动有一定的盈利，让自己生活得更好些，以实现劳动力扩大的生产和再生产。

另一方面，要考虑对方货币的市场价值与自己商品的市场价值是不是等价的，交换是不是值得的，即需要多少货币才能换走自己的商品。虽然保持币值的基本稳定是政府的重要职责，但是，货币的市场价值通常也是波动、变化的，有时升值，有时贬值。

二、买方的考虑

买方同样要考虑两个方面。

一方面，要考虑自己买到的商品的价值是不是自己需要的，会给自己带来什么效果。这个价值，包括商品所凝结的可替代自己的劳动即劳动价值，商品的使用价值、效用价值、稀缺性价值、外部性价值等。如果换回的商品与自己付出的商品具有一一对应等价的可替代自己付出的劳动的劳动价值、使用价值、效用价值、稀缺性价值、外部性价值，说明双方产品处在同一档次，但产品功能有所不同。只有换回的价值在结构、功能等方面与自己的商品有显著不同，才能增加交换的必要性，交换才能完成，比如，农民用包含了自己劳动价值的大米从市民手中换回具有不同于大米使用价值的货币，或具有不同于大米使用价值、效用价值、稀缺性价值、外部性价值的手机等。

另一方面，要考虑这个商品的市场价值与自己付出的市场价值是不是相等，这次交换是不是合算的，是不是实现了市场价值的等价交换。如果换回的市场价值小于自己付出的市场价值，交换是不划算的，要么就会终止生产经营，不再进行交换，要么就会改进生产，提高自己的劳动生产力和生产率，以在下次交换中获利。

三、综合买卖双方的考虑

1. 列表表示双方的综合考虑

从上述的分析中可以看到，买卖双方考虑的问题是不相同的，他们的需要是不相同的，如表 1 所示。

表 1　买卖双方考虑的问题

买方考虑获得商品的	卖方考虑收回
1. 使用价值	1. 付出的活劳动
2. 效用价值	2. 投入的物化劳动即原料等成本
3. 稀缺性价值	3. 获得适当的利润
4. 外部性价值	
5. 可替代自己付出的劳动（劳动价值）	

其中，付出的活劳动和投入的原料等成本，共同构成商品生产成本。

买卖双方既考虑能够得到自己需要的使用价值，又考虑自己的价值得到收回，双方这样的考虑，使得各自拥有的商品的价值转化成交换价值。也就是说，买方获得的商品的价值，是商品的成本价值、使用价值、效用价值、稀缺性价值、外部性价值的综合，买方付出的价值应与得到的这个商品的综合价值是等价的。卖方得到的价值，应与自己付出的商品的综合价值相当，应能弥补自己付出的生产成本、投入的活劳动，以及获得适当的盈余即超量货币。但是，买卖双方一定是为了获得不同的成本价值、使用价值、效用价值、稀缺性价值、外部性价值等而进行交换的，双方商品虽然在交换价值上是相等的，但通常是“等价不等效”的。这可称为“需求不对称”，这就是技术应用者常常受制于技术发明者的原因。

在货币媒介社会，为什么通常没有人考虑或质疑货币的劳动价值、使用价值、效用价值、稀缺性价值、外部性价值等即货币的交换价值、市场价值呢？因为，货币是人们在长期的实践中形成的、被社会公认和广泛接受、通行的标准化的价值，是政府公信力的体现，一般不需要在每次交易中都质疑、比较，否则就不是通行的货币了。

2. 按照底线思维列表表示双方的考虑

表 2　买卖双方基于底线思维考虑的问题

<table>
<tr><td>买方考虑获得商品的</td><td>卖方考虑收回</td></tr>
<tr><td>上方</td><td>上方</td></tr>
<tr><td>5. 外部性价值（上层）</td><td rowspan="4">2. 获得适当的利润（上层）</td></tr>
<tr><td>4. 稀缺性价值（上层）</td></tr>
<tr><td>3. 效用价值（上层）</td></tr>
<tr><td>2. 使用价值（上层）</td></tr>
<tr><td>1. 成本（底线）（底层）</td><td>1. 成本（底线）（底层）</td></tr>
<tr><td>底部</td><td>底部</td></tr>
</table>

在表 2 中：越接近底部的，就越具有刚性，通常是不能有闪失的；越接近上方的，越是利润的空间，也是交换价值可以波动的空间。

这种交换就是我们所说的不对称交换，因为双方提供的价值和获得的价值在构成项目上并不相同。虽然这种交换是不对称的，但却是等价的，可称为等价不对称交换或不对称等价交换。

四、商品价值的基本构成

1. 价值的基本构成和等式

从上述分析中可以看到，商品价值的基本构成包括但不限于成本、使用价值、效用价值、稀缺性价值、外部性价值等，其中，成本、使用价值是基础性价值，效用价值、稀缺性价值、外部性价值等是成本、使用价值的延伸和衍生，它们既受制于成本、使用价值，又在一定程度上脱离于、独立于成本、使用价值。因此，商品价值构成可用等式表述为：

商品交换价值 = 成本 + 商品的使用价值 + 商品的效用价值 + 商品的稀缺性价值 + 商品的外部性价值

有的人可能认为，成本与商品的使用价值、效用价值、稀缺性价值、外部性价值是不同类型的价值，不能直接相加。持这种观点的人可能认为只有成本可以量化，而商品的使用价值、效用价值、稀缺性价值、外部性价值等不可量化。其实，在我们所看到的市场上，所有进入市场的价值都是可以量化的，而且是可以用货币量化的，比如，一台电脑与一斤苹果虽然不能直接相加，但两者都可以转化成货币计量单位，就可以相加了。市场就具有这种转化机制和转换能力。市场就是大熔炉，一切商品进入市场，都能被这个大熔炉熔化成统一的、标准化的市场价值即货币价值。不能交换的东西就会退出市场。

在现实中，活劳动也要物化到商品中，与原料等的物化劳动共同构成商品的物化劳动即物化劳动价值。人们通常把除商品所凝结的劳动价值即物化劳动价值之外的价值表述为附加价值，因此：

商品交换价值 = 物化劳动价值 + 附加价值 = 成本 + 附加价值

附加价值 = 使用价值 + 效用价值 + 稀缺性价值 + 外部性价值

增加商品的附加价值，就是要增加商品的使用价值、效用价值、稀缺性价值、外部性价值。循着这个思路，生产者就知道如何去增加商品的附加价值了，就是要不断改进商品的生产经营管理水平和生产技术、产品品质等，提高商品的使用价值、效用价值、稀缺性价值、外部性价值。而要改进商品的生产经营管理水平和生产技术、产品品质等，就必须多观察学习；多总结实践经验；多吸收知识劳动成果，多应用先进的科学技术，多掌握市场情况，把准市场需要，按市场需要进行生产，使商品具有独特的使用价值、效用价值、稀缺性价值、外部性价值，成为受市场追捧的商品。

2. 劳动价值的基本构成

① 商品的劳动价值 = 活劳动价值 + 物化劳动价值

物化劳动最初也是由活劳动物化而来的，并且，商品一经生产出来，生产该商品的活劳动就变成了物化的劳动。因此，这个等式又可以表述为：商品的劳动价值 = 物化劳动价值。

② 商品的劳动价值 = 投入的活劳动价值 + 由活劳动转化的商品物化劳动价值 + 由活劳动转化的非商品物化劳动价值

这个等式考虑了活劳动要吸收的非商品性劳动价值和商品性劳动价值——所投入的商品成本或购买的原料等成本。劳动者在劳动中会吸收、转化一些非商品知识、信息、物质、能量等到新的商品中。这些非商品知识、信息、物质、能量等的价值又构成了新商品的价值，成为新商品的价值中的一部分。

③ 商品的劳动价值 = 投入的活劳动价值 + 由活劳动转化的物质的商品物化

劳动价值 + 由活劳动转化的非商品性的物质产品的物化劳动价值 + 由活劳动转化的非物质的商品物化劳动价值 + 由活劳动转化的非物质的非商品物化劳动价值

因为商品可以分成物质商品和非物质商品，非商品也可以分成非商品性的物质产品和非商品性的非物质产品。

④ 从商品生产角度讲，活劳动价值和物化劳动价值可以看成为生产商品付出的成本，是劳动力实现简单再生产的必要条件，是必须收回的，可以说，劳动价值就是成本，成本就是劳动价值。劳动价值是必须收回的，否则，劳动力的生产和再生产就无法继续，企业的再生产就无法继续，因此，可用等式粗略地表示：

商品的劳动价值 = 商品生产成本

3. 从复杂劳动与简单劳动的关系看商品的价值构成

商品的价值 = 物化劳动价值 + 使用价值 + 效用价值 + 稀缺性价值 + 外部性价值等

= 物化劳动价值 + 附加价值 = 成本 + 附加价值

= 简单劳动价值 + 复杂知识价值

复杂劳动可以分解成“简单劳动”和“复杂知识”两个部分，正如前文中德国工程师说的，画一道线值 1 美元，而知道为什么画线、在哪里画线值 99999 美元。简单劳动只能创造简单的、不变的劳动价值，只有复杂劳动才能创造出更多的、超过自身所付出的劳动价值的价值，商品的附加价值只能由复杂劳动创造出来，而不可能由简单劳动创造出来。

对上述等式进行调整，得：

物化劳动价值 + 附加价值 = 简单劳动价值 + 复杂知识价值

通常情况下，附加价值对应复杂的知识价值，劳动价值对应简单劳动价值，则有：

物化劳动价值 = 简单劳动价值

附加价值 = 复杂知识价值

五、卖方获得的价值构成

1. 活劳动价值

卖方首先要考虑保证自己付出的活劳动能收回，这是交换价值的底线。活劳动在市场到底有没有价值，有多大的价值，取决于交换双方的需要，取决于市场供求关系。也就是说，不是所有活劳动都能被交换对方认可、接受，都有价值。

2. 物化劳动价值

卖方还要考虑收回所投入的商品生产成本，主要是外购的商品性成本，这些成本通常都是物化劳动转化而成的，是用价值交换来的，也是交换价值底线构成的部分。同活劳动一样，物化劳动到底有没有价值，有多大价值，取决于交换对方的需要，取决于市场供求关系。也就是说，不是所投入的全部物化劳动都能等额转化成新价值，而是要看对方认可多少、接受多少。

3. 适当的利润

利润是用货币计算的，是货币化盈余的呈现。卖方有货币收入，因此，卖方可以计算自己的利润。卖方以自己利润最大化为目标，要在获得劳动价值之外，力求获得“更多的价值”，这个“更多的价值”是借助于商品的使用价值、效用价值、稀缺性价值、外部性价值等具有的优势获得的。这个“更多的价值”就是附加价值、就是利润。买方也可基于所购商品的价值来测算未来可能转化回来的收入。如果没有特殊的使用价值、效用价值、稀缺性价值、外部性价值等附加价值，要想在交换中获得比劳动价值更多的价值，就缺乏交换博弈的优势。只有商品具有客观的优势，交换博弈才有优势，才能换回更多的价值，才能形成利润的来源。同时，博弈也需要技巧，也需要掌握充分有效的知识、技能。拥有熟练交换知识、技能的一方，通常会在博弈中占有优势。

4. 交换价值发生波动不等于物化劳动价值发生波动

从上述的分析中我们得知，物化劳动价值只是交换价值中的一部分，而不是交换价值的全部。交换价值变化，首先影响的是附加价值，是利润，而不是物化劳动价值。只有当商品的交换价值中没有或很少有附加价值，没有或很少有利润时，当交换价值向下波动幅度过大时，才可能直接触及物化劳动价值，损伤物化劳动价值。如果商品的交换价值中有较高的附加价值层、较高的利润层，当交换价值向下波动时，首先影响的只是商品交换价值的附加价值层、利润层，而不是物化劳动价值层。

六、另外两种交换情景

上述交换，讲的是只有一方商品有附加价值，现实中，还存在下面两种情景。

1. 交换双方商品都有附加价值

表 3　交换双方商品都有附加价值的情况

甲方	乙方
5. 外部性价值	5. 外部性价值
4. 稀缺性价值	4. 稀缺性价值
3. 效用价值	3. 效用价值
2. 使用价值	2. 使用价值
1. 成本（物化劳动价值）	1. 成本（物化劳动价值）

这种交换省略了货币作为交换媒介。这种情况下的交换双方，都希望从对方商品中获得自己想要的附加价值，从而增加自己的价值，特别是获得对方商品所具有的知识、信息的使用价值。比如，苹果公司从其他公司采购并使用先进的芯片，这有助于提高苹果手机的附加价值。一些人常常参加高端学术会议，这有利于他们相互学习、相互吸收对方高端的附加价值，从而使自己保持高端或变得更高端。

2. 交换双方商品都没有附加价值

表 4　交换双方商品都没有附加价值的情况

甲方	乙方
1. 成本（物化劳动价值）	1. 成本（物化劳动价值）

这通常发生在简单、低端、普通、竞争充分均衡的大路货之间的交换。如，粮农用普通大米与菜农交换普通蔬菜，他们的商品都没有什么附加价值。

附加价值降低，是市场均衡化过程的体现，特别是先进技术由垄断变为大众化，附加价值和价格通常就会随之下降。

表 3 和表 4 中都没有列出活劳动价值，其实，活劳动价值在交换时也可以看成物化劳动价值。

七、交换存在附加价值的积极意义

附加价值，其实就是知识的价值，它包括但不限于情感、道德、法制等方面的社会价值。知识的不平衡导致商品附加价值的不平衡。附加价值在交换价值中占比高的，表明利润率也高。而利润率高，则会驱使人们去努力追求，从而引起劳动和资源投向的调整。同时，因技术先进、道德高尚等原因引致附加价值高、利润率高，表示交换者从中获得了更多的能够满足自己需要的价值，也表明劳动分量降低，从而可以解放劳动者，使劳动者的劳动更轻松，有更多的自由支配时间。交换中存在附加价值，有其现实的积极意义。

1. 可以各得其所

买卖双方都想得到自己想要的使用价值。通过自主交换，双方都得到了自己想要的东西，都满足了自己的交换需要，双方都能从交换中受益。正常情况下，如果交换对一方可能是有损的，那么，交换一般就不会发生，或一般不会再发生。对一方持续有损的交换，就不是市场自由的交换，而是非市场交换，就可能产生其他问题。正常的市场交换中，双方是自由自主的交换主体，这样的交换通常是各得其所。

2. 可以实现互利共赢

自由自主的交换通常是互利互惠的，如果不是，交换就无法实现。交换双方通过交换，都获得了自己想要的价值，都满足了自己的需要。一方可使自己的价值得到实现，甚至可能获得一定的利润；另一方可能获得了自己需要的使用价值，使自己的知识、技能得到增加，使自己的生产和再生产得以持续，甚至扩大。

3. 可以促进知识的相互交流学习

知识总是在人与人之间不断流动。落后的人会努力学习先进知识，因此，先进的知识，总会向落后的主体流动。比如，农民生产的低端农产品的附加价值低，而农业科学家生产的优质种子、创作的农技书籍附加价值高，农民购买农技书籍，可以学习书中的农业技术知识。

4. 可以促进知识的优胜劣汰

积极的、对人类社会有益的知识能得到社会的认同、追求、学习，而消极的知识会被社会抛弃、回避，这就形成了知识的优胜劣汰。在交换中，人类会追求、交换积极的知识，而会抛弃、回避消极的知识，这是人类社会的自净能力，也是交换的重要功能。

5. 可以促进主体共同进步

学习了别人的知识，就使自己掌握了更多的知识。学习了别人先进的知识，就使自己得到进步。农民学习了先进的农技知识，就会提高自己的生产能力。先进的一方并没有因为被他人学习而变得落后，但是，落后的一方因为学习了先进，能变得先进，这就是先进带动落后共同进步。大家相互学习，社会就会共同进步，社会生产力就会得到整体性提高。

6. 可以促进知识均衡

没有附加价值的一方会努力学习，追求知识。在有附加价值的交换中，交换双方拥有的知识是不均衡的。通过交换，知识会由附加价值高的一方向附加价值低的一方流动，从而使附加价值低的一方掌握更多的知识，甚至可以与附加价值高的一方所掌握的知识达到均衡。

7. 可以促进知识创新

很多知识创新的灵感，都是在知识的交流中产生的。

8. 可以促进产品优胜劣汰和生产力进步

优质产品有更高的附加价值，劣质产品很少有附加价值。人们会追求优质产品而淘汰劣质产品。追求优质产品促使人们应用先进技术和生产力，从而使先进技术和生产力得到推广应用，使社会生产力发展进步。

第七节　知识应用差异导致收入差距

使用价值是人们（交换者）的追求。知识决定了使用价值，使用价值又决定了交换价值，这就是新知识经济学的核心要义和逻辑。

所运用的知识差异，会导致产品或商品差异，并导致在商品交换中取得的收入有差距。

生产资料占有上的差异不是导致收入差距的唯一原因，知识占有和运用的差异也是导致收入差距的重要原因。

要消除知识差异导致的收入差距，就必须消除知识差异，加大教育投入，大力发展普惠性教育事业，加大知识开放、推广和普及力度，促进知识共享。

要消除生产资料占有差异导致的收入差距，也可通过认知与斗争、民主与法制的方式和途径，其中，认知是前提，是首要条件，认识不到、认识不清、认识不一，就无法达成缩小差异的共识与合作。也就是说，首先要认识到自己的收入是否公平，为什么公平或不公平？如何解决不公平？如何促进公平？有没有相应的法律制度来维护和促进公平？如何建立促进和保障收入公平的制度？在实践中回答了这些问题，人类社会就能走上通过“实践—认识—再实践—再认识”不断进步的道路。

第十七章

价值综述

价值既是经济学范畴，又是哲学范畴，新知识经济找到了它们的共同本质，打通了连接经济学与哲学的价值通道。

第一节　正确地理解价值

一、关于价值含义的不同观点

1. 亚当·斯密关于价值的主要观点

亚当·斯密在《国民财富的性质与原理》[①] 中，对价值有如下表述：

①“价值”一词含有两个不同的意义：有时表示特定物品的效用，有时则表示由于占有该物品而形成的对于他种物品的购买力。前者可被称为使用价值，后者可被称为交换价值。这其实是说：价值 = 物品的效用 = 物品的使用价值，即 V=U=UV；或价值 = 交换价值，即 V=EV。

② 劳动是衡量一切商品交换价值的真实尺度。斯密在这里用的是“劳动”一词，而非“劳动量”，显然，劳动技术的差异（而不仅仅劳动量的差异）能影响商品交换价值，因此，从这句话并不能推导出“交换价值 = 劳动量”。

③ 两天劳动的产物的价值相当于一天劳动的产物价值的两倍，两小时劳动的产物的价值相当于一小时劳动的产物的价值的两倍。这其实是说，价值量 = 劳动量。

④ 虽然劳动是所有商品交换价值的真实尺度，但商品的价值通常不是按劳动衡量的。这其实是说：价值量≠劳动量。

从上述表述看，斯密对于价值的定义是模棱两可的，甚至是自我否定的。后人在斯密观点基础上，发展出了效用价值论和劳动价值论。

2. 李德顺关于价值的主要观点

李德顺在其学术专著《价值论》[②] 中有如下表述：

① 价值是指客体的存在、作用以及它们的变化对一定主体需要及其发展的某种适合、接近或一致。

---

① 亚当·斯密．国民财富的性质与原理 [M]. 赵东旭，丁毅，译．北京：中国社会科学出版社，2007.

② 李德顺．价值论 [M]. 北京：中国人民大学出版社，1987.

② 价值是对主客体相互关系的一种主体性描述，它代表着客体主体化过程的性质和程度。

3. 公丕祥关于价值的主要观点

南京师范大学公丕祥教授的文章《恩格斯的法哲学思想及其当代价值》对于价值有这样的表述："价值是人们在认识和改造世界中形成的反映客体满足主体需要的一种特殊效用关系，因而体现了一种社会关系。"

4. 王寿林关于价值的主要观点

天津大学王寿林教授的《科学把握共产党人价值观》对于价值有这样的表述："价值就是发生在主体与客体之间的一种关系，表示客体对主体的意义或效用。物对人的意义、用处，就是物的价值；人对人的意义、用处，就是人的价值。"

5. 马兰的观点

马兰主编的《图说经济学》[①] 认为："使用价值就是能满足人们某种需要的物品的效用""我们为什么要购买某种物品，其背后的原因在于这种商品具有某种使用价值""商品的使用价值是指能够满足人们某种需要的属性""我们购买商品，其实购买的是商品的使用价值"。

6. 曹金洪的观点

曹金洪编著的《轻松学点经济学》[②] 认为："从经济学的角度来说，人们购买一样商品，就是在购买这件商品的使用价值""简单来说，使用价值就是物品能够满足人们某种需要的效用"。

根据上述观点，本书认为：

① 价值必须是对人有用、能满足人的需要的属性；

② 这种属性通常有程度之分，即有优劣、多少、轻重之分，是可以衡量、度量的；

③ 对人有意义、用处，能满足人的需要就是对人有使用价值，因此，从某个角度来说，价值的本质就是使用价值。

---

① 马兰 . 图说经济学 [M]. 天津：天津出版传媒集团，天津人民出版社，2015.

② 曹金洪 . 轻松学点经济学 [M]. 北京：北京工业大学出版社，2017.

清华大学蔡继明教授在《厘清数据要素按贡献参与分配的理论认识》中指出，“数据要素之所以能参与分配，首先是因为数据要素具有使用价值，有助于提高劳动生产力。”其实，劳动、土地、资本、知识、技术、管理、信息、数据之所以能成为生产要素、能参与分配，是因为它们对生产经营活动都有使用价值。

二、价值是什么

1. 价值的一般含义

价值是人在劳动实践中建立起来的人与人、人与事物之间的相互关系，是对人有用、能满足人的某种需要的属性以及满足的程度。价值在很大程度上就是使用价值，价值关系本质上是利益关系。

人对自然有着天然的依赖关系，但是，在自然环境没有被人的活动污染、破坏的情况下，在人人都均等地享有空气阳光等自然物的时候，人们没有意识到这些自然物对人来说是有价值的。人与自然的这种关系同其他生物与自然的关系没有区别，都是一种自然依存关系。随着人类实践的发展，人类对自然价值的认识逐渐发展到哲学和审美（包括道德）层面上，人寄情于自然山水、以自然之美为美，认识到人应当与自然和谐相处，这种认识仍然是一种朴素的认识，这种关系会对人的审美观产生影响。在自然环境被人类自己的活动污染和破坏后，此时并非人人都能均等地享受清新的空气、明媚的阳光和清洁的水，人类才真正认识到自然环境对人类的生命、生存、生活、生产和发展所具有的现实意义和经济价值，这种现实意义和经济价值不再是哲学认识和审美层面的意义和价值，而是进入了生产，进入了市场，进入了交换领域。

人是社会的人，而不是孤立的人。人与人之间的关系是由价值建立起来的，是价值关系。你关注他人，就能与他人建立起关系，就可能承认或不承认他人的价值。如果你不关注他人，就无法与他人建立起关系，无法肯定或否定他人的价值。

价值反映的、表示的就是能满足人的某种需要的属性，而能满足人的某种需要的属性就是使用价值，因此，价值的本质就是使用价值。对人来说，没有使用价值就没有价值，有使用价值才有价值。

在自然经济和计划经济背景下，产品的价值等于生产产品所付出的无差别的一般人类劳动。在市场经济中，生产者是为满足他人的需要而生产，商品需要得到他人的承认、接受、交换才能实现自身的价值。商品的价值是市场各方对生产商品所花费的一般人类劳动，商品的使用价值、效用价值、稀缺性价值、外部性价值等综合评价、衡量的结果。

劳动价值与交换价值是不同的概念，不能把它们画等号，因为，商品的交换价值有两个主体，即交换双方，而商品的劳动价值只有一个主体，就是商品的生产者。它们的衡量内容也不同，劳动价值只需衡量凝结在商品中无差别的一般人类劳动；而产品进入市场，变成了商品，其市场价值既需要衡量其所凝结的一般人类劳动，又需要衡量它对人的功效，即要衡量它的使用价值、效用价值、稀缺性价值、外部性价值等，是对商品价值的综合衡量，所衡量的内容增加了。在市场中，商品的市场价值通常包含商品的劳动价值，而商品的劳动价值只是商品市场价值的构成部分而已。

产品进入市场、用于交换，变成了商品，其价值就变成了交换价值，就得按照市场法则进行交换，而不是按照商品的劳动价值即商品所凝结的一般人类劳动量进行交换。从这个角度看，劳动价值相对来讲更具个人性，而市场价值则相对来讲更具社会性。

价值既然是人与人、人与事物之间的关系，那么，当价值出现问题，或当关系出现矛盾时，就不能只从单方面看，而应从涉及关系的多方面看。只有这样，才能真正找到导致价值问题的原因，才有利于找到解决问题的办法和路径。

2. 劳动实践创造价值

① 价值是由人的劳动实践创造的，没有人的劳动实践，就没有价值呈现。人对许多自然之物有需求，如阳光、空气、水、土地。过去，人类轻易就能取得这些自然之物，并不知道它们对人类社会实践的价值，但是，随着人类实践的发展，阳光、空气、水、土地等被人类自己的行为污染、破坏了，以致优质阳光、空气、水、土地等成了稀缺之物，从而与人类建立起来了新的社会实践价值关系，这种自然与人的新的社会实践价值关系仍然是由人的劳动实践创造的，是在人类的劳动实践基础上建立起来的，是人的不正确的劳动实践制造了蓝天、绿地对人类自己的稀缺性。

② 劳动创造价值，没有人的劳动创造，就没有人类的一切价值。不同的劳动创造不同的价值。优质劳动创造优质价值，劣质劳动创造劣质价值；多劳动创造多的劳动价值，少劳动创造少的劳动价值；高效劳动创造高的价值，低效劳动创造低的价值。

③ 劳动创造价值，这里的价值包括劳动价值，也包括使用价值、效用价值、稀缺性价值、外部性价值、知识价值、信息价值、文化价值、观念价值、商品价值、非商品价值、交换价值、爱情价值、名誉价值等人类社会的一切价值，而不仅指劳动价值。劳动价值只是劳动创造的全部价值中的一个种类、一个部分，而不是劳动创造的全部价值。西施豆腐热销、狗恶酒酸就是这个道理。

④ 劳动实践创造价值，或价值由劳动实践创造，但是，并不能只依据劳动来衡量价值，因为，相同的劳动，可能有不同的劳动效果，有的技术水平高，产量和质量都高，有的技术水平低，产量和质量都低，它们所能满足的人的需要就有很大差异。只有用劳动效果来衡量劳动的价值或劳动创造的价值，才有利于激发更有效的劳动，激发更好的劳动创造，更好地满足人们更多的需要，实现人类的生存和发展，否则，只能是“大锅饭”和平均主义，导致低效甚至无效劳动，这只会扭曲社会价值，让生产力发展停滞甚至倒退。

3. 价值关系

价值是人与人、人与事物之间的一种功能性联系，是一种共生关系的体现。人际关系就是价值关系，人与事的关系也是价值关系。路上的美景你视而不见，你与美景就没有发生价值关系。市场上的商品你无动于衷，商品与你也就没有发生价值关系。如果你因为它们形成了印象，产生了美感、快感，你就与之建立起了价值关系。

广义地看，没有关系就没有价值，没有价值也就没有关系。哪里有人，哪里就有价值。人越多，价值关系越多，价值关系越复杂，价值重新组合的机会越多。价值是人与人之间因合作劳动、相互需要而建立起的关系，或者是人通过劳动而与事物建立起的某种关系，因此，价值或价值关系具有劳动性。

价值关系本质上是互利互惠的合作、共生关系，是一致性关系。

① 人与人之间的关系。比如，父母对子女有抚养劳动，从而建立起了父母与子女之间的亲情关系。

② 人与事物之间的关系。比如，人长期使用某个扫帚，会“敝帚自珍”。

③ 人与自然的关系。自然生态平衡关系本不是价值关系，而是自然生态关系。人是自然的产物，是由大自然创造的，享受着自然的恩赐，自然恩赐的阳光、雨露、氧气、土地等，本来是不需要人的劳动就可以获得和享受的；如果人类也保持着自然的状态，这些自然之物与人类就不是社会实践的价值关系，而是自然生态关系。但是，如果人类的实践活动破坏了自然生态环境、条件，人类就需要进行劳动才能获得自己需要的、优质的阳光、雨露、氧气、土地等，这个时

候，人与自然就建立起了社会实践的价值关系，而不纯粹是自然生态关系。也就是说，人类打破了人与自然的生态平衡关系，就需要人类自己再通过劳动实践建立起新的人与自然的生态平衡关系。

④ 价值体现的是一致性。人与人之间形成一致的价值认同，那么，人与人之间就达成了一致性。

4. 使用价值是人类的追求

人类进行劳动实践，就是为了获得满足自己生存和发展所需要的物质和精神产品即使用价值。凡是有利于人生存和发展的劳动实践，都创造劳动价值和使用价值；凡是有利于人生存和发展的劳动产品，都有劳动价值和使用价值。人与人之间之所以能够建立起关系，关键在于能够相互提供使用价值。因此，使用价值不仅是价值载体，也是价值实体，是价值的合理内核，是价值构成的重要组成部分。

使用价值有物质性的，比如，粮食、手机等的使用价值，也有非物质性的，比如知识、服务等的使用价值。

5. 价值量

价值量是人与人、人与事物相互关系的程度，是对价值的度量。

市场中的价值是分层的，底层是劳动价值，往上是使用价值，再往上是效用价值、稀缺性价值、外部性价值等。越处在底层的价值，越受生产者的影响；越处在上层的价值，越受到需求方的影响。

① 价值量与劳动付出量即劳动价值紧密相关。通常，劳动付出量越大，劳动价值越大，价值量也越大。

② 价值量与劳动替代量紧密相关，与商品的使用价值紧密相关。如果劳动及商品能够替代更多的劳动，那么，商品就有更大的价值；如果商品只能替代少量的劳动，那么，其价值通常也就小。比如，一张短途列车票所能替代的劳动量就比一张长途列车票所能替代的劳动量少，短途列车票的价值也就相对小。

③ 使用价值很大程度上影响商品的价值。通常，产品的使用价值越大，对人就越有用、越有利，商品的价值量也越大。先进机器的价值就比落后机器的价值高。

④ 交换价值、市场价值、价格的量与人的需要有关。在供应量不变的情况下，人的需求程度越高，交换价值、市场价值、价格的量也就越大；反之亦然。

⑤ 即使是由人的物化劳动转化而成的劳动价值，也会因为不同的人的不同

需求、取舍，而出现不同的劳动价值量。

⑥ 效用价值、稀缺性价值、外部性价值等既受生产方影响，又受需求方影响。

⑦ 交换价值主要受市场供求关系、交换关系的影响。

三、价值属性

1. 价值是社会劳动实践的属性

社会劳动实践创造价值，形成价值。没有社会劳动实践，价值就成了无源之水、无本之木。社会劳动实践只有成为对人类有益、有效的行为，才有价值，否则，就是无效劳动、无益劳动、没有价值的劳动，甚至是负价值劳动。

2. 价值是劳动产品的属性

价值载体必须是人的劳动创造的产品。这些产品既有有形的物质产品，又有无形的非物质产品；既有商品的，又有非商品的。

3. 有价值即有使用价值

使用价值是价值的载体，有价值就一定有使用价值。对人有价值，就是指对人有使用价值。对人没有任何意义、没有使用价值的，就没有价值。

4. 价值的可度量性

有的价值可以直接度量，比如，商品的价值；有的价值难以直接衡量，但是通过转换方式可以间接地度量，比如文物的价值，可以通过评估来度量。当然，有些价值很难度量，比如母爱的价值、爱情的价值、自由的价值。

5. 价值的多元性与统一性的辩证统一

① 价值并不是单一的，而是多元的、有多种类型的。多元价值共同构成人类全部价值。就现实看，价值的构成很复杂。价值的多元性是由人的实践多元性和需求多元性决定的，人有多少种实践和需要，就有多少种价值生成和价值呈现。实践和需求的多元化为多元价值提供了存在和发展的空间。

② 价值虽然是多元的，但是，只要进入市场领域，通常会在市场上形成统一的价值评判和价值尺度。这就是价值的统一性与多元性的辩证统一。

③ 劳动价值与效用价值是辩证统一的，因为劳动是以形成效用为目的的。劳动通常是有效用的，没有效用的劳动是无效劳动，甚至是有害劳动。劳动之所以对人有价值，是因为其对人有用。劳动（量）的价值就是劳动（量）的效用价值。

6. 价值不等于劳动价值

价值有很多种类，劳动价值只是其中的一种。价值通常是指综合价值。在市场背景下，价值通常是指市场价值、交换价值、商品价值，因此，不能把价值与劳动价值画等号，不能把价值或价格等同于劳动价值，也不能把劳动价值等同于商品的价值或价格。

7. 价值不等于商品价值

商品价值只是价值中的一种。有些产品对人有价值，但是因为不能用于交换，无法用于交换，难以用于交换，也就没有商品价值，而只有非商品价值。

8. 价值的本质就是使用价值

能够满足人的需要就有价值。无论价值物是否是人劳动创造的产物，只要它对人有使用价值，它就具有价值，它的价值就成立。有强大应用功能的 ChatGPT 一问世，就引发相关公司股票价格大涨，三个多月后，一款相似软件因为应用效果不佳，股票价格下跌。这个案例也证明，有用就有价值，无用就无价值。

第二节 几种常见的价值

一、劳动价值

1. 劳动价值是商品所凝结的无差别的一般人类劳动

这个劳动量可由无差别的一般人类劳动时间或主流劳动时间来确定。生产某种商品，需要耗费人的劳动量和劳动时间，这个劳动量和劳动时间通常有一个社会一般平均值或主流平均值，这个一般平均值或主流平均值就可作为衡量该商品的劳动价值量。

劳动价值在生产环节形成，但通常在市场领域呈现。

2. 劳动价值是人的劳动在商品中的物化

劳动价值就是物化的劳动，是可以替代使用者的劳动的劳动。使用了该劳动价值，就使用了该劳动的使用价值和劳动价值，就可以替代自己应付出的劳动。比如，得到了别人赠送的粮食，自己就不必再去从事粮食生产了，他人生产粮食的劳动就代替了、节约了自己生产粮食的劳动。

3. 劳动价值与劳动产品价值是不同的

劳动价值是劳动的凝结，是对劳动量的衡量；而劳动产品价值既包括生产该产品所花费的一般人类劳动，即该产品所凝结的一般人类劳动，也包括产品的使用价值，包含对劳动者劳动的奖励。劳动质效高的，或劳动产品使用价值高的，交换价值、社会、评价以及外部效应等也就高；反之亦然。因此，不能把劳动价值与劳动产品价值混为一谈。

二、使用价值

使用价值是商品具有的可使用性，以及对这种可使用性的衡量。劳动行为、劳动价值具有的劳动替代性，也可以看成一种使用价值。

三、效用价值

效用价值是使用者通过使用产品所获得的某种满足程度，即产品的实际使用效果。比如，三五个馒头对饥饿的人来讲，是最有使用价值的，而第六个、第七个，或者更多个，就过剩了，其效用价值就会降低。效用价值既取决于使用者对产品的使用，又取决于供求关系。善于使用，效用价值就高；不善于使用，效用价值就低。供不应求，浪费减少，效用价值就会提升；供过于求，浪费增加，效用价值就会降低。

四、稀缺性价值

稀缺性价值由商品的稀缺程度决定，而稀缺程度又与人的生产、供应能力高度相关，与人的需求程度高度相关。同时，有些商品的稀缺程度可以人为控制，比如，努力生产出更多的商品，商品就不稀缺；控制、压减商品的生产量和供应量，就会导致稀缺。有些商品的产量虽然人类无法控制，但其稀缺性也是可以通过控制人的需求来弱化的；此外，人可以生产出更多的替代品，以满足人的需要。因此，稀缺性价值既受生产者影响，又受需求者影响。

五、外部性价值

通常，劳动产品以及劳动行为，都有一定的外部性影响。好的影响称为正外部性，坏的影响称为负外部性。如果是正外部性，会成为外部的福利，外部非常欢迎和享受这种正外部性；如果是负外部性，就会损害外部的福利，外部就会反对、抵制这种负外部性。外部性是由生产该产品的劳动者的劳动行为决定的，取决于劳动者做出什么样的劳动选择和劳动赋予。创造了正外部性，就创造了价值；获得了他人的正外部性，就获得了他人创造的价值。但是，无论是正外部性，还是负外部性，都只有让人感知到，特别是能与人建立起某种关系，能影响人，才有价值，否则，就没有价值。

六、文化价值

文化是由人们的共同实践创造出来的，具有充实人的思想、沟通人的感情、促进人的交流、规范人的言行、增进人的认同、满足人的精神需要等功能。

七、商品价值

需要通过交换才能取得的价值就是商品价值。商品价值也称为商品性价值。在人类生产力还不够发达、物质匮乏的时候，或人类专门为交换而生产时，人类生产的物质产品通常就是商品。

需要说明的是，商品价值不一定是商品所具有的全部价值，有可能只是商品全部价值中的一部分价值，因为有些商品具有的非商品价值无法全部转化成商品的价值，如有些商品的外部性就无法转化为商品的商品性价值，而是以商品的非商品性价值呈现。

八、交换价值

交换价值属于商品价值。凡是可以用于交换的，都有交换价值；凡是不能用于交换的，都没有交换价值。过去，只有物质产品才能进入交换领域，才有交换价值，知识难以进入交换领域，难有交换价值，今天，许多知识也已进入交换领域，有了交换价值。

第三节　价值实现方式

一、商品方式

商品方式即交换方式，即通过交换实现价值。

1. 等价交换

① 市场价值相等的交换。即双方商品的市场价值是相等的，交换双方都认为自己商品的市场价值与对方商品的市场价值是相等的，才进行交换。市场价值不相等，就难以进行交换。

② 劳动价值相等的交换。这样的交换通常存在于自然经济、计划经济或市场充分竞争的低端商品领域之中，是指双方商品所凝结的无差别的一般人类劳动量是相等的。

③ 等价交换通常不单指劳动的等价交换，而是指市场价值相等的等价交换。

2. 不等价交换

① 市场价值不相等的交换。即交换双方商品的市场价值是不相等的，这通常是由于交换双方博弈力量存在差异，一方有明显的优势，而另一方有明显的劣势，导致交换价值向优势方倾斜，不公允。这一般存在于市场机制、市场力量被扭曲的情况下，比如，工农产品价格“剪刀差”。

② 劳动价值不相等的交换。即交换双方的商品各自所凝结的一般人类劳动

量不相等。但是，劳动价值不相等不等于市场价值不相等，不等于不公平交换。劳动价值不相等的交换也可能是市场价值相等的交换，从而仍然是公平的市场交换。

③ 价值结构不对等的交换。通常是指双方商品在劳动价值、使用价值、效用价值、稀缺性价值、外部性价值等市场价值构成项目和具体内容上不是一一对应等价的，比如，一方商品可能有较高的稀缺性价值、外部性价值，而另一方商品可能没有较高的稀缺性价值和外部性价值，却有较高的使用价值和劳动价值。

④ 附加价值不相等的交换。不同的商品，有不同的附加价值，主要是由于不同的生产者运用了不同的生产技术，从而商品有不同的劳动价值、使用价值、效用价值、稀缺性价值、外部性价值。在双方市场价值相等的条件下，劳动价值大的，附加价值就可能低些；附加价值高的，劳动价值就可能低些。

二、非商品方式

即非交换方式、无偿方式，是指产品的价值不是通过双方进行价值交换的方式来实现，而是通过被感知、被认可、被接受、被使用、被吸收等方式来实现。这种方式通常是单方面取得的，而不是双方通过价值交换取得的；通常是无偿方式取得的，而不是通过有偿交换或等价交换取得的。人类社会存在着大量的非商品，这些非商品的价值主要是通过非商品的方式，即无偿的方式实现的。价值是可以被感知的，不能被感知的就很难说有价值。

第四节　价值转化

人类社会日常生活和社会实践中的需要是丰富多元的，这使得人类社会的价值是丰富多元的，而不是单一的，如：有生产价值，也有生活价值；有经济价值，也有非经济价值；有物质价值，也有非物质价值；有实用价值，也有非实用价值；有个人价值，也有社会价值；有商品性价值，也有非商品性价值；有宏观价值，也有微观价值；等等。

正因为价值是多元的，我们在评判事物的时候，不能从单一价值的角度出发。

所有与人类相关的价值，都有一个共同的本质——对人类有使用价值，能满足人类的某种需要。有些条件下，一些不同价值之间是可以相互转化的。

知识能提高人的劳动能力，决定着不同劳动产品的不同使用价值，使人能创造更多的使用价值，是所有价值中最具神奇力量的价值，正是它使人类社会的生产力不断提高，物质财富和精神财富不断增长，人类正是靠不断创造和运用知识，才不断发展进步的。

一、不同类型价值之间的相互转化

1. 劳动价值转化成使用价值

劳动价值可以转化为使用价值。一方面，使用价值是由劳动创造的，这本身就是由劳动价值直接转化成使用价值的表现；另一方面，当一种劳动可以直接替代另一种劳动，或一个人的劳动可以直接替代另一个人的劳动时，这种劳动也就具有了替代性的使用价值。

2. 使用价值转化成劳动价值

使用价值可以转化成劳动，转化成劳动价值。当使用价值能够减轻甚至替代人的劳动时，使用价值就转化成了劳动价值，比如，使用机器可以替代更多人的劳动，或减轻人的劳动强度、提高人的劳动效率，就是机器的使用价值转化成了人的劳动价值，就可以用人的劳动价值来衡量机器的使用价值。当然，机器的高效使用价值也是由人创造、应用先进知识技术的使用价值转化而来的。

3. 商品价值与非商品价值相互转化

商品价值可以与非商品价值相互转化。比如，母亲为子女织毛衣，就是非商品性劳动；子女穿着母亲织的毛衣去工作、赚钱，就是把非商品性价值转化成了商品性价值；子女赚钱回来，又赡养父母，那么，商品性价值又转化成了非商品性价值。

4. 外部性价值转化为商品性价值

外部性价值通常是非商品性价值，它可转化为商品性价值。例如，电影明星做商品代言人。

5. 稀缺性价值转化成商品性价值

稀缺的天然钻石通过市场拍卖，可以卖出高价。人的实践产生的精神文化需求导致了天然钻石稀缺性价值的产生，没有人的需求实践，就没有所谓的稀缺性。

6. 物质性价值转化成非物质性价值

也可称为物质性价值转化成精神性价值。比如，国家出经费支持基础科学研究，研究出的成果属于知识性、精神性、非物质性产品。

7. 非物质性价值转化成物质性价值

也可称为精神性价值转化成物质性价值。比如：歌唱家用获得的丰厚的货币收入购买房地产等物质商品；企业购买技术发明专利进行生产，提高了生产效率，生产出了更多更好的产品，获得了更高的市场占有率和经营利润。

8. 劳动力的价值与产品价值相互转化

① 劳动者运用自己的劳动力，付出自己的劳动，生产出商品和非商品，就是创造价值的行为，就是把劳动力的价值转化成劳动产品的价值，转化成商品和非商品价值。

② 劳动力吸收商品和非商品，实现劳动力的生产和再生产，就是把商品和非商品价值转化成劳动力的价值。

③ 简单劳动力努力学习，吸收更多的知识技能，提高自己的劳动能力，实现劳动力扩大再生产，从而创造出更多更好的物质产品。

二、有交换价值的一定有价值，有价值的不一定有现实的交换价值

有交换，就一定有使用价值，有需求，有劳动占有和劳动交换，就一定有对劳动价值和使用价值的认可、接受、吸收等，因此，有交换价值就一定有价值。但是，有价值的，不一定有交换价值，比如，情感、关怀、尊重、荣誉、基础性科学研究、文物、民主与自由等都有价值，却不是商品，很难有交换价值。

三、价值转化的两种归宿

1. 有些价值能转化成新的价值

有些价值被人使用、吸收了，会转化成人的智慧，变成劳动资源、劳动工

具、劳动对象，变成提高了的劳动生产力等，并能在以后的实践中呈现出来，从而使实践得到提高，比如，生产出了更多、更好的产品，展示出了更高、更优的品位、品质等。有的人读了很多书，虽然没有写一本书，也不曾向别人讲书中的故事，但是，他的外在气质、处事的方式等，却得到了显著的改善，给他人一种享受，这也是价值的一种转化，是外在的转化。

2. 有些价值只能作为消费价值

有些价值在被人使用、吸收后，无法再现，只能作为单纯的消费品，不能转化为人的能力和智慧。价值有什么样的归宿，取决于价值吸收者，而不取决于价值本身。不同的吸收者会直接决定价值转化的归宿。

第五节　价值等式

一、价值守恒与价值损失

1. 价值守恒

商品性成本价值在被使用过程中通常遵循价值守恒规律。比如，用购买来的面粉做面包用于出售，面粉的价值就会转化成面包的价值，如果全部的面粉都做成面包了，那么，面粉的价值就全部转化到了面包的价值之中，没有损失。如果有损失，就存在浪费或者亏损的可能。

2. 价值损失

① 物质的价值载体腐烂了，会导致价值损失。比如，购买回来的面粉发霉了。

② 知识载体失传了，会导致知识价值损失。比如，再也没有人会制作木牛流马了，这种技术失传了，这种技术的使用价值和价值也就损失了。

③ 决策错误的教训若不能被总结和利用，就会导致真正的价值损失。

二、价值等式

1. 交换价值等式

在不考虑其他成本的情况下：

交换价值 = 劳动价值 + 使用价值 + 效用价值 + 稀缺性价值 + 外部性价值
= 劳动价值 + 附加价值
= 非商品价值 + 商品性价值
= 活劳动成本 + 物化劳动成本 + 利润

生产者在生产过程中，既吸收运用非商品价值，也向外扩散非商品价值。人的创新生产实践活动越多，贡献的非商品价值也越多。非商品价值不可能全部转化成商品价值。

2. 劳动价值等式

劳动价值 = 活劳动价值 + 物化劳动价值
= 非商品性劳动价值 + 商品性劳动价值

3. 附加价值等式

附加价值 = 利润
= 使用价值 + 效用价值 + 稀缺性价值 + 外部性价值

这个等式中的使用价值、效用价值、稀缺性价值、外部性价值等，都是交换双方考量的因素。卖方希望借助于自己产品的附加价值获得利润，买方通常为了获得商品的使用价值、效用价值、稀缺性价值、外部性价值等才进行交换。如果产品只有劳动价值，而没有使用价值、效用价值、稀缺性价值、外部性价值等，或者买方通过自己的劳动就完全可以生产出同质、同价的产品，买方就不会去购买他人的产品。

这个等式为何没有涉及非商品价值？这不仅是因为考察的内容不同，还因为，使用价值、效用价值、稀缺性价值、外部性价值等，都可能含有或吸收转化了非商品价值，可能是由非商品价值转化而来的，因此，此式中没有单列非商品价值。

三、价值创造

价值是个综合性的概念，而不仅指劳动价值。除大自然恩赐的物质的使用价值外，在人类社会所占有和使用的价值中，无论是劳动价值，还是使用价值、效用价值、稀缺性价值、外部性价值等，最初都是由活劳动创造出来的。没有活劳动付出，就没有人类社会占有和使用的一切价值财富，但是，不同的活劳动创造出的财富在品质和数量上是不同的。

四、利润创造

1. 利润由活劳动创造

活劳动是财富的源泉，一切价值和财富都是人的活劳动创造的。

并非所有活劳动都一定创造利润。如果存在劳动之间的相互对抗、相互抵消，就可能给利润创造造成障碍。

差异化、优质、先进的活劳动创造出不同的使用价值及不同的效用价值、稀缺性价值、外部性价值，进而创造出不同的利润。

利润的大小通常受交换双方博弈的影响。有优势的一方可能获得利润，而处于劣势的一方可能难以获得利润。交换博弈拼的是信息、知识、技术等，不是体力。

2. 附加价值转化形成利润

附加价值是利润的重要来源。附加价值越大，利润越高。生产经营者通常通过追求高附加价值从而获得高利润。

3. 非商品价值转化成利润

取得非商品价值不需要价值交换，这就节约了一笔“生产成本”。在使用非商品价值进行商品生产时，非商品价值也会被转化到商品中，构成商品的价值部分。企业家通常会利用自己的才能、自己所掌握的非商品知识信息等进行生产经营管理活动，并把它们转化成商品的使用价值。企业在市场上销售商品时，商品的全部价值会转化成交换价值，这个交换价值中就包含了企业家所转化的非商品价值，但这部分非商品价值是没有成本付出的，从而构成了企业的纯利润。

该如何定义经济学

一、文献上的定义

美国经济学家戴维・A. 贝赞可等人合著的《微观经济学》：经济学是专门研究如何对有限的资源进行分配，以满足人类无限欲望的学科。①

美国经济学家托马斯・索维尔的《经济学的思维方式》：经济学是研究具有不同用途的稀缺资源使用的学问。②

宿文渊的《每天读点经济学》：经济学产生于稀缺性，它要解决任何一个社会和个人都面临的选择或资源配置问题。③

美国经济学家保罗・萨缪尔森与威廉・诺德豪斯合著的《微观经济学》：经济学研究的是一个社会如何利用稀缺的资源生产有价值的商品，并将它们在不同的个体之间进行分配。④

欧俊编著的《经济学常识一本全》：简单来说，经济学是一门研究人类行为及如何将有限或者稀缺资源进行合理配置的社会科学。⑤

中国社会科学院语言研究所词典编辑室编、商务印书馆 2021 年出版的《现代汉语词典》中对“经济学”的解释是：研究国民经济各方面问题的学科，包括理论经济学、部门经济学、应用经济学；有时指政治经济学。

上海辞书出版社 2022 年 1 月出版的《辞海》第七版缩印本中对“经济学”的解释是：研究社会产品的生产、交换、分配、消费等活动的规律及其应用的系列学科的总称，包括理论性的（如政治经济学、宏观经济学等）和应用性的（如工业经济学、会计学、技术经济学等）；有时指政治经济学。

---

① 戴维・A. 贝赞可，罗纳德・R. 布罗伊蒂加姆，迈克尔・J. 吉布斯 . 微观经济学 [M]. 张利风，译 . 北京：中国人民大学出版社，2021：5.

② 托马斯・索维尔 . 经济学的思维方式 [M]. 吴建新，译 . 成都：四川人民出版社，2020：2.

③ 宿文渊 . 每天读点经济学 [M]. 北京：中国华侨出版社，2018：4.

④ 保罗・萨缪尔森，威廉・诺德豪斯 . 微观经济学 [M]. 萧琛，译 . 北京：人民邮电出版社，2017：4.

⑤ 欧俊 . 经济学常识一本全 [M]. 南昌：江西美术出版社，2020：4.

上海辞书出版社2011年9月出版的《辞海》第六版典藏本对“经济学”的解释是：研究人类社会经济发展过程中经济关系和经济活动规律及其应用的科学的总称。

二、一些中国学者的定义

在“学习强国”的“慕课”板块中，有经济学方面的讲座，不同的学者对经济学的定义大同小异。这里我选取几位学者在讲经济学时，对经济学所给出的定义。

西安交通大学俞炜华：经济学是关于选择的科学，是一门研究如何把有限的资源匹配到多种相互冲突的用途上的学问。

华中农业大学黄宁阳：经济学是研究稀缺资源的匹配与利用，在有限资源的各种可供利用的组合中，进行选择的科学。

长春师范大学徐敏：经济学是一门学问，它研究人类如何选择使用有限的生产资源，以生产不同的物品，来满足几乎无穷无尽的欲望，并将之分配给社会中不同的成员。

广东金融学院李艳：经济学就是研究社会如何管理自己的稀缺资源，或者说，如何进行资源的优化配置。

三、现象与问题

一是对经济学这门学科没有统一的定义、标准的文字表述，表述形式五花八门，表述的内容基本相同。

二是强调了经济学研究如何配置稀缺资源，但除了保罗·萨缪尔森与威廉·诺德豪斯所著的《微观经济学》，其他定义都忽视了价值问题。

经济学不应停留于研究资源配置，必须注重价值（规律）的作用。在一个社会的经济活动中，不注重价值的创造与分配必然会挫伤劳动者创造财富（价值）的积极性。有价值的才是资源，没有价值的就不是资源。资源并不一定是自然资源，还包括人类创造的各种有形或无形的财富，以及由这些财富转化成的价值（包括知识、幸福感等无形价值）。正如北京师范大学胡海峰教授所言，价值理论是整个经济学的根基。经济学理应研究价值配置、创造和提升的方法论和方法，是以价值为杠杆来调动资源配置的学问。以市场经济为基础，把关注的重点放在运用价值杠杆来优化配置资源，创造和提升价值，是经济学的题中应有之义。

三是中国经济学家以西方经济学家的表述为蓝本，没有审问之，慎思之，明辨之，形成自己的思想观点。

四是隐含了却没有直白地表示经济学最重要的范畴——投入产出之比、价值。华为手机之所以受欢迎，不仅在于产品技术先进、性价比高，还在于消费者对于华为公司的一分情怀，这是以价值为依据的分配。经济学本应是研究价值创造、选择、分配和提升的学问，是为价值创造、选择、分配、提升等提供知识性参考的，就不能忽视研究价值问题。

四、经济学的研究对象

张维迎教授在《重新理解企业家精神》中说：“市场经济最大的优越性不是使得给定的资源得到最优配置，而是使得人的创造力（企业家精神）得到最有价值的发挥。”经济学必须把发展、把价值及其增长纳入自己的研究范畴。

资源性、稀缺性是通过价值呈现的。价值高的，资源性、稀缺性就高，反之亦然，这就是价值规律。如何以价值为核心来配置、创造和提升价值？这需要经济学来分析和研究并提供方法论和方法。

美国经济学家史蒂文·莱维特和斯蒂芬·都伯纳说：“经济学，归根到底是对激励的研究：人们怎样获取他们想要的物品，尤其是当所有人都想得到同样一件物品时。”现实中，价值是激励的重要工具，运用价值工具能进行有效的激励。

经济学诞生于商品交换的经济实践。不同的商品之所以能进行交换，是因为它们都能进行统一的价值衡量。进行商品交换，有利于交换者获得自己所需要的商品和价值。经济学还是要回到“经济”本身，应当研究人们如何用最小的代价取得最大的价值，得到最大的满足感、幸福感。

人们为什么需要某件物品？因为，该物品能满足人们的某种需要，对人们有价值。物品只有具有能满足人们某种需要的功能、属性即（使用）价值，人们才需要该物品。

人们怎样才能获取他们想要的物品？除了大自然能够提供的物品，其他的要么是自己创造，要么通过交换。如何创造？必须明确目标，运用一定的知识、技能进行创造。知识越多，技能越高，创造的准确性和效率就越高，产品的数量越多，质量越好，越能满足人们的某种需要。如何交换？当然是进行等价交换。在市场上，劳动（量）价值、使用价值、效用价值、稀缺性价值、外部性价值等，都会转化成标准统一的交换价值。什么等价？当然是交换价值等价。如果交换价值不等价，那么，就会有一方觉得吃亏了。如果大家都想得到同一件物品，又该如何交换？当然是价高者得。沿着这个逻辑，经济学必须把采取什么方式方法来激励作为研究范畴。从现实看，必须把价值作为研究对象和范畴。

五、我对经济学的定义

我认为，经济学是研究如何用有限资源获得最大价值的学问。

经济学一定要研究如何做才更经济的问题，要基于对更高经济效益的追求展开研究。更经济的问题包括三个方面：一是投入；二是产出；三是投入产出之比。投入和产出，既包括以数量计算的，还包括以质量计算的、以价值计算的，以及以序数、商数、指数计算的等，但最关键的是以标准统一的价值计算，使不同的资源转化成有共同标准的价值。

经济学必须研究如何以最经济，也就是最合理、最有效的方式，使价值产出与价值投入之比合理化、最大化，这是经济活动和经济学应有之义，是经济活动应有的原则，是经济活动最核心的目标，也是经济学应该研究的问题。投资者、经济学家等说“海水制氢在技术上可行，但是，目前的经济性较差”，这其中的“目前的经济性较差”就是这个意思。

只有把知识纳入研究范畴，才能达到经济目标，才能启发人们更经济地开展经济活动，才能建设真正的经济学。

今天，经济学需要把个人、全人类和生态环境的共同价值都囊括进来。宏观经济和微观经济都需要考虑综合价值最大化问题，而且，两者要相互关联、相辅相成，而不能各行其是，否则，会导致两者价值冲突，从而导致总价值减损甚至归零。

该如何定义企业家

九江市企业联合会和九江职业技术学院联合举办的浔商商学院双周大讲堂邀请我讲一堂课，我准备讲的主题是“新知识经济学——为企业家撑腰”。在制作课件时，我需要了解企业家的定义，为此，我在自己的藏书中找，在网上搜索，到图书馆、九江市新华书店查找相关书籍。结果发现，无论是网上，还是图书上，似乎很难找到相关的定义，即使有定义，也难令我满意。

一、图书上查找的结果

上海辞书出版社 2011 年 9 月编辑出版的《辞海》(典藏版)中，没有关于“企业家”的词条。

中国社会科学院语言研究所词典编辑室出版的《现代汉语词典》中，没有找到“企业家”的词条。

上海辞书出版社 2022 年 1 月编辑出版的《辞海》(第七版缩印本)对“企业家”给出了这样的定义：“利用经济资源，组织生产性活动，承担一定风险，期望获得经济利润的人。其特征一般包括进取性、创新性、有组织能力及承担社会责任。”

吉林人民出版社 2000 年 1 月出版的《中小学师生标准汉语词典》中对“企业家”的定义是：掌握经济理论和企业管理专业知识，并在企业管理与领导方面有卓越的才能和丰富经验的人。

二、网络上查找的结果

为了使查找的范围更广，我又在网上进行了搜索，得到的结果五花八门，我把其中的几条列出来。

“entrepreneur”一词是从法语借来的，其原意是“冒险事业的经营者或组织者”。在现代企业中，企业家大体分为两类：一类是企业所有者企业家，作为所有者，他们仍然从事企业的经营和管理工作；另一类是受雇于企业所有者的职业企业家。

法国早期经济学家萨伊认为，企业家是冒险家，是把土地、劳动、资本这三个生产要素组合在一起进行活动的第四个生产要素，他承担着可能破产的风险。

英国经济学家马歇尔认为，企业家是以自己的创新力、洞察力和统帅力，发现和消除市场的不平衡性，创造交易机会和效用，给生产过程提出方向，使生产要素组织化的人。

美国经济学家熊彼特认为，企业家是不断在经济结构内部进行“革命突变”，对旧的生产方式进行“创造性破坏”，实现生产要素重新组合的人。

美国经济学家德鲁克认为，企业家是革新者，是勇于承担风险、有目的地寻找新源泉、善于捕捉变化，并把变化作为可供开发利用机会的人。

有人认为，企业家的基本特质是冒险、创新，并将企业家定义为：企业家是担负着对土地、资本、劳动等生产要素进行有效组织和管理，富有冒险和创新精神的高级管理人才。在他们看来，企业家与厂长、经理的不同之处在于，企业家敢于冒险，善于创新。这种定义，是一种经济学上的概念，凸显的是一种素质，而不是职务。

三、存在的问题和不足

很遗憾，我没有找到与经济学、企业管理学相关的辞书，不知道其中有没有、有什么样的对“企业家”的定义。

在我看来，吉林人民出版社出版的《中小学师生标准汉语词典》对“企业家”的定义相对来说最为贴切，因为它表明企业家需要掌握经济理论和企业管理专业知识，并在企业管理与领导方面有卓越的才能和丰富经验，这正是企业家的典型特征，也是企业家应有的素质，并与企业家作为脑力劳动者的特点匹配。

正如北京大学国家发展研究院张维迎教授在《重新理解企业家精神》（引论）中所言：“主流经济学里没有企业家，甚至没有‘企业家’这个词。”

四、我对企业家的定义

鉴于上述情况，我想对企业家给出自己的定义。

企业家是为满足社会合法需要，依法运用自己所掌握的知识，依法组织和运用资金、人员及劳动、物资、能源、社会知识信息等持续成功地开展生产经营活动、为社会做出了比较大的贡献、受社会尊敬的企业组织管理者。

① 依法依规开展活动是前提。不依规矩，不成方圆。企业家必须事事守法、处处守法、时时守法。强调企业家要依法经营，无论如何都不为过。只有依法经营，才能成为企业家；如果不依法依规开展活动，就不能算作企业家。

② 满足社会合法需要是前提和目标。企业家一开始就不是为满足自己的合法需要，而是为满足社会的合法需要而开展生产经营活动的。企业不是为自己生产产品，而是为社会生产产品，以满足社会的需要。不为社会生产产品，只为自己生产产品，自给自足，不参与社会化大生产的，不是企业家。

③ 依法运用自己掌握的知识是前提、条件（知识来源于学习和创造）。企业家一定首先是企业的大脑、首脑，是脑力劳动者、知识贡献者，是持续有效地组织管理企业开展生产经营活动的行家里手。新东方教育科技集团董事长俞敏洪表示："我周围的企业家在没日没夜地干活、没日没夜地辛苦……他们把所有的时间都放在了企业的发展上，而中国现在的经济繁荣是跟每一个企业的发展、成长连接在一起的。"有些企业家可能还亲自参与企业的生产经营活动，比如，民营砖瓦厂厂长，可能亲自在一线操作机械，纺织厂厂长可能亲自担任工程师，但是，这不是企业家主要的职责，而是风格特色。相对于参与企业一线、二线劳动，他们运用理论、知识或经验，进行脑力劳动，为企业提供生产经营管理知识、智慧的特征更显著、更重要，对企业生产经营全局更有决定性作用。企业家运用知识时，不能侵犯他人的知识产权，不能非法地使用知识，也不能应用非法的知识，比如，非法获取或使用他人专有知识、技术或法律禁止使用的知识。企业家必须是企业管理和决策的行家里手，有自己的知识技能，并成功地组织管理了企业生产经营活动，这是与一般企业员工形成差别的重要特征。

④ 依法开展生产经营活动包括但不限于依法组织和运用资金、人员及劳动、物资、能源、社会知识信息等开展生产经营活动，这是企业生产经营活动的具体方式、形态。企业家应该在企业从事具体的生产经营组织管理活动或工作，不为或不能为企业生产经营管理贡献自己知识智慧，不能让自己的劳动对企业成败有决定性作用的，算不上企业家。

⑤ 持续成功开展生产经营活动是重要的判断标准。不能成功地管理好企业的算不上企业家，只是短暂成功地管理过企业的，也不能算是企业家。真正的企业家是能够在一个较长的时期内连续成功运营企业的，这个较长时期需要具体问题具体分析，在我看来，应有一个最低标准，就是至少有连续五年成功的经历。靠投机取巧成功、短暂成功的，算不上企业家。

⑥ 社会性、正外部性是企业家的重要特性。企业家的劳动一开始就是为社

会开展生产经营活动的，产品是满足社会需要的。企业家必须是“三观”很正的人，有很强的正外部性，是企业界的楷模、社会的楷模，是受人尊敬的人，对社会有很强、很积极的示范效应。没有正外部性，或正外部性较弱的，也算不是真正的企业家。

⑦ 有些企业，经历百年，产品的品质和工艺等变化不大，但仍然受到人们的喜爱，有着稳定的市场，保持着正常的运转，甚至焕发出生机和活力，能让企业保持这种状态的经营管理者同样属于企业家。因此，拥有创新精神不是成为企业家的必要条件。

后　记

2019年6月，我所撰写的《关于知识价值的若干思考》由企业管理出版社出版。2023年，我再次与企业管理出版社愉快合作，出版这本《新知识经济学》，在此对出版社的领导和编辑表示感谢，感谢他们对书稿的用心打磨。

特别感谢李德顺教授的评价和指导。

作者

二〇二三年六月六日